名古屋大学の歴史

1871～2019 上

名古屋大学｜編｜

History of Nagoya University 1871-2019

名古屋大学出版会

1　明治初年愛知公立病院外科手術の図（1880 年頃，医分館蔵）

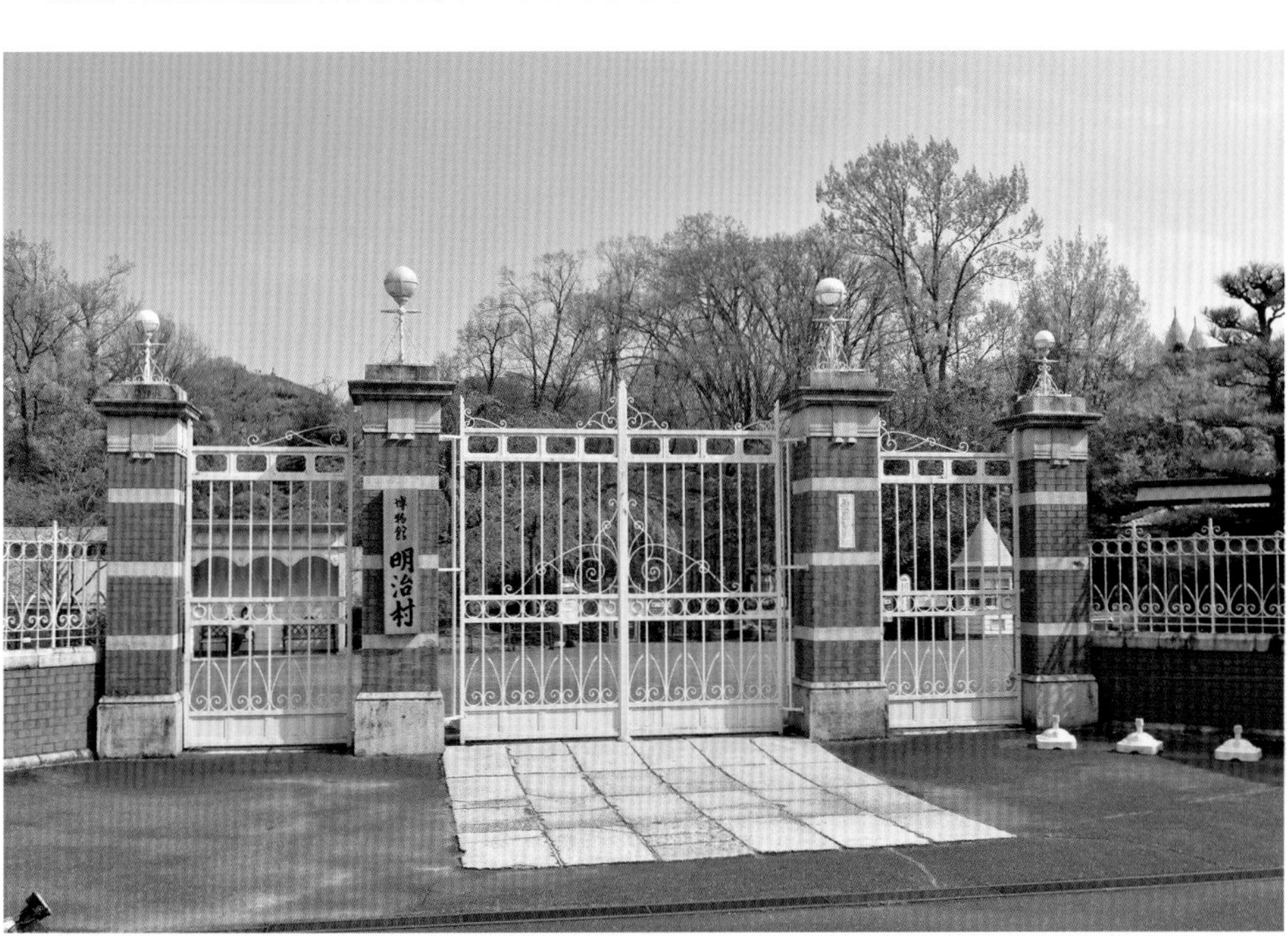

2　旧八高・旧名大教養部正門（現博物館明治村正門）

3　名古屋帝国大学本部庁舎（西二葉）と理工学部学生

4　名古屋帝国大学開学記念式（1943 年 5 月 1 日）

5　1969 年頃の理学部物理学科素粒子論研究室（E 研）。左端に当時助手の益川敏英特別教授，中央に当時大学院学生の小林誠特別教授の姿が見える。

6　1988 年（青色 LED 実現の前年）の工学部赤﨑勇研究室記念写真（1988 年の名大生協卒業アルバムより）。後列左から 4 番目に，この年助手となる直前の天野浩特別教授の姿が見える。

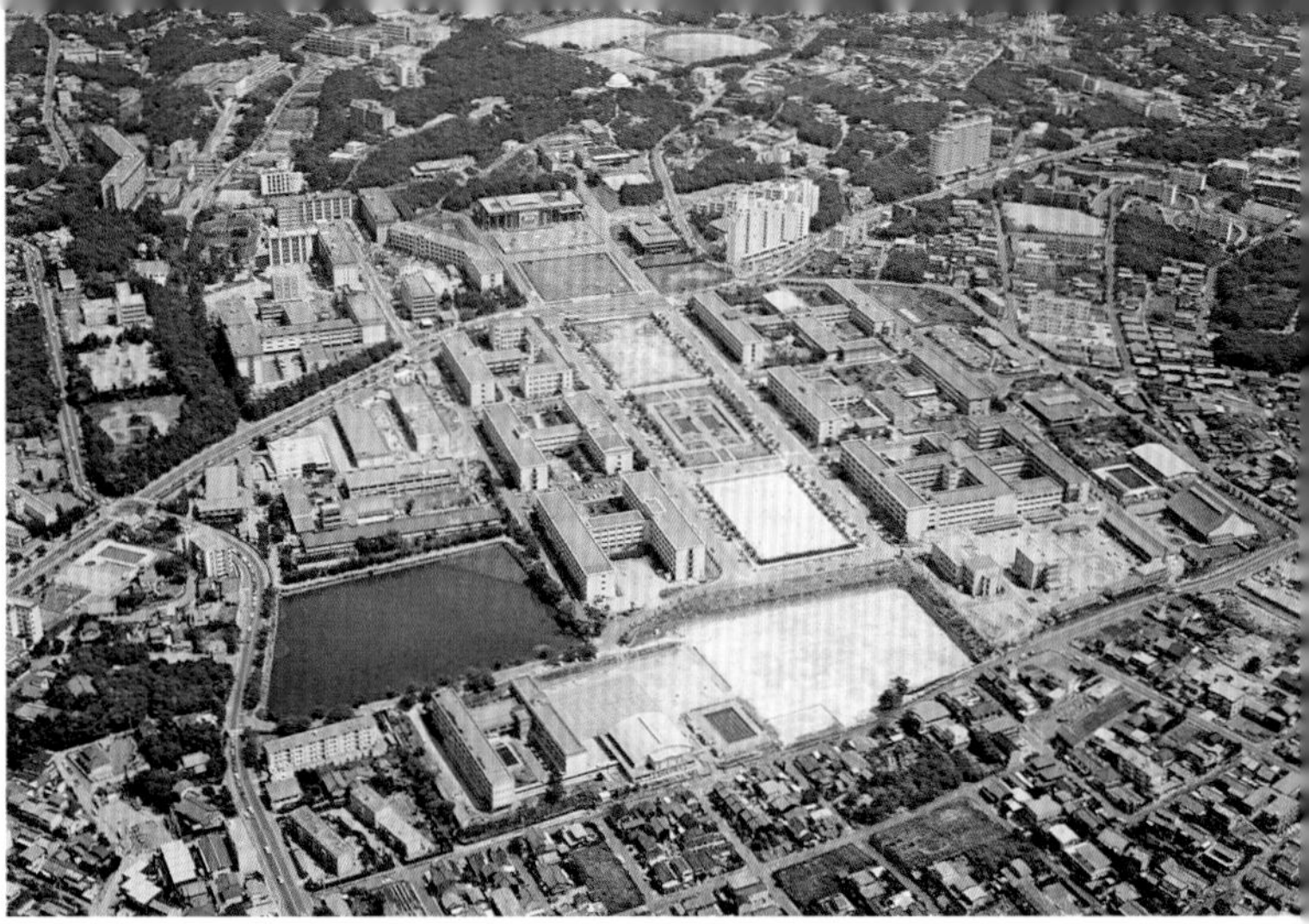

7　東山キャンパス（1977 年頃）

鶴舞キャンパス（1981 年頃）

9　豊田講堂（1989 年）

名古屋大学の歴史　一八七一〜二〇一九　上——目　次

第3章　名古屋帝国大学 ―――― 75

（下巻目次）

凡例

一、本文の記述には、原則として常用漢字、現代仮名遣いを用いた。ただし、歴史的用語や固有名詞、学術用語については この限りではない。

二、学校名・機関名等については、必要に応じて（　）内に、現在もしくは後身の学校・機関等の名称を記した。また、企業・会社名については、株式会社等を略した箇所がある。

三、「名古屋大学」は、組織名や規則名、引用資料中の言葉等以外は、「名大」と表記した。

四、名古屋大学の長の表記は原則として、法律もしくは学内規程で「総長」が用いられていた時代は「総長」と記し（一九四九年五月までの旧制大学時代、及び九二年四月以降）、それ以外は「学長」とした。

五、名古屋大学もしくはその前身学校内の役職名については、原則として校名は省略した。

六、敬称は省略した。

七、引用資料中の前略・中略・後略には、「……」を用いた。

八、地名については、その当時の名称を記し、必要に応じて現行の名称（二〇二一〔令和三〕年十二月三十一日現在）を（　）で補った。

九、年月日については、次のように表記した。

・明治五年十二月二日までは陰暦を、その後は陽暦を使用した。

・年号表記は西暦を用い、（　）で適宜元号を補った。ただし、陰暦の時代は元号を用い、（　）で西暦を補った。

・西暦の千の位と百の位は、適宜省略した。

十、引用した、もしくは根拠・参考とした史・資料の注記は最小限にとどめ、巻末に一覧として示した。

十一、名古屋大学附属図書館医学部分館に所蔵されている図版については、医分館蔵と記した。

序

廃藩置県直後の明治四（一八七一）年八月、当時の名古屋県は、旧藩時代の評定所と町方役場の跡に地域住民の医療機関として仮病院・仮医学校を開設した。仮病院・仮医学校はやがて医学専門学校へと成長し、同校は一九二〇（大正九）年に県立の愛知医科大学へと昇格した。愛知医科大学は一九三一（昭和六）年、官立に移管されて名古屋医科大学となり、三九年にはこれを基礎として医学部と理工学部からなる名古屋帝国大学が設立された。第二次世界大戦後、名古屋帝国大学は、第八高等学校や名古屋経済専門学校、岡崎高等師範学校などとともに包括され、新制の名古屋大学が設置された。新制名大は、二〇〇四（平成十六）年に国立大学法人名古屋大学となり、二〇二〇（令和二）年には岐阜大学との法人統合によって国立大学法人東海国立大学機構名古屋大学が発足し、現在に至っている。

東海国立大学機構が設立される前年の二〇一九年、名大は名古屋帝国大学の設立から八〇年の節目の年を迎えた。「創基」に位置づけられる明治初頭の仮病院・仮医学校の開設から数えれば一四八年目となる。本書は、創基から名古屋帝国大学設立までの時期を含む一五〇年近くに及ぶ歩みを描いたものである。その目的は、この長い名大の歴史への理解を深め、これからを展望するための基盤を提示することにある。

本書では、名大の歴史を四つの時期に区分した。第一期は、仮病院・仮医学校の開設から名古屋帝国大学設立を経て新制名大が設置される一九四九年までの時期である。第二期はそれから、名古屋帝国大学設立五〇年目となる一九八九年までとした。第三期は一九九〇年から法人化直前の二〇〇三年まで、そして第四期は、その翌年になされた法人化から東海国立大学機構が立ち上がる前年の二〇一九年までとしている。第一期（七八年間）と第二期

（四〇年間）に比べ、第三期（一四年間）と第四期（一六年間）のタイムスパンがかなり短くなっているが、それはこの三〇年間が名大にとってそれだけ大きな変革の時代だったことを意味している。

本書は、次のような編集方針に基づいて執筆された。①沿革史としての基礎的な内容を一通り盛り込む、②現在と歴史との連関に留意し、将来の展望にも言及する、③基幹的総合大学としての存在を明確化する、④国際化の歴史を重視する、⑤高等教育政策との関わりを明示する、⑥地域との関係を明確化する、⑦学生生活に注目する、⑧ノーベル賞受賞者をはじめとする人物にも着目する、⑨学術的な評価に耐えうるものとしつつも文章は平易なものとする、というものである。

内容構成に関しては次の四つの柱を建てた。一つ目は教育・研究組織及び管理運営システムの展開、二つ目は教育・研究の実態、三つ目は学生生活の様相、四つ目は施設・設備及びキャンパスの整備状況である。これによって各時期の名大の姿を立体的に浮かび上がらせるように努めた。

名大の歴史を包括的に記述したものとしては、創立五十周年記念事業の一環として編集・刊行がなされた名古屋大学史編集委員会編『名古屋大学五十年史』部局史全二巻（一九八九年刊行）及び同通史全二巻（一九九五年刊行）がある。この『五十年史』は全学的な取り組みのもとで作られ、刊行後は社会に広く受け入れられただけでなく、学界でも高く評価され、多くの研究者に利用されてきた。しかし、それ以降の激変する国立大学をめぐる環境の中でなされた名大全体の取り組みについて記述したものはない。したがって、一九九〇年代以降の動向を含め名大の歴史を総合的にまとめたものとしては、本書が初めての試みとなる。それと同時に一九八九年までの歴史についても、本書では『五十年史』の成果を踏まえつつ、新たな視点や新資料を取り入れることにより記述を改めている。

本書を手に取る読者は、一九九〇年頃までの名大とそれ以後との違いや、この三〇年間に生じた変化の大きさとスピードにおそらく驚くのではないかと思う。変化の意味を考え、名大、ひいては日本の大学がどこへ向かおうとしているのか、その未来の姿を展望することに本書が少しでも資することを願っている。

第一編　名古屋帝国大学創立までと草創期　一八七一～一九四九

名古屋大学（名大）の沿革は、一八七一（明治四）年、名古屋県が設置した仮病院・仮医学校にまでさかのぼる。名大はこれを「創基」としている。明治維新後の改革期であり、学校名も頻繁に変更された。その後の医学校の経営は順調とは言い難く、幾度も存続の危機に見舞われたが、先人たちは何とかそれを乗り切った。

医学校は、一九〇三年に愛知県立医学専門学校へと発展し、二〇（大正九）年には愛知医科大学に昇格した。三一（昭和六）年には官立移管を果たし、名古屋医科大学となった。名古屋を中心とする地域の人々はさらに総合大学が必要と考え、その多大な負担のもと、ついに一九三九年、名古屋帝国大学が創立された。ただ戦時体制下にあっては、理系の限られた学部等しか設置できず、物資不足で粗末な校舎に甘んじた。空襲で甚大な被害を被って敗戦を迎えたが、厳しい時代のなかでも自由闊達の学風が育まれた。敗戦後の混乱のなか、四九年には新制大学として、文系学部を備えて再出発した。

名大の沿革には、新制大学発足時に包括された高等教育機関の系譜もみることができる。旧教養部の前身にあたる一九〇八年設立の第八高等学校（八高）、経済学部の前身にあたる二一年設立の名古屋高等商業学校（名高商）、教育学部の前身にあたる四五年設立の岡崎高等師範学校である。いずれも地域の人々の強い要望によって設立された学校であり、特に八高と名高商はそれぞれの特色を誇って全国にもその名が知られていた。

第1章　創基から官立大学まで

図 1-1　『和蘭内外要方』腫瘍 二
（早稲田大学図書館蔵）

1　医学校の時代

幕末尾張藩の医学と蘭学

本章では、名大が創基と位置づけている明治四（一八七一）年の仮病院・仮医学校の設置から、一九〇三年の愛知県立医学専門学校への改組、一九二〇（大正九）年の愛知医科大学（県立）への昇格を経て、一九三一（昭和六）年に官立の名古屋医科大学となるまでをみていく。本節では、創基から、紆余曲折を経て専門学校になるまでの医学校時代について述べる。

まず、創基に至るまでの前史から始めよう。明治維新以後の医学教育や病院制度が軌道に乗っていくためには、十九世紀前期、蘭方（西洋）医学が移入され、定着していく助走期間が必要であった。

近世の尾張藩では漢方医学の浅井家が指導的な地位に立ち、多くの門人を育成して、医学教育への影響力を有していた。天保二（一八三一）年六月、八代浅井正翼《まさしげ》は私塾静観堂を医学館とすることを命じられ、藩の医学教育を行うとともに、藩内の医師たちを

図 1–2　伊藤圭介像
（鶴舞公園）

監督、指導した。医学館では医師やその子弟などに対して、『傷寒論』・『金匱《きんき》要略』など漢方医学の諸書が講義された。また天保十四年八月には、医学館で一般への治療も始められた。

医学館からは、各種の病気や症状に用いる薬を解説した『諸病主薬』・『薬性歌括《やくしょうたくくり》』が刊行された。また同館では、天保三年から毎年薬品会が開かれ、本草学を発展させた水谷豊文や伊藤圭介らも参加していた。

浅井家のもとで、当初から漢方医学と蘭学とは敵対的だったわけではない。名古屋に蘭学を移入した功労者は、長崎のオランダ通詞の家に生まれた吉雄常三《じょうざん》であった。吉雄が藩に招聘される際には、七代浅井貞庵《ていあん》の斡旋があった。吉雄の『和蘭内外要方』（文政三〔一八二〇〕年刊、図1–1）に寄せた浅井の序文は、吉雄の能力と学識を高く評価している。

幕府は一八四〇年代になると、蘭学・蘭方医学への圧迫を強めていった。藩内でも蘭方医は少なく、幕末期には柳田良平、伊藤圭介、鈴木容蔵ら六名のみであった。しかし吉雄に始まる蘭学研究は、門人の伊藤圭介や砲術家の上田仲敏《なかとし》に継承されていった。上田は伊藤の協力を得て自邸に蘭学塾を開き、それが洋学館と呼ばれるようになった。また、上田は国学・和歌に造詣が深い文人でもあった。彼は蘭書から砲術の知識を得て、西村良三（のち柳川春三）の協力により『西洋炮術要覧初編』を刊行し、伊藤が序文を寄せた。こうして伊藤と上田によって、蘭学の途が開かれていった。

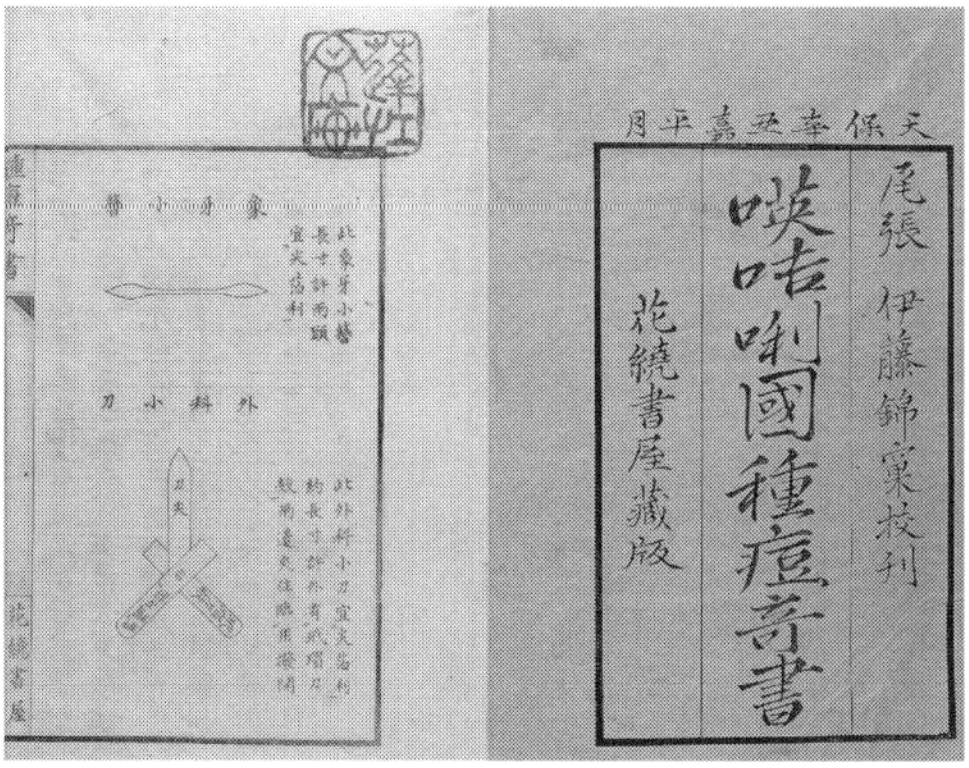

図1–3　『嘆咭唎国種痘奇書』（名古屋市蓬左文庫蔵）

伊藤圭介と種痘所の設立

尾張藩における植物学研究（本草学）は、水谷豊文や伊藤圭介の活動を通じて全国的に知られていた。伊藤たち数少ない蘭学者は、一八三〇年代（天保年間）以降、藩の西洋医学の発展に大きく寄与し、領内に定着させていった。蘭学や植物学の知識を活用した伊藤の仕事は、飢饉対策、流行病対策など多方面にわたる。なかでも、伊藤が牛痘種痘法を導入した業績は特筆される。

牛痘を使って痘苗を植えつけて天然痘を予防する種痘法は、一七九六（寛政八）年にE・ジェンナーが発明し、欧米諸国からアジア、そして日本へも伝えられた。しかし当初は、オランダ領ジャワや清国から良質な痘苗を長崎へ持参することが難しかった。嘉永二（一八四九）年、オランダ商館の医師モーニッケが痘苗を長崎にもたらすと、これが種継ぎされて、全国に痘苗が拡散していくのには、それほど時間はかからなかった。

天保十二（一八四一）年十二月、伊藤は清国で刊行された牛痘書に訓点を付した『嘆咭唎国種痘奇書』（図1–3）を出版した。これより前、広州の英国領事館医師ピアソンは、中国への牛痘の伝来、施術と経過などを記した書をまとめ、その中国語訳『嘆咭唎国新出種痘奇書』が嘉慶十（一八〇五）年六月に刊行されていた。伊藤による牛痘種痘法の紹介は、中国より三十数年遅れてのことだった。

嘉永二（一八四九）年に九州や畿内などで始まった種痘法は、尾張藩でも施されるようになった。翌三年三月、「橘町種痘館」から「種痘前書」という引き札が版行されている。藩は公認の医師だけに正しい処方での種痘を許可した。そして同五年五月、藩は伊藤・大河内存真《ぞんしん》・石井隆庵に対して、将来痘苗が絶えないように、種痘医と相談して

図 1–4　中島三伯

対処することを命じた。

七月になって、町奉行所は種痘日の設定、厳密な種痘の実施などの規則を定め、翌八月、種痘所を開設する旨を通達した。種痘医には他の場所での種痘を禁止し、種痘を藩の管理下に置いた。そして伊藤・大河内・石井に種痘医の管理を命じた。しかし、その経費は伊藤ら六人の蘭方医が負担していた。

さらに翌嘉永六年には、二月の伊藤らの要請に応じて、市内に東西二か所の種痘所が設けられ、一日あたり三〇人（必要であれば五〇人）の種痘が実施されることになった。当時の種痘医の人数は、安政五（一八五八）年六月に四六人であった。

病院・医学校の設立—名大の創基—

王政復古後も、伊藤圭介らは種痘所の円滑な維持、管理に力を尽くしていた。他方で、幕末以来尾張藩主の侍医を務めてきた中島三伯は藩校の明倫堂を改革し、そこで西洋医学の教育を行おうと構想した。しかし、明倫堂は明治二（一八六九）年十一月に廃止され、新たに「学校」が設けられた。ここに医学方が置かれ、伊藤・石井・大河内・鈴木ら五三人の医師が一等医に任命された。こうした改革のなか、浅井家医学館の藩との関係は解消された。

翌明治三年六月、窮民救助・治療と医学修業を併せて行う新しい施設、施薬病院の構想が具体化した。名古屋における病院設立の出発点である。藩は石井らに病院の開設の方法と場所、規則などを検討することを命じた。

同年八月には、伊藤・石井・中島は、東京、大阪、京都や諸藩に後れを取っている西

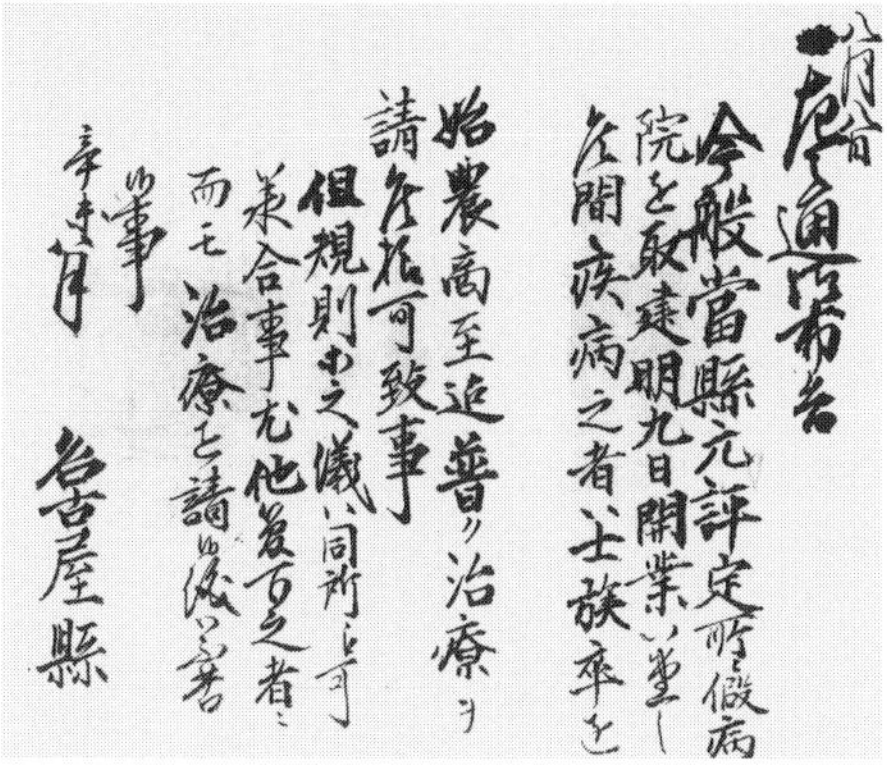

図 1–5　仮病院開業の名古屋県布告（1871 年，愛知県公文書館蔵「御触留」所収）

洋医学の施設を設立し、原書・翻訳書の講習、医学・舎密学（化学）・製薬学などの講義と、診察を行う必要を藩へ建議した。窮民救済・治療を目的とした施薬病院とは別に、種痘所を基盤とし医学講習場と病院とを兼ねた本格的な医療施設の開設を目指したのである。

この施設は医学所、治療所、調合所、製薬所という組織を持ち、それぞれの職務は有志医師（「社中」）が担い、経費と診療費は有志医師の寄附金に依存するものであった。しかし計画は進まなかったため、伊藤らは旧来の種痘所の拡充を藩に求め、伊藤と石井が種痘所頭取兼病院開業懸りに任命された。ところが伊藤は政府へ出仕することになったことから、その後の病院開設は石井を中心に進められた。

廃藩置県の発令直後、明治四年七月、名古屋県は、張三石（旧高崎藩医師）を雇用して病院を開設する旨を管内に告げた。八月八日、翌九日に仮病院を開業することが布達され（図1−5）、続いて仮医学校も設立された。名大では、西洋の医学教育を行う施設を備えたこの名古屋県仮病院・仮医学校の設置をもって沿革の起点とし、創基と位置づけている。

この仮病院は翌明治五年二月に一時閉鎖されたが、新たに着任した愛知県権令の井関盛良《もりとめ》が病院の再開に取り組み、愛知県管内の有志医師が醵金し、同年八月には義病院が設立された。しかし、こうした形での病院の維持は財政的に難しく、翌一八七三（明治六）年二月に閉鎖された。井関は県内およそ三〇万戸から費用を徴収することで運営費を賄うことにし、永井松右衛門ら豪農商を病院幹事に選任して、新病院の創立を担当させた。また病院開設に際して、真宗から五万円にも上る寄附があった。そして病院幹事

図 1–6　後藤新平（左）とローレツ（右）
（奥州市立後藤新平記念館蔵）

の尽力で、アメリカ人ヨングハンス、足立盛至、越智義衛を医師として雇用した。その結果、七三年五月、西本願寺掛所（現本願寺名古屋別院〔西別院〕）に新病院（仮病院）と医学校が創立された。この病院には、かつて伊藤圭介とともに西洋医学の普及に携わった医師たちも参画していた。

一八七五年一月、新病院の名称は愛知県病院となる。十一月に県は病院に医学講習場を設置し、入学資格や授業料、講義の聴講や教場での規則などを定めた。ヨングハンスは毎月定例日に講義を行い、その講義録が作成されて回覧された。この医学校の設立のために、管内の医師から寄附金が集められ、七四年四月に県は各区長へ、毎年医師から三円ずつ、県の医務係に差し出させるように命じた。これは行政ルートを通じた半ば強制的な賦課金の徴収であった。こうして、豪農商からの病院幹事の選任、真宗からの寄附、そして医師への賦課という特徴を持ちながら、愛知県病院・医学講習場は展開していくことになった。

病院・医学校の発展とローレツ・後藤新平

内務省は一八七六（明治九）年三月、病院の種別を官立・公立・私立の三種とする布達を出した。このうち公立病院は、各府県の経費もしくは有志の献金等によって設立される病院が該当した。これをうけて愛知県病院は四月から愛知県公立病院と改称された。五月にはヨングハンスと足立の任期が満了となり、教師にオーストリア人のA・V・ローレツ、副教師通弁兼医校教師に司馬盈之《みつゆき》（凌海）が採用された。六月には公立医学講習場を公立医学所と改めた。ここに、病院・医学校は新たな歴史を歩み始めるこ

図 1-7　天王崎の愛知医学校・愛知病院校舎全景（1884 年頃，医分館蔵）

とになったのである。

ローレッツは病院での診察、医学所における講義のほか、衛生行政や法医学の導入に積極的に取り組んだ。ローレッツの医師としての技量が高いことは、骨がん患者の手術や結核性潰瘍の患者の解剖など、ときおり新聞で報道されていた（口絵1も参照）。一方、佐渡島に生まれた司馬は、幕府が長崎に開設した医学伝習所で、幕府医官の松本良順やオランダ海軍軍医ポンペに蘭方医学を学んだ。司馬は名古屋で家塾も開いてドイツ語を教え、また翻訳の仕事にも携わり、それには後藤新平も協力していた。

一八七七年七月、公立病院と医学所は堀川端の天王崎町（現名古屋市中区一丁目）に移転した（図1-7）。病院・医学所の職員は三十数人で、医学所の授業生として後藤新平もいた。後藤は愛知県令の安場保和とかねてから関係があり、七六年八月に福島県の病院から公立医学所へ転任していた。

天王崎への移転に伴い、公立病院・医学所は、病院患者心得規則を定め、疾病からの県民の救済、特に貧窮な者の人命を救うことを理念に掲げ、診療体制の詳細を管内に通達した。他方、一八七八年二月、県は医学校規則を定めた。特に注目されるのは、医師養成のために、自費生のほか、定員六四人の区費生を設けたことである。区費生は郡区の公費によって医師を養成する制度で、卒業生には一定期間、出身区内での開業を義務づけた。これは「公立」医学校にふさわしい制度であった。なお、公立医学所は七八年四月に公立医学校と改称された。

一八七八年七月、政府は地方税規則を制定し、府県立学校と病院は地方税によって維持されることになった。そして公立病院・医学校（以下、院校）は名古屋鎮台の一等軍

図 1-8　愛知医学校長時代の後藤新平
（奥州市立後藤新平記念館蔵）

医、横井信之を病院長・医学校長に迎えた。横井は年間経費の剰余金と薬価収納金によって資本金を蓄積し、将来は地方税を必要としない「私立」体制を構想した。

一八七九年十二月、横井に代わり、一等診察医の後藤新平が院長代理、さらに翌年五月には院校長心得となった。横井に代わり、ローレッツも四月、四年にわたる在職を終えたため、ここに院校は後藤を中心に運営されることになった。後藤は院校の現状を踏まえ、将来構想を積極的に提案した。病院については、病室の増築、産科局の設置、眼病室の増設、検査体制の充実（化学検査室・顕微鏡的検査局の設置）などであった。医学校については、設備の充実（理学器械・分析装置・書籍の整備）、運動場の設置、駆梅院への生徒の実地研修などによる充実を目指した。

さらに後藤は、伝染病室の新設や貧民施療法の実施といった地域医療への貢献策を提案した。また病院は県内医師に医療の標準を示すこと、医師不在の地域を解消するため医師養成を充実させることを主張した。しかしこれ以上地方税に依存するのは困難なため、近隣諸県の医学校と連合して経費を確保することも提案した。

一八八一年九月、公立病院は愛知病院、同年十月、公立医学校は愛知医学校と改称され、後藤が病院長兼医学校長となった。生徒は、郡区から選抜される区費（校費）生が廃止され、一般入学試験の合格者に限ることになった。郡区の経費負担がなくなったことから「公立」の称がなくなり、地方税で維持される院校となったのである。同時に、十月に奈良坂源一郎、十一月に熊谷幸之輔（ともに医学士）が一等教諭に任命された。こうして、東京大学医学部を卒業した医学士の称号を有する医師が中心となって院校を担う方向へ進んでいった。

図 1–9　熊谷幸之輔

院校払下げ事件と熊谷幸之輔

一八八三（明治十六）年一月、後藤新平は病院長兼医学校長の職を離れ、内務省衛生局に移った。後藤の跡を継いだのは熊谷幸之輔であった。後藤離任と同じ月、愛知医学校は文部省から甲種の資格を認められ、卒業生は開業試験を免除されて免許状を授与される特許を得た。甲種医学校には学科目、修業年限、教員資格に関して厳格な設置条件があった。

当時は深刻なデフレ経済のため、地方税の支弁を受ける院校の財政は厳しかった。すでに後藤は隣県との連合医学校の構想を持ち、一八八五年の愛知県会でも連合医学校の設立建議が可決されていた。八七年九月、政府は府県立病院・医学校に対する地方税の支弁を禁止した。その結果、翌年四月を期して、院校とも地方税から分離され、資本金の利子、患者の薬価、生徒の授業料によって独立を維持することになった。

経営基盤を安定化させるためには、「官立」学校に昇格することが一つの選択肢であった。一八八七年二月、侯爵徳川義礼《よしあきら》（尾張徳川家当主）が院校を訪問した。院校では、資金を集めて官立学校へ移管させるという計画があったことから、徳川侯爵からの資金援助を期待したのかもしれない。

一八八八年、千葉・宮城・岡山・長崎・金沢の各医学校が高等中学校医学部として設立された。このとき千葉と愛知が候補地を争ったが、千葉に設置されることになった。愛知病院・医学校は内務省の特許を得て、旧来の規模を維持したうえで、特立の県立病院・医学校として存置されることになった。ほかに特立を認められたのは、大阪と京都の院校だけで、他の甲種医学校は八八年三月までにすべて廃校となった。この年五月の卒業証書授与式の際、第一回院校独立紀念会が開かれた。ここには真宗大谷派管長の大谷光瑩《こうえい》も臨席していた。

一八八八、八九年度の院校の経費予算は県会の議決を経ることなく、県知事と熊谷による「共治」という形で処理された。しかし八九年一月、内務省が院校の経費予算は府県会の議決を必要とするとの省令を出した。院校は再び県の管理下に置かれることになったのである。

一八九一年になって、院校は深刻な問題に直面した。二月、真宗三派（真宗本派・真宗大谷派・真宗高田派）は愛知県知事の岩村高俊に宛てて、院校の払下げを求める請願書を提出した。真宗が病院・医学校の経営に乗り出そうとしたことは大きな反響を呼び、反対の声が高まることになった。真宗は設立当初には資金を寄附していた。また、一八八六年以降も、三派管長の院校訪問が続き、関係を深めつつあった。真宗三派にとって熊谷は「方外の友」（世俗の友人）で、特に大谷派から深い信頼を得て、将来計画を語り合うこともあったという。こうした真宗三派の医学への関心の背景には、キリスト教の慈善主義的医療活動の活発化があった。

熊谷は医学校が高等中学校医学部の下に位置することに満足していなかった。日本で第二の大学が開設されるとすれば、愛知医学校をその地位に進めることを願い、たとえその地位を得られなくとも、せめて帝国大学をモデルとして医学校を改良しようと計画していた。そうしたときに三派管長から院校払下げの提案があった。そのため熊谷は、学問の面に真宗の干渉が及ばないのであればという条件付きで、払下げに賛成した。

しかし、『新愛知』や『金城新報』などの地方紙は、払下げ反対の論陣を張った。『金

○院校拂下請願遂に却下となる　真宗三派より願出でたる愛知病院及醫學校拂下けの件は近日の一大問題にして輿論の攻撃も甚しかりしが縣廳は遂に昨日を以て右請願書を却下しさり　正論万歳

◎名古屋醫會々長を詰る　院校拂下けに反對なる名古屋醫會の集會に於てその會長にして又院校長なる熊谷幸之輔氏及び病院の醫學士にして副會長なる河原汎氏も其席に在りしが某氏先づ熊谷氏に向て拂下げ事件に與みしたるを論責し醫會を蔑視したり會長たるの信認なし抔論鋒鋭く遣り込められ結局熊谷氏は衆員に向て謝し且つ自分も今日よりは拂下げに反對すべしと明言したり次で河原氏をも難詰せしに氏は固より此事に付ては意見を異にする由を答へ先づは謝するにも及ばずして退きたりとか

図 1–10　払下げの却下を報じる『新愛知』（1891 年 3 月 24 日）

城新報』は、強固な財政基盤を持つ「私立大学」の設立を主張する点では熊谷の意見に近かったものの、真宗三派の狙いが院校の人事権を掌握してその実権を握ることにあると判断し反対に回った。熊谷は、『新愛知』に反論を掲載するなどして弁明に努めたが、県会議員の多数からも、院校は地方税をもって維持してきた県有財産であるという反対の声が上がった。

市内の開業医と医学校生徒も払下げに反対した。彼らは、真宗三派が病院運営にあたれば営利主義的になることと、宗教が院校経営に介入することを批判した。特に医学校生徒の反対運動は激しく、たびたび生徒集会を開き、県庁・県会への請願運動を繰り返した。さらに、四〇〇人もの生徒が団結して退学届（「同盟退校」）を出すまでに事態は深刻になった。熊谷ら院校の教員は生徒を説得し続けたが、彼らの動きを鎮めることはできなかった。結局、一八九一年三月下旬、県当局は真宗三派の払下げ請願書を却下し、騒動は終息した（図1–10）。払下げ問題は、院校の財政基盤が脆弱ななか、将来の院校をどのような方法で発展させていくのかという問題が顕在化した事件であった。

伝染病・地震と院校の対応

さかのぼって一八七四（明治七）年十月、文部省は種痘規則を出して、免許状を所持しない医師の種痘を禁じた。廃藩置県後の愛知県でも、管内各大区に種痘所を設置するなど、伊藤圭介らの努力を引き継いで種痘の普及に努めた。種痘所の系譜を引く愛知病院でも、七五年一月、年末までの種痘実施日を公示した。特に翌年には天然痘の流行がみられ、県は各地で種痘所の仮設、種痘医の増員、痘苗の確保などの対策を講じた。

図 1–11　〔濃尾震災〕愛知病院負傷者治療図（『風俗画報』1891 年 12 月 10 日）

天然痘と並んで、一八七七年七月から翌年六月にかけてはコレラの流行がみられ、政府や府県はコレラ対策に力を入れなければならなかった。コレラの流行時の防疫や治療体制の整備に加えて、日常的な衛生環境を整えていく必要があった。そのためヨングハンスの『虎列刺《コレラ》病口訣』が訳述され、またローレッツも『虎列刺予防法報告』、『虎列刺新誌』を著して、管内に頒布した。こうした伝染病への啓蒙的な対応のほかに、ローレッツは七八年一月、生活環境を改善するため、汚水処理法の必要性を県庁へ建議した。十月にローレッツは、後藤新平に「健康警察医官」、すなわち伝染病の予防のための専門医官の創設構想を述べ、それを訳述させて、意見書として安場保和県令へ提出させた。そのなかでは、流行の原因と蔓延状況の究明と記録、流行地の特徴などの把握、消毒の実施と溝渠による排水の実施、飲料水・食物の検査などが、焦眉の課題であると指摘されている。

一八八二年八月、愛知県知多郡三和村一帯にコレラ流行の兆しがみられると、県は診察医の水野樵継らに治療のための出張を命じたこともあった。八六年にも五月から十一月にかけて県内で流行が広がり、患者一一四三人、死者八六二人にも達した。この深刻な状況に対処するために、愛知病院も県の検疫体制の一翼を担った。県は県官吏や警察官、熊谷病院長らからなる検疫本部を組織し、管内の掃除清潔法の実施、飲料水の試験などの防疫対策にあたった。

病院関係者は伝染病対策に積極的に携わる一方、一八九一年十月二十八日の濃尾地震の罹災者救援でも大きな役割を果たした（図1−11）。罹災した負傷者の治療のため、愛知病院のほか、他府県から派遣された多くの病院関係者らが被災地に入った。愛知病院

図 1–12　制服を着た愛知医学校の生徒たち（1888 年 3 月，医分館蔵）

は、海東郡甚目寺村と中島郡稲沢村に仮治療所を開設し、医師を交代で派遣した。

院校では、外科手術所などの建物が大破し、患者へ提供する薬剤も失われた。尾張紡績会社で被災した女工八〇人余りが運び込まれるなど負傷者の数も多く、困難な治療に忙殺された。地震当日だけで一五〇人ほどの治療にあたった。構内の庭にもテントを張り、テーブルを並べて治療が続けられ、医学校生徒もまた治療団の一員として活動した。名古屋市内では医学校生徒による巡回医療隊が救急薬や包帯を持って救護にあたる一方、周辺地域からの要請に応じて医師を補助するために生徒が派遣された。

愛知医学校の生徒たち

草創期の愛知医学校の生徒数はそれほど多くはなかった。一八七八（明治十一）年から八〇年までの生徒数の推移は、七八年十二月現在六一人（うち区費生三〇人、自費生三一人）、七九年十二月現在九七人（うち区費生六四人、自費生三三人）、八〇年七月現在九〇人（うち区費生六二人、自費生二八人）、であった。この段階では区費生数が倍増したものの、自費生は三〇人ほどにとどまっていた。生徒は通学生のほか、寄宿舎生活を送る者もいた。七七年七月、天王崎に公立病院・医学所が新築されると、構内に塾舎（寄宿舎）四棟が設けられ、第一から第三塾舎は一棟八室で各二人部屋、第四塾舎は二階建て四室で、各七人を収容することができた。

医学校の入学試験制度は、安定するまでしばらく時間がかかったが、一八八三年から一月と五月の年二回実施されるようになった。八七年十月の生徒募集の告示によれば、受験資格は満十七歳以上で体格強壮である者、受験科目は日本外史（白文和解）、十八

図 1–13　愛知医学校の卒業証書
（1881 年，医分館蔵）

志略（同）、作文（漢文あり）、算術、代数、幾何、動物学、植物学、物理学、化学であった。

一八八一年六月に愛知県が公布した医学校規則によれば、授業時間は五月から九月までは午前七時から正午まで、十月から四月までは午前八時から正午、午後一時から二時までの、それぞれ五時間であった。土曜日の午後と日曜日・祝祭日が休暇日で、夏期休業（七月十一日～八月三十日）、冬期休業（一二月二十五日～一月十日）が設けられた。カリキュラムは三年制（一八七八年「医学校学科表」）の時は二一科目で、四年制に改正されると数学・外科手術学・産科学の三科目が加わった。

生徒の試験が始まったのは一八七八年からのことで、夏期と冬期の課程の修了後に実施された。同年十二月の冬期試験からは成績表を印刷することになり、翌年九月には後藤新平の発案で生徒の毎月の学課成績表を作成・印刷し、生徒父兄・医務取締・郡区役所に頒布した。また試験の優等生には褒賞として医学書が授与された。他方、成績不良の生徒へは譴責などの処分もなされた。

初期の医学校の規則からは、入学した生徒の学業や生活規律の一端を知ることができる。一八八一年六月の医学校規則では、禁止事項として、(1)教場で雑談、喫煙すること、(2)許可なく校内の備品を取り扱い、散乱させること、(3)校内で放歌、吟詩、拇戦《ぼせん》（指相撲）を行うこと、(4)他人の勉学や安眠を妨害すること、(5)許可なく食物・酒類を校内に持ち込むこと、などを定めていた。また罰則もあり、三日から二週間の門外散歩の禁止、放校（無断外泊や破廉恥の所業、怠惰・放逸をなすなどした場合）を規定した。

各級生には、校長から任命され月給が与えられる級長がいた。この級長は、一八八〇年六月からは生徒の投票で選ばれ、手当（一円）が付与されるようになった。八八年六月の生徒心得では、医師は「司命の重職」であるため、勤勉・耐忍・品行方正といった自己規律を求めていた。規則違反者への罰則も厳しくなり、特に校長以下の職員への誹謗、他人の教唆、風儀の紊乱があれば放校処分もあるとした。学生生活の規律を維持するために個人への規制だけではなく、生徒集団として学団（僚―級―部―団というピラミッド状の組織）も作られた。九二年三月二十八日には、医学校教諭の高橋剛吉の授業に関して生徒の不満が高まり、授業のボイコット事件が起きたが、この事件は知事や愛知県会でも問題となった。

最後に生徒のスポーツについてふれておこう。一八八六年四月二十二日、県立の四学校の生徒が東春日井郡の小幡ヶ原で連合競争大運動会を開いている。職員が生徒を率いて参加し、駈足競争・旗取運動・綱引きなどを行った。十月七日には丹羽郡稲置村まで遠足し、列伍運動会と称した。この年には職員と生徒の寄附金でボート五艘を購入し、熱田港での短艇競漕会も開かれている。また八八年からは、文部大臣の森有礼が奨励した兵式体操が医学校でも取り入れられた。

経営の安定と拡充

前述のように、一八八八（明治二十一）年度からの府県立病院・医学校への地方税支弁禁止により、愛知医学校の財政問題はいよいよ深刻になった。熊谷校長は、政府からの高等中学校医学部長の内示を辞退し、医学校の教職員と一丸になって財政問題の解決に取り組んだ。

図 1–14　愛知医学校・愛知病院正門

熊谷は、早くも一八八七年十二月には、生徒の自尊心の涵養と綱紀粛正を目指して、陸軍歩兵看護兵を模した制服を制定した（前掲図1–12）。また八八年二月には、県外からの入学者を増やすため、県外者の授業料を引き下げた。そして同年四月には愛知医学校規則を改正したが、この改正では、高等中学校医学部の学科構成をほとんどそのまま取り入れたほか、尋常中学校卒業者の無試験入学を認めたことが注目される。教員の強化も図られ、八六年末では五人であった医学士が、八九年末には八人を数えるに至る。病院については、八八年二月、収入の増加に直結する病院稼働時間を拡大するため、教職員の勤務時間を延長した。八九年十一月には、それまでの内科・外科・眼科に婦嬰科を加えて四診療体制とした。

これらの施策の結果、生徒数は一八八六年末の二一九人が、八八年末には四一九人へとほぼ倍増した。入院患者は一か月あたり一〇〇人弱、通院患者は同じく二〇〇人前後を維持し、毎年五〇〇円余りの剰余金を確保できるようになった。そして前述の、九一年の院校払下げ事件、濃尾大地震等の危機を乗り切り、愛知医学校・愛知病院の経営は軌道に乗っていった。

愛知医学校は、学校経営が安定に向かうなか、本科以外の拡充を行った。一八九三年四月には、本科入学前の予備教育を行う学校として、愛知医学校予科を設置した。それまでの予備教育は、愛知医学校の教員でもあった滝浪図南《となん》が経営する愛衆学校（私立）がその役割を担っていたが、同校が経営難で廃校になったことに加え、本科入学者の質の低下が問題になりつつあったことが予科設置の背景にあった。予科は修業二年で、入学には試験が課されるが、尋常中学校第三年の学科を終えた者は無試験で入学できた。

九四年八月には、医学校内に「産婆」（助産師）と「看護婦」（看護師）を養成するための産婆養成所と看護婦養成所を設置した。修業年限は一年で、入学資格は「品行端正身体健全」な満二十歳以上の女性で平仮名・片仮名文を理解しうる者とされ、高等小学校卒業者は入学試験を免除された。九九年十月には、愛知医学校産婆科と同看護科に改められた（このとき、年齢制限が十七歳以上に緩和された）。これらの拡充は、生徒からの授業料の増収による財政問題の解決策でもあった。

一九〇一年八月には、同年四月の文部省令が師範学校・小学校以外の学校の名称に費用負担者の区別を明示するよう命じたことをうけ、学校の名称を愛知県立医学校と改称した。

2　専門学校から医科大学へ

愛知県立医学専門学校の発足

一九〇三（明治三十六）年三月、専門学校令が制定された。この法令は、それまで性格があいまいで、様々な内容や水準の学校が含まれていた専門学校について、「高等ノ学術技芸」を教授する学校として、初めて包括的に規定したものだった。同令によって専門学校は、中学校（男性を対象とする五年制の中等教育レベルの学校）や四年制以上の高等女学校の卒業者を入学させて、三年以上の教育を行うものとされ、高等教育の一角を担うことが明確になった。とはいえ、中学校卒業後さらに高等学校での三年間の予備

図 1-15　愛知医専の授業風景（1910 年頃）

教育を受けなければ進学できない帝国大学とは、教育レベルや社会的威信の点で大きな格差があった。

愛知県立医学校は、一九〇三年七月に専門学校令による愛知県立医学専門学校（以下、愛知医専）として認可された。公立の医学専門学校には、他に大阪府立医学専門学校（現大阪大学医学部）と京都府立医学専門学校（現京都府立医科大学）があるだけだった。愛知医専には、愛知医学校以来の予科（専門教育のための基礎教育を行う課程）があり、それが廃止される〇五年までその修了者が中学校卒業者とともに入学していたが、予科の廃止後はもっぱら中学校卒業者が入学した。愛知医専の入学者は男性に限られ、ほぼ三分の一が愛知県出身者だった。生徒は四年間修業し、卒業すると無試験で医師免許が与えられた。卒業者には称号として、「愛知医学得業士」が授与されたが、〇九年からは「愛知医学専門学校医学士」となった。帝国大学の卒業者には「学士」の称号が授与されたのに対し、専門学校卒業者の称号にはこのように学校名が付されていた。医師免許が得られるという点では同じだが、称号の違いに帝国大学と専門学校との差が表現されていた。

学科課程は、愛知医専の発足当初、愛知県立医学校時代とあまり違いはなかったが、一九〇五年の学則改正に伴って大きく変わった。それまで、内科学・産科及婦人科学・外科学の各学科目に含まれていた精神病学・児科学（＝小児科学）・皮膚病学及花柳病学がそれぞれ独立した学科目となり、さらに耳鼻咽喉科学が加わった。一七（大正六）年には歯科学も加わった。授業時間数も増えるなど、学科課程の整備が進んだ。また、〇五年の学則改正では、それまで一月と六月の年二回だった入学期が六月だけの年一回に変更された。さらに〇七年十一月の学則改正で四月に学年が始まることになった。背景には、一九〇〇年前後の時期に小・中学校で四月入学が法制化され、それに対応して文部省が直轄学校への四月入学の導入を決定したことなどがあった。

愛知医専の校長には、愛知県立医学校長だった熊谷幸之輔が留任し、一九一六年まで務めた。この時期、教員の海外留学が盛んに行われるようになった。一九〇〇年には教諭兼医長の賀古桃次（眼科学）がドイツに留学した。〇三年から一二年までの一〇年間でみると、九人が二年間ずつほぼ入れ替わりでドイツに留学している。熊谷自身も〇八年一月から一〇年六月までドイツに出張した。後の医科大学から帝国大学にかけての時期に学長を務めることになる、小口忠太・田村春吉・勝沼精蔵といった気鋭の若手研究者が次々に赴任してきたのも、この愛知医専の時代である。小口は医術開業試験合格後、陸軍軍医学校などを経ての着任だったが、田村と勝沼は東京帝大の卒業者だった。この時期、スタッフが目に見えて充実してきた。

愛知医専は、医師の養成を行っただけではなかった。医専に併設されていた愛知病院には、女性を対象とする産婆科と看護科が附設されていた。一九〇五年の愛知県立医学専門学校附属産婆科看護科規則によると、産婆科や看護科には、高等小学校四年の課程を修了した満十六歳以上の女性が入学することができ、修業年限は一年半だった。その後一二年に、入学資格は高等小学校二年の課程を卒業した者で満十五歳以上と変更された。これは、〇八年から義務教育である尋常小学校の課程が四年から六年へと延長されたことをうけてなされた措置だった。

図 1–16　鶴舞移転直後の愛知医専正門

鶴舞への新築・移転

堀川東岸の天王崎にあった愛知医専と愛知病院の校舎や施設は、二十世紀を迎える頃には築後二〇年以上が経過し、利用者も増えたため、老朽化・狭隘化が目立つようになった。愛知県会ではたびたび改築・移転が議論されたが、県の財政に余裕がなかったため、大規模な予算はなかなか認められず、抜本的な解決は先送りされていた。ようやく一九〇八（明治四十一）年の臨時県会において、県財政からの借入金による新築移転計画が認められた。移転先には、名古屋市が公園用地として買収した愛知郡御器所《ごきそ》村（現名古屋市昭和区）地内の敷地に白羽の矢が立てられた。

ところが、一九〇九年二月の名古屋市会でこの土地の県への転売案が示されると、公園敷地（〇九年十一月に「鶴舞公園」と命名）の一部を病院の敷地とすることに対して強い反対意見が出された。市民の憩いの場である公園の隣で、伝染病患者を収容したり死体を運んだりすることは不適切だというのである。そこで県と市との間で、あらためて話し合いがなされ、翌年十一月に県による敷地購入が認められた。

愛知医専・病院の鶴舞への新築・移転は、一九一四（大正三）年三月に完了した（図1–16・17）。敷地は、天王崎の約三倍にあたる一万八四八一坪（六万一〇九四㎡）、校舎と病院の延床面積は八七七九坪（二万九〇二一㎡）となった。今日の建物配置とは異なり、正面（北）に向かって左側が医専、右側が病院だった。

医専の校舎と病院の外来患者診察場は、公園に最も近い敷地南側に建てられ、精神病室と伝染病室は敷地北側奥に配された。現在のキャンパスの南東部に位置する敷地（鶴友会館がある辺り）は、まだ愛知医専・病院の敷地ではなく公園用樹木の苗圃（緑地帯）

図 1–17　鶴舞移転直後の愛知医専

が置かれていた。こうした建物や緑地帯の配置は、公園に隣接して病院が建設されることへの批判を考慮してのものだったとみられる。

大学昇格運動の開始と転換

鶴舞移転から四年後の一九一八（大正七）年、大学令が制定された。それまで官立総合大学である帝国大学しか大学として認められてこなかったが、大学令によって公立や私立の大学、あるいは一つの学部からなる単科大学が認められることになった。さらに当時の原敬内閣は、帝国議会に「高等諸学校創設及拡張計画」（高等教育機関拡張計画）を提出し、官立高等教育機関を大幅に増設することとした。高等教育機関は初めての拡大の時期を迎えようとしていたのである。

この時期には各地で専門学校の大学昇格運動が展開された。高等教育機関拡張計画には官立医学専門学校の医科大学への昇格案が盛り込まれたが、そのことによって、医師養成を大学に一元化する「医育統一」が国の基本方針になるのではないかとの見方が強まった。このため愛知医専でも、もしも大学になることができずに専門学校のまま取り残されてしまったならば存続できないのではないか、という危機感が高まった。そこで同校の生徒たちは、生徒大会を開催して大学昇格を決議し、市民に檄文を配って支持を訴えた。同窓会を中心に結成された昇格期成同盟会も、知事や県会議員などに働きかけた。これに応えて県会は、愛知医専の国への移管と大学への昇格を同時に進めることとし、官立大学昇格の際には一〇〇万円を国庫に寄附すると満場一致で可決した。

ところが、文部省は愛知医専の官立大学への昇格を早くから否定し、むしろ県立のま

図 1–18　愛知医科大学昇格記念絵葉書

まで大学として整備するように求めていた。熊谷校長から一九一六年に引き継いだ山崎正董《まさただ》校長は、それでも官立大学にこだわったが、生徒や同窓会を中心に公立大学への昇格を求める声が強くなり、方針を転換した。一九年十二月の県会で県に対して愛知医専を基礎として公立医科大学を設置するように求める建議が提出・可決された。これをうけて翌年三月に県は愛知医科大学の設置を文部省に申請し、六月に認可された。こうして全国で二校目（一校目は大阪医科大学＝現大阪大学医学部）の公立大学が誕生したのである。

愛知医科大学の誕生

一九二〇（大正九）年十月二十日、愛知医科大学（以下、愛知医大）の誕生を祝う昇格祝賀会が開催された。この年は仮病院・仮医学校の開設から数えて五〇年目にあたり、この日は愛知医専以来の開校記念日だった。祝賀会には文部省専門学務局長をはじめ、愛知県医師会長、名古屋市医師会長などが祝辞を寄せ、初代学長となった山崎正董は、式辞のなかでこの大学昇格を足がかりに総合大学を建設することを訴えた。

愛知医大には高等学校高等科に相当する三年制の予科がまず設置され、一九二二年に予科卒業者が進学する医学部が設置された。どちらも、学年は七月始まりだったが、二三年度から四月始まりに改められた。予科は、高等学校尋常科（修業年限四年、中学校にほぼ相当する）修了、もしくは中学校四年修了以上の者を対象に選抜試験を実施したうえで入学者を受け入れた。入試科目は、国語及漢文・外国語・数学・物理・化学で、他に体格検査があった。毎年、応募者が殺到し、入学倍率は低くても八倍、高い年には

図 1–19　愛知医科大学附属医院外来診療所

二四倍に達した。予科入学者の半数近くは愛知県出身者が占め、これに岐阜県・三重県からの入学者が続いた。

予科では、医学を学ぶための基礎教育が行われた。学科課程は、修身・国語及漢文・ドイツ語・英語・ラテン語・数学・物理学・化学・動物学及植物学・心理学・法制経済・体操からなっていたが、特にドイツ語には高等学校以上に力が入れられ、毎週の授業時間数は一年生で一二時間、二年生と三年生が九時間と、ほぼ三分の一を占めていた。一九二三年時点でみると予科教員一八名のうち五名がドイツ語を担当しており、愛知医専で外国人教師として雇われていたドイツ人のアルノルド・ハーンも講師として教鞭をとっていた。

生徒は予科を修了すると医学部に進学した。医学部は四年制だった。一・二年で解剖学・生理学・医化学・細菌学・病理学などの基礎医学を、三・四年生で内科学・外科学・整形外科学・産科学及婦人科学・精神病学・小児科学・耳鼻咽喉科学・皮膚病花柳病学・眼科学・歯科学などの臨床医学を学んだ。卒業生には医学士の称号が与えられ、無試験で医師免許が得られた。さらに、大学となったことで博士学位の授与ができることになり、一九二二年に学位規程が定められた。愛知医大での博士学位第一号は、二六年に主論文「蛋白体及び葡萄糖の硝子体内注入の採用についての実験的研究」により中島潮造に対して授与された。女性には入学は許されていなかったが、学位授与は可能だった。女性の学位第一号は、一九三九（昭和十四）年に「女子の身体発育におよぼす職業の影響」により名古屋帝国大学から医学博士学位を授与された湯本アサだった。

一九二二年にそれまでの愛知病院は愛知医科大学病院となり、二四年からは愛知医科

図 1–20　小口忠太

大学附属医院になった。愛知病院に附設されていた産婆科と看護科は、大学昇格に伴って愛知医大附属の産婆養成所と看護婦養成所となった。これらは、二七年に大学附属から医院の附属施設となった。これ以後、看護婦養成所の生徒には、学資として一か月一〇円が支給されるようになったが、卒業後一年間は附属医院で勤務するよう義務づけられた。

一九二二年以降、大学と附属医院の北側と東側及び南東部の土地が買収され、敷地の拡張と施設の増設が進められた。敷地は七〇〇〇坪余り増えて新築・移転時の一・四倍ほどになった。敷地の南東部には小さなドームを冠した特徴的な鉄筋コンクリート三階建ての外来診療所、屋上に運動場を備えた特等病室、二階建ての臨床講義室が新築された。北部の一番奥には精神病室と伝染病室が新築され、東部には看護婦寄宿舎が建てられた。敷地の広さと外観は移転時から大きく変わり、大学にふさわしい姿となった。

予科移転・総合大学設立問題から官立移管へ

このように敷地が広がり、学部・附属医院の建物は拡充されたが、予科の生徒たちが学ぶ施設の整備は十分ではなかった。このため一九二六（大正十五）年九月、予科生徒は生徒大会を開いて、施設改善のために移転を求める決議を可決し、小口忠太学長（二六年二月より第二代学長）に詰め寄るなどの騒ぎも起きた。県会では、議員のなかから予科の校舎や運動場の狭さを指摘し、生徒に同情する声が上がった。

一方、一九二六年十二月、鶴天学友会（愛知医専時代までの同窓会を二〇年に改称。以下、学友会）の理事会で総合大学の実現を求める決議がなされ、翌年二月には愛知医大学長や第八高等学校長のほか、愛知県知事や名古屋市長、商業会議所会頭など地元政財界の主要メンバーからなる名古屋綜合大学設立期成同盟会が発足した。併行して名古屋市会や愛知県会、さらには帝国議会でも名古屋市に総合大学を設立することを求める建議が提出され可決された。

こうした予科移転問題や総合大学設立問題を検討するため、愛知県会に愛知医大の学長、附属医院長、教授のほか、県の学務部長、内務部長、県会議員を委員とする医科大学調査会が一九二七（昭和二）年三月に設置された。

ところが、調査会は、予科生徒たちの要望とは反対に、募集する予科の生徒定員を徐々に減らし、時期をみて廃止する、という結論を出した。近年、高等学校が増設されてきたので、わざわざ県の費用で予科を経営しなくとも高校から入学者を採用すればよい、と考えたのである。実際、大学への昇格当初、医学部の入学定員は、予科の定員と同じ八〇名だったが、一九二八年度から一〇〇名に増やされ、予科定員は据え置かれた。これは、両者の差にあたる二〇名を高校卒業者のなかから入学させ、予科からの進学者と競わせることで学生の向学心を促すことが目的だと説明されたが、予科廃止に向けての布石だったことは明らかである。こうした調査会や大学当局の動きに予科の生徒たちは強く反発し、学友会も同調した。県会でも、予科を廃止すれば、県内の中学生の進学先が一つなくなってしまう、という反対意見が出された。このため、予科の廃止はひとまず見送られたものの、肝心の施設の移転・改善の見込みは立たなかった。

総合大学設立問題の方も一向に進まなかった。一九三〇年に入ると、大阪府が府費で理科大学を作り、大阪医科大学と一緒に官立移管して総合大学を創設するという計画が

図 1-21　名古屋医科大学全景（医分館蔵）

伝わってきた。これをうけて、中央で政権を握っていた民政党系の県会議員が愛知医大の官立移管を目指して政府への運動を開始した。綜合大学期成同盟会も愛知医科大学官立移管期成同盟会と改称し、運動の支援に着手した。民政党主導の動きに当初、警戒する姿勢を見せていた立憲政友会系の県会議員たちも賛成に転じ、三〇年十二月に県会で、官立移管の意見書を政府に提出するよう知事に求める建議が提出された。建議が可決されると、直ちに文部省から知事に移管の条件として、毎年五万円を一〇年間大学経費として寄附すること、予科は今後二年間だけ県で経営した後に廃止することなどが提示された。県はこの条件を受け入れ、三一年から愛知医大は官立移管されることになった。

名古屋医科大学への改組

一九三一（昭和六）年五月一日、愛知医大を改組して官立の名古屋医科大学（以下、名医大）が設置された（図1-21）。初代学長には、二七年十一月から小口学長の後任として愛知医大学長を務めていた藤井静英が就任した。五月一日の正午、文部省から学長任命の電報を受け取った藤井学長は新任教授を学長室に集めて任命を伝え、そろって開学式場に赴いた。午後一時から盛大な式典が開催され、教育勅語の奉読、学長訓示に続いて、五月一日を開学記念日とすることが宣言された。以後、この日は名医大、名古屋帝国大学を経て今日に至るまで開学記念日として受け継がれている。

名医大への改組に伴って愛知医大の医学部は廃止され、学生は名医大に編入された。一九三二年度と三三年度は、高校卒業者は募集せず、愛知医大予科の修了者だけを入学

図1‒22　名古屋医科大学図書館兼講堂（左）（医分館蔵）

させた。愛知医大予科は、最後の生徒を送り出した三三年三月をもって廃止された。それ以後、名医大は高校卒業者から入学者を募集し、試験で選抜した。毎年入学者の三〇%前後を、地元にある第八高等学校の卒業者が占めた。競争倍率は、三四年度は一・四一倍、三五年度は一・八五倍だったが、それ以後は一・〇三倍から一・一七倍程度と低迷した。これは、高校卒業者全体が減少しつつあったことに加え、無医村対策等を名目とした医業の国営化が取り沙汰されるようになったことや、軍需産業を中心に重化学工業が隆盛を迎えていたことを背景に、高校生の多くが理工系学部への進学を志望したためとみられる。また医師になるにしても、中学校卒業だけで入学して免許が取得できる医学専門学校を選択する者が多かったことも原因の一つだったと考えられる。

愛知医大には学友会の図書館はあったが、正規の附属図書館はなかった。しかし、官立大学には附属図書館の設置が必須とされていたため、移管にあたり図書館が建てられることになった。一九三一年三月、大学と病院との間の敷地に、当時の最先端の建築様式とされる「スパニッシュ式」の四階建ての図書館兼講堂が完成した（図1‒22）。

官立移管にあたり、政府との間で一〇年間は国からの財政支出を得ることなく、附属医院収入と県からの年五万円の措置だけで運営するとの約束が取り交わされていたため、名医大は厳しい経営状態にあった。そこで、藤井学長の後を継いだ田村春吉学長や新たに赴任した須川義弘事務官等が文部省と交渉を重ね、ようやく一九三三年度から年一五万円が国庫から支出されることになった。名医大では限られた予算を重点配分することで最新式のレントゲン装置などが整備されていったという。

人事紛争の勃発

官立大学として名医大が発足した際、教授人事をめぐって大きな紛争が発生した。愛知医大の全二一名の教授は、公立学校の職員から官立学校の職員へと身分が変更になるため、名医大の教授として再任されるとの了解のうえで、いったん辞表を提出した。ところが、そのうち九名には教授辞令が交付されなかった。九名のうち一名は助教授に降格して発令されたのだが、残る八名は退職を迫られることになった。これは官立医科大学に教授ポストのない分野の担当だったことや、年齢、専門学校になる前の医学校卒業という学歴などが理由だったとの推測もなされている。だが、問題は、退職に追い込まれた教授のなかに、愛知医学校出身で、愛知医専以来、教員を務めてきた三名の教授が含まれていたことだった。このため、東京帝大出身の藤井学長の専断による「学閥人事」だとの非難が沸き起こった。

開学記念式の翌日、藤井学長を糾弾する集会が助手を中心に開かれ、「吾人は藤井学長の今回われ等の大学移管に際し採りたる措置を絶対に承服せず、よつて藤井学長の自決を求む」（『新愛知』一九三一年五月二十一日）との決議文を学長に手交した。学友会も全国大会を開催し、藤井学長の行いは学問の権威を冒瀆し道義を無視するものだ、と非難する決議文を起草して文部大臣に提出した。附属医院における診察などの業務で中心的な役割を果たしていた助手層はストライキを決行し、学生も同盟休校に突入した。混乱のなか、ついに藤井学長は辞意を表明し、十二月一日に正式に辞表を提出して大学を去った。後任には、紛争の鎮静化に尽力した田村春吉が就任した。

紛争の過程で助手や学生たちは「自治」への意識を高め、「自治」組織を作っていく。

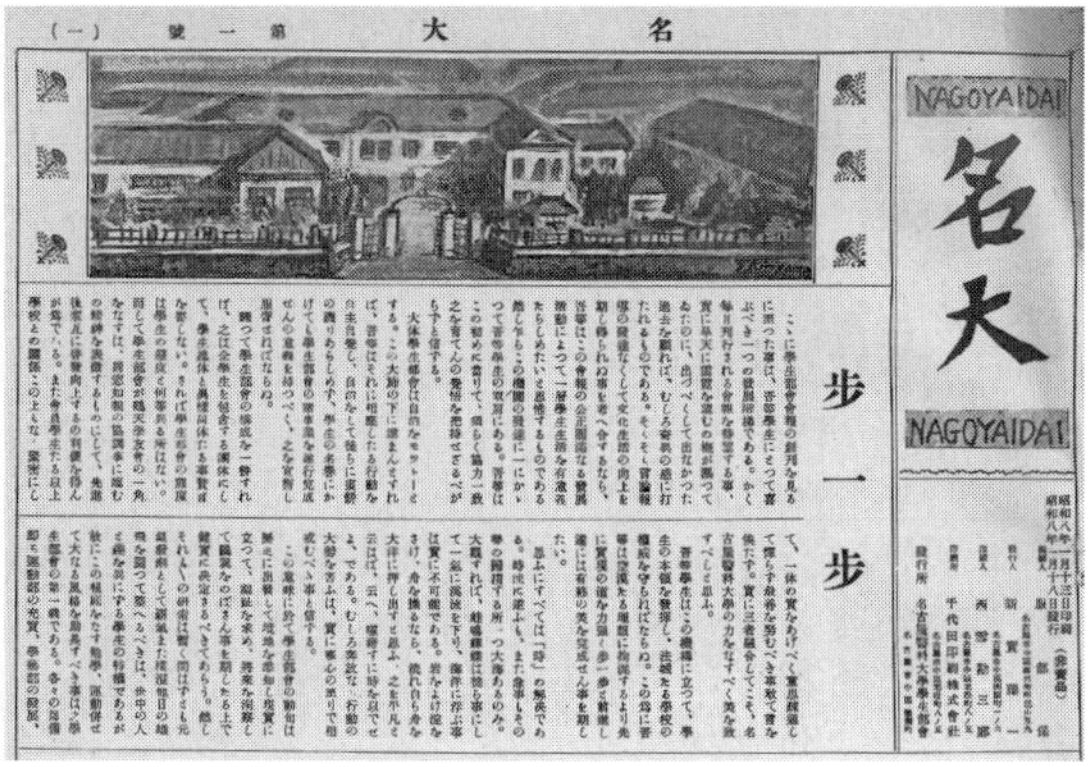

図 1–23　『名大』創刊号
（医分館蔵）

助手たちは「助手団」を結成し、就職問題や共済事業などに取り組むことにした。助手団の取り組みは、やがて農村での医療・衛生活動の普及を進める農村医療運動へと展開していくことになる。一方、学生たちは学友会に働きかけ、学友会のなかに「学生部会」という独自の学生組織を作ることを認めさせた。学生部会は、自分たちで会費を徴収して管理し、「共済部」（学生消費組合）を発足させたり、月刊の会報『名大』を編集・刊行したりした。

『名大』にみる学生生活

この頃の学生たちはどのような生活をしていたのだろうか。学生部会が編集した『名大』を手がかりにその一端をうかがってみよう。

『名大』の創刊号（図1–23）には一九三二（昭和七）年七月当時の学生の生計調査が掲載されている。それによると、九〇％の学生が学資を父親など家族に頼っていたが、公共団体からの援助を受けている者が三％、「自活」している者も二％いた。学資として受け取る金額は、毎月四〇円から六〇円程度の者が最も多かったが、一〇〇円の者が三名おり、他方で五円以下という者もいた。授業料として年間一二〇円を三回に分けて学期ごとに納入することが求められていたから、厳しい経済状況の学生もいたことがうかがえる。実際、『名大』には「我々はこうした人々の生活状態を調べるとどうしても放つて置くわけにはゆかないのです。そこで我々は学資融通、就職斡旋を主張するのです」とのコメントがある。収入のうち平均九円ほどが書籍代として支出され、一五円ほどが文房具代や日常の生活費、娯楽費に充てられた。学生の住居については、自宅通学

図 1–24　名古屋医科大学の野球部員たち

が三七％で最も多く、次いで「素人下宿」が二二％、借間が一二％、親戚が八％などと続く。一か月の下宿料は朝食・夕食込みで平均二二円、借間だと部屋代が四円から八円で、別に一五円程度の食費が必要だった。

『名大』第五号（一九三三年八月）によれば、学内の運動部には、相撲部、庭球部、剣道部、山岳部、自動車部など様々なものがあった。そのなかで、最大の部員数を誇ったのは、スキー倶楽部で、これに野球部（図1–24）、柔道部が続いた。学芸部には、棕櫚短歌会、俳句会、基督者青年会、聞信会、宝生流謡曲研究会、管弦楽部、新日本音楽部、エスペラント会、こども会があり、それぞれ一〇名から三〇名程度の部員を集めていた。

一九三七年に行われた他の調査からは学生の趣味や嗜好の一端をうかがうことができる。当時、学生の間で最もポピュラーな趣味は映画観賞だった。五三％の学生が映画館に一か月のうち一～二回足を運び、二四％が三回、四回以上の者も一六％いた。まったく映画を観ない者は五％にすぎなかった。『名大』にも、映画評、たとえば『忠臣蔵』（松竹）について「矢張りスター中心主義の失態だよ」（第三号）などといった短評がしばしば掲載されている。

囲碁や将棋も盛んだったが、一方で演劇やマージャン、玉突き（ビリヤード）は比較的人気がなかった。講読紙では、『大阪朝日新聞』が三七％で最も多く、『名古屋新聞』が一三％、『新愛知』『大阪毎日新聞』『帝国大学新聞』がいずれも九％だった。雑誌では、『中央公論』『文藝春秋』がよく読まれ、『改造』『科学ペン』などがこれに次いだという。さらに六二％の学生が喫煙をしており、「一日一箱」と答えた学生が最多となった。他方で、少し意外なことに飲酒の習慣はあまり広がっておらず、「機会のある時又は稀に飲む」もしくは「一月一回」と答えた者が最も多かった。

第2章　旧制高等教育機関の系譜

1　第八高等学校

愛知県の高等学校誘致運動

本章では、前章でみた、医学校から医学専門学校、医科大学を経て、名古屋帝国大学医学部へ発展する流れとは別の、戦後に新制名大に包括された前身学校の歴史について述べる。本節では、名大旧教養部の前身にあたる第八高等学校を取り上げる。

第八高等学校は、国内で八番目の高等学校として、一九〇八（明治四十一）年に設置されたが、これは地元の熱心な誘致運動をうけてのものであった。

愛知県では、一八九九年三月の臨時県会において、第七高等学校が県内に設置された場合は、建設費と校地を国に寄附する旨の議案が即日可決された。一九〇一年一月には、愛知県に高等学校を設置することを希望する内務大臣宛の意見書が提出され、満場一致で可決された。しかし第七高等学校は、鹿児島県に第七高等学校造士館として設置された。じつは愛知県は、その少し前にも第六高等学校の誘致運動を行っていたが、結局第六高等学校は岡山県に置かれることになった。

図 2–1　第八高等学校校舎

その後、一九〇五年に名古屋高等工業学校（現名古屋工業大学）が設置されると、再び愛知県内に高等学校を誘致する機運が高まり、県は設置運動に乗り出した。〇七年度の通常県会では、県は三年間に高等学校創設費約二八万六六〇〇円を国に寄附する議案を提出、これが可決された。愛知県の〇六年度一般会計歳入総額がまだ三一三万円余りの時代である。地元紙も、「愛知県否寧《いなむし》ろ中部日本の文教の機関に一段の進歩を加へたるものといふ可《べ》し」（『扶桑新聞』〇七年十一月二十九日付）と、こうした動きを支持した。この時、静岡県と長野県も誘致運動を行っていたが、愛知県が選ばれた。

　第八高等学校などの旧制高等学校は、きわめて限られた者のみが進学する高等教育機関であり、現在ではほとんどの者が進学するようになった、戦後の後期中等教育機関である新制高等学校とは教育制度上の位置づけがまったく異なっている。

　一八九四年に制定された高等学校令では、高等学校に専門部（四年）と大学予科（三年）を置くものとされたが、専門部は衰退し、高等学校といえば大学に進学するための予科を指すものになっていった。第八高等学校が創設された明治後期において、大学は法律的には帝国大学しか存在せず、高等学校はまさに超エリートコースを進む若者が学ぶ場であった。

　一九一八（大正七）年に大学令が制定され、帝国大学以外にも大学が設置されるようになり、それに伴って高等学校の需要も高まった。敗戦までに高等学校は三八校（植民地等に設置されたものは除く）まで増えるが、第八高等学校より後に設置された学校には地名が付けられ、ネームスクールと呼ばれた。

図 2–2　八高正門（創立後まもなくの八高正門）（口絵 2 参照）

八高の創設

一九〇八（明治四十一）年四月一日、文部省直轄諸学校官制の改正をうけて、第八高等学校（以下、八高）が設置された。

学校の場所は、当時の愛知県愛知郡呼続《よびつぎ》町大字瑞穂（二一年八月から名古屋市に編入されて南区瑞穂町、現瑞穂区瑞穂町）で、その約五万四〇〇〇㎡の敷地の買収費用も、愛知県が国に寄附した。新校舎等は〇八年五月に着工されたが、開校準備は文部省内に置かれた仮事務所で行われた。同年五月から六月にかけて第一回入学試験を実施し、一三六五人の志願者が集まり、合格したのは二五一人であった。七月には、仮事務所が愛知県会議事堂内に移った。そして九月十一日、愛知県立第一中学校（現愛知県立旭丘高等学校）の旧校舎（名古屋市東区外堀町）を使用して八高が開校、翌日には第一回入学式を挙行した。校舎や学寮が完成し、呼続町の本来の校地に移転したのは十二月であった（図2–1）。

一九〇八年六月には、初代校長に大島義脩《よしなが》が就任した。大島は、すでに同年四月には校長事務取扱に任じられており、開校準備にも携わっていた。大島は一八七一年に現在の兵庫県丹波市で生まれ、京都の第三高等中学校（のちの第三高等学校、京都大学旧教養部の前身）から帝国大学文科大学（現東京大学文学部）に進学した。専攻はドイツ哲学で、同級生に西田幾多郎などがいる。大学を学科首席で卒業、大学院では倫理学を研究した後、二十五歳で金沢の第四高等学校（金沢大学の前身）教授に任じられた。文部省視学官、東京音楽学校（現東京藝術大学音楽学部）教授、同校長を歴任した後、三十六歳の若さで八高の初代校長となった。その後、一九一八（大正七）年九月まで一〇年余りにわ

図2–3　大島義脩（1916年）

たって校長を務め、後述する八高の校風を確立した。

八高の教育

八高の一学年は、一九〇九（明治四十二）年度を例に取ると、九月十一日に始まって翌年九月十日に終わるとされている。この時期、中等以下の教育機関はすでに四月入学になっていたが、帝国大学や高等学校はまだ九月入学が普通であった。八高が四月入学になったのは二一（大正十）年度からである。学期区分は、創設当初は第一学期（九月～十二月）、第二学期（一月～三月）、第三学期（四月～七月）の三学期制であったが、二二年度から二学期制に改められた。

生徒は、進学を希望する分科大学（のちの学部）ごとに、第一部（法科大学・文科大学）、第二部（工科大学・理科大学・農科大学・医科大学薬学科）、第三部（医科大学）に分かれた。さらに第一部は、選択した第一外国語（英語かドイツ語か）及び学科（法律科・政治科・経済科・商科・文科）により甲類・乙類・丙類に、第二部は選択した学科（工科・理科・農科・医科薬学科）により甲類・乙類にクラス分けされた（第三部は類分けなし）。入学試験も希望する類ごとに行われ、授業科目も類ごとに異なっていた。ただしその後、一九一八年のいわゆる新高等学校令により部類制は廃止され、文科と理科の二科制となった。

カリキュラムは、旧制高等学校一般の特徴として、外国語に多くの時間を割いていた。一九一九年の一週間あたりの授業時間数をみると、文科の第一学年では三三時間のうち一三時間が外国語（第一外国語と第二外国語の合計）であった（第二学年・第三学年は

図 2-4　八高の授業風景
（化学実験，1935 年頃）

一二時間）。そのため、八高には外国人教師が常に在籍していた。八高の創立（一九〇八年）から廃止（一九五〇年）までに八高に在籍した外国人教師は一五人に上るが、そのうち一四人が外国語担当であった。

八高が養成しようとした人間像は、一九〇八年九月に定められた八高の「生徒心得」に掲げられている。そこには、まず「国家有用の器材」、つまり国家の役に立つ人材になるべきことが謳われた。またそのための心得として、①学業を成し遂げ人格を高めるという初心を忘れずに実行すること、②心身を鍛えて逞しくきびきびとした気性を養うこと、③克己心を持って二心なく忠実であること、④規律を守り責任感を持ち慎み敬う心を身に付けること、⑤目上の人を敬って穏やかで慎み深く友達との友情を深めて協力し合うこと、という五項目が挙げられていた（いずれも原文を現代語に直した）。

大島校長は、こうした教育目標を達成するため、それまでの高等学校では実施されていなかった様々な方策を講じた。その代表的なものが指導教官制度である。これは、教官一人一人が三〇人以内の生徒を分担して受け持ち、保護者との連絡を保ちながら個別に指導するほか、指導生を集めて懇談会を催すなどして生徒の指導に努めるというものであった。そのほか、宏壮な講堂の建設、校長を支える教官の職制を整えた課長制度、学校付近に設けられた公認下宿、一〇周年という早い段階での記念式典の挙行、娯楽施設としての茶寮の設置、などが挙げられる。これらのなかには、のちに他の高等学校でも取り入れられたものが少なくなかった。

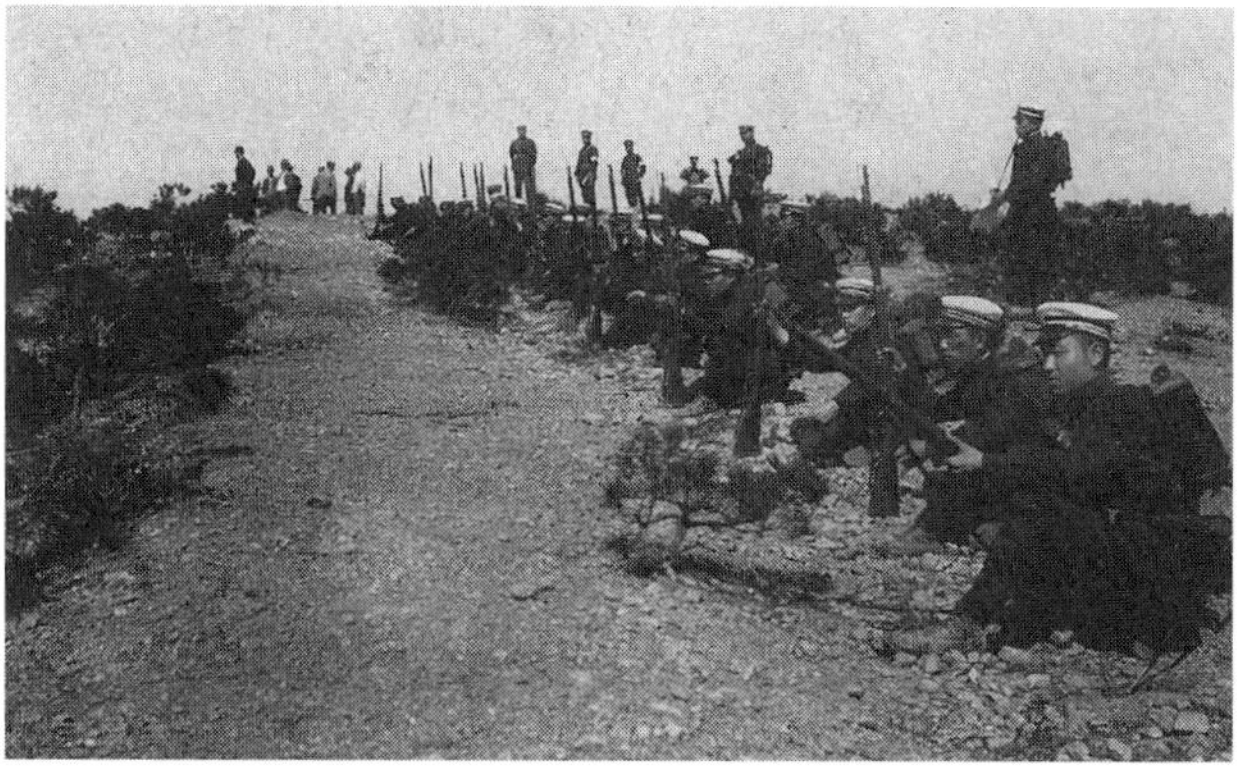

図 2–5　軍事教練
（戦闘演習，1915年）

勤勉・教練・スポーツ八高

八高の校風を示すものとして、「勤勉八高」「教練八高」「スポーツ八高」という三つの異名が知られている。

「勤勉八高」と言われた理由としては、何よりも授業への出席率の高さがあった。創立当初の約九五％が、その後もほぼ維持されており、これは高等学校としてはかなり良好な数字であった。もっともその一方で、授業に出席していればよいというものではなく、たとえば一九一一（明治四十四）年度の成績をみると、第一部で八・七％、第二部で一六・六％、第三部で八・〇％の落第者が出ているなど、進級や卒業には厳しかった。

「教練八高」は、高等学校では初めて軍事教練及び現役将校らによるその検閲講評を実施するなど、生徒の軍事教練に熱心だったことを指している。これは、学校を国民的修養の道場と見なす大島校長の創意によるものであったとされ、校内の運動場だけではなく、名古屋市郊外に「行軍」しての野外演習なども行われていた（図2–5）。大島校長は、帝国大学卒業直後の日清戦争期に一年志願兵となり、その後も勤務演習や日露戦争に召集されて、現役の軍人ではないが陸軍歩兵中尉の階級を持っていた。自ら教練の検閲講評にあたることもあったという。中等教育機関以上の官公立学校における軍事教練は、一九二五（大正十四）年に基本的に義務化されたが、〇八年の創立当初から、高等教育機関でこれほど熱心に取り組んだのは珍しかった。

「スポーツ八高」は、文字通りスポーツが盛んであったことを指す。ただし大島校長は、運動の目的は心身のバランスが取れた発達を図ることにあるとし、一人が様々な種目に参加することを奨励したのであり、競技上の勝敗にこだわることをよしとしなかっ

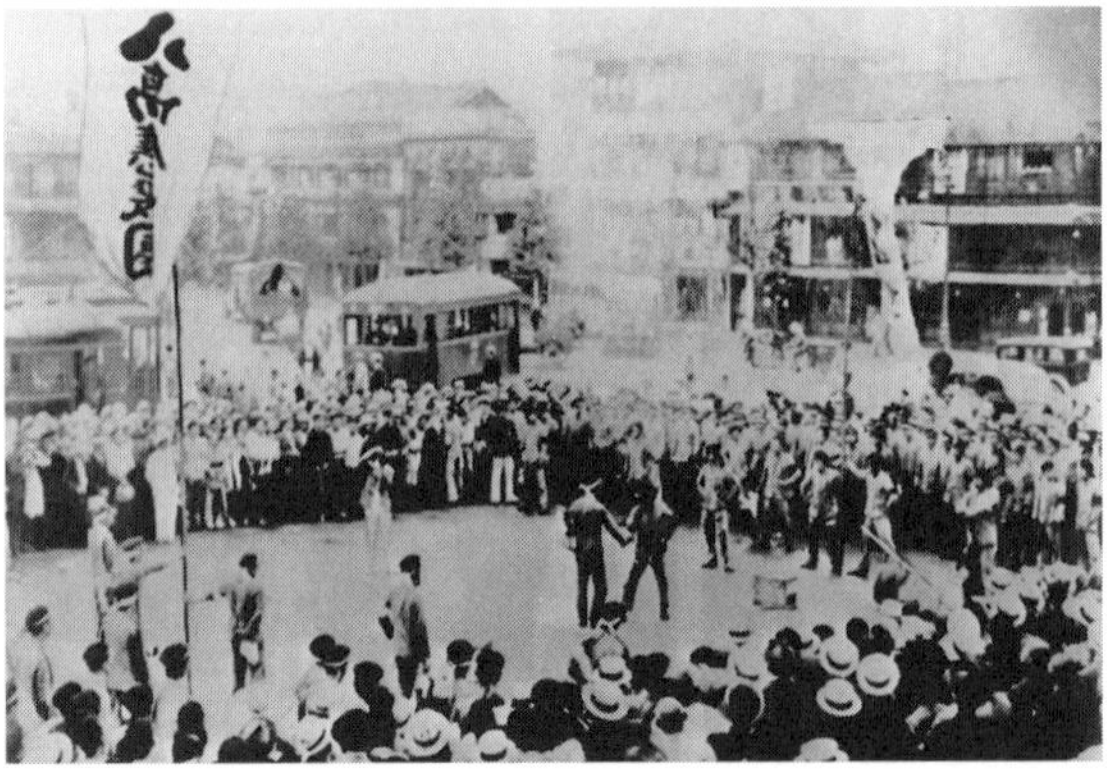

図 2–6　名古屋駅前で握手をかわす八高と四高の応援団（1935 年）

た。そのため、校内のスポーツ大会は盛んであったが、運動部に特定の選手を置く選手制度は禁じられ、他校との対抗試合や大会などには有志を募って非公式に参加する形が取られた。

ところが、一九二一年十一月に芝田徹心が第三代校長に就任すると、その翌年四月から選手制度が認められるようになった。同年五月には、東海学生野球大会に八高が初めて正式の選手を派遣している。この時、学校から任命された公式な応援団も誕生した（図2–6）。各運動部が属する校友会も、会費の増額が認められるなど活動が活発化した。

八高には、野球部、陸上競技部、水泳部、漕艇（ボート）部、排球（バレーボール）部、藍球（バスケットボール）部、蹴球（サッカー）部、庭球部、弓道部、柔道部、相撲部、卓球部、応援部、体操クラブ、山岳部などがあった。選手制度導入後の八高運動部の活躍は目覚ましく、たとえば漕艇部は、全国高等学校エイト大会で、第一回から第三回まで三連覇し、一九三五（昭和十）年にも、当時日本の最高レベルであった第一高等学校（三三年から参加）を破り優勝した。三六年のベルリンオリンピックに出場した、東京帝国大学エイトチームの中川春好は八高漕艇部ＯＢであった。水泳部は、二七年秋に八高内に二五ｍプールが完成すると活躍が目立つようになり、全国高等学校水上競技大会で三連覇した。定期的な対抗戦としては、野球部、庭球部、陸上競技部が毎年開催した、第四高等学校との「四高戦」が有名であった。四高戦は、名古屋と金沢で交互に開催されたが、遠征する側が「挑戦状」を送り、それを受け取った側が「応戦状」を送り返すのが習わしであった。

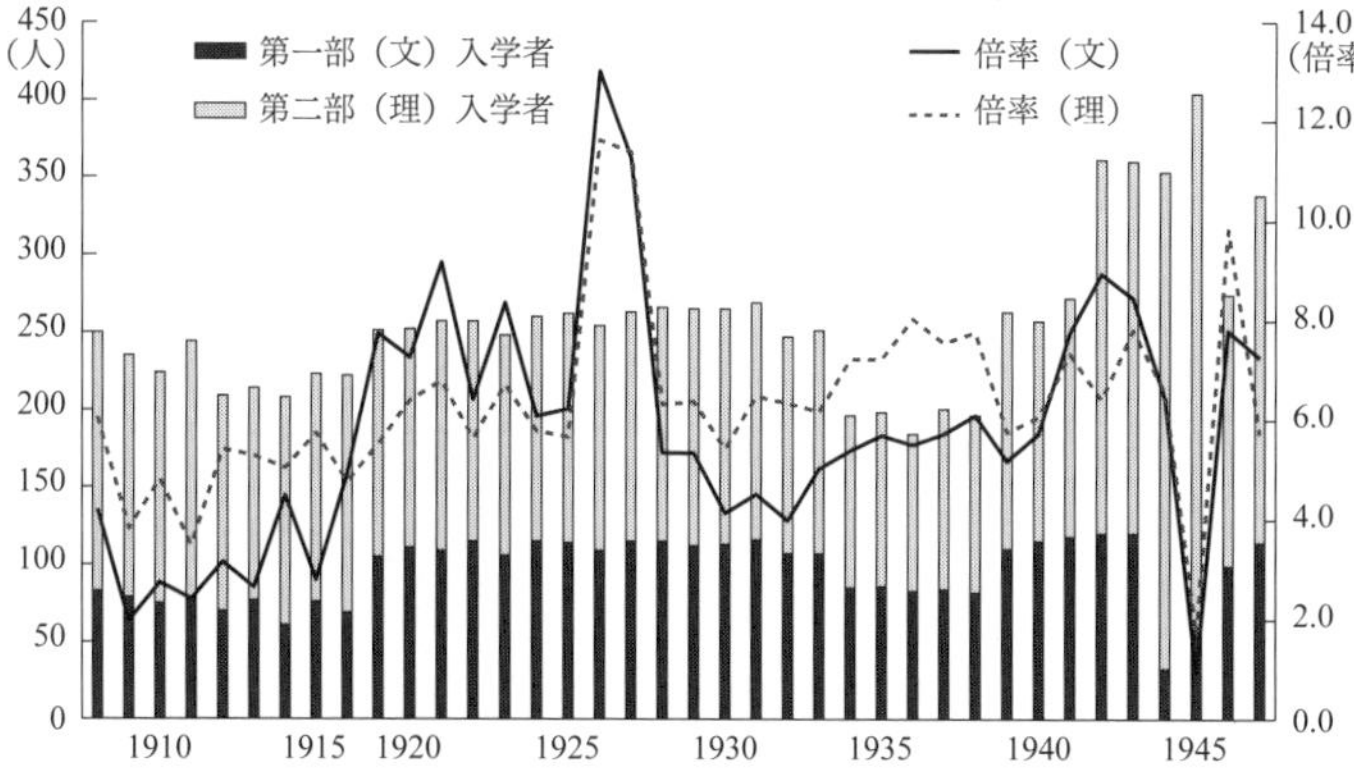

図2–7　八高の入学者数と入試倍率（1917年及び18年を除く）

バンカラなエリート

八高の入学資格は、創立当初は中学校（修業年限五年）の卒業者、一九一八（大正七）年にいわゆる新高等学校令が制定された後は、中学校第四学年修了者とされた。入学資格検定試験等の例外はあったものの、原則としては中学校から進学する学校であった。当時、義務教育は小学校の六年のみであり、そこから中学校に進学するのは高等教育機関への進学が予定されたきわめて少数の者のみであった。また、戦前の八高は男子生徒のみであった（敗戦後は女子の入学も認められた）。生徒の出身地は、当初は愛知県が二〇%前後と、それほど地元の生徒が多いわけではなかったが、各地にネームスクールが設立されるようになると急上昇し、三〇（昭和五）年以降は四〇%から五〇%が愛知県出身になった。

一学年の入学者数及び入試倍率の推移は図2–7の通りである。入学者数は年によってややばらつきはあるが、一九四一年までは二〇〇人から二五〇人余りの間で推移している。入試倍率は、年によってかなり上下動があるものの、全体としてはネームスクール登場後に上昇している。二六年と二七年が飛び抜けて高いのは、この二年間のみ二つの学校を併願できる制度だったためである。昭和期になっても八高は、校名に数字が付けられた数少ないナンバースクールとして難関校の一つであった。

八高生の雰囲気を表現する言葉として、最も代表的なものが「バンカラ」である。本来バンカラとは、明治時代の流行語である西洋風を表す「ハイカラ」に対抗した用語だが、「蛮カラ」とも言われたように、日本風というよりあえて野蛮で粗野な風をよそおう服装や振る舞いのことを指している。これは旧制高等学校に共通した風潮であった。

図 2–8　八高青春像（元八高校地の名市大滝子キャンパス，1988 年八高会建立）

バンカラ風の服装として有名なのが「弊衣破帽《へいいはぼう》」で、普段着としてわざと汚れ破れた服や帽子を身に着け、高下駄を履き、冬はマントをまとうのが八高生のイメージであった（図2–8）。そのほか八高では、当時としては多くの留学生が学んでいた（第7章4節参照）。

「伊吹おろし」の若者たちの学寮生活

バンカラな八高生たちの生活の場となったのが、八高構内の学寮である。八高生は、特別な事情がない限り、少なくとも入学後一年間は寮生活を義務づけられ、二年生以後も学寮か公認下宿に入らなければならなかった。学寮は、「寮紀」や諸規則をみると、教育の一環として人格を陶冶するための修養の場として位置づけられ、日常生活全般について生徒監による厳格な指導・管理を受けながら寮生活を送ることが求められた。それでも、学寮委員、炊事部・会計部・運動部・文芸部・衛生部・庭園部の各部の幹事が寮生から選出され、寮生自治も行われていた。そのなかで八高生たちは、規則に縛られながらも総じて自由奔放な寮生活を繰り広げていた。

「ストーム」は、そうした学寮生活を物語る代表的なエピソードの一つである。ストーム（storm）とは、その名の通り嵐のように突発的に起こるもので、夜間に寮生が徒党を組み、蛮声を発したり歌い踊ったりしながら荒々しく寮内の部屋に乱入して暴れ回った。行動がエスカレートすると、窓ガラスや扉まで破壊されることもあったという。八高生がストームの勢いのままに市街地に繰り出し、市街電車を止めてしまったこともあった（図2–9）。

図 2–9　市電を止めたストーム
（栄町交差点，1933 年）

そのほか、こちらは計画的な宴会である「コンパ」も定期的に行われていた。文化祭にあたる毎年の創立記念祭は、多くの市民が詰めかけるイベントであった。八高生たちは、時事を風刺したハリボテを作ったり、帝国議会を模して生徒が政府と政党（与党と野党に分かれる）を組織し、時事問題を法案等として討論を行う「擬国会」を開催して市民の関心を集めた。

八高では、進級や卒業の際に落第する生徒や中途退学者が多く出ており、卒業が簡単な学校では決してなかったが、一般的には余裕を持たせたカリキュラムを多くの優れた教官たちの指導下でじっくりと学べる環境にあった。八高生たちは、大学で学ぶ準備をしながらスポーツにも取り組み、昼は校舎、夜は学寮という濃密な空間の中で、当時としては比較的自由に青春を謳歌していた。

生徒たちの思い出に残る歌は、校歌ではなく圧倒的に寮歌であった。旧制高等学校の寮歌は、一説には全国で約二五〇〇曲とも言われるが、八高の学寮でも毎年異なる寮歌が選定された。そのなかで最も代表的なもので、八高寮歌の代名詞ともなっているのが、校内募集によって一九一七（大正六）年に選定された「伊吹おろし」である。当時の八高生が作曲したこの歌は、その後の八高生によって歌い継がれ、その哀調を帯びた曲が市民にも親しまれた。「伊吹おろし」は、現在でも名大生に歌い継がれ、八高の雰囲気を伝えている。

卒業生の進路とその後

八高生の卒業後の進路は、ほぼ全員が大学への進学であった。進学した大学で圧倒的に多かったのは東京帝国大学で、次いで京都帝国大学であった。八高創設からしばらくは、東京帝大だけで七〇％前後を占め、京都帝大を加えると八五％から九〇％に達した。一九一八（大正七）年に新高等学校令が制定されて高等学校の数が増えると、東京帝大の割合はやや低下するが、代わりに京都帝大が増え、両校を合わせると三〇（昭和五）年度でも約八〇％を占めていた。三一年に名古屋医科大学が設置されると、同大学への進学者もある程度みられるものの、それでも年二〇～三〇人程度にとどまり、八〇％から九〇％程度は帝国大学に進学した。四〇年以後は名古屋帝国大学への進学者もみられるが、最も多い年（四〇年）で四九人と、東京帝大と京都帝大よりかなり少なかった。高等学校の増加の影響を最も受けたのは現役進学率で、二四年までは九五％以上あったが、その後低下を続け、三五年には約五六％まで下がった。ただその後、（戦争の影響と思われるが）増加に転じ、四二年には約九六％まで回復している。

八高を卒業した東海三県（愛知・岐阜・三重）出身の著名人としては、財界では平岩外四《がいし》（二六回卒業、東京電力会長、経団連会長）、盛田昭夫（三二回卒業、ソニー創業者、経団連副会長）、豊田英二（二三回卒業、トヨタ自動車工業社長・会長、経団連副会長）、神野金之助（五回卒業、名古屋鉄道社長、日本商工会議所副会頭）など、学界では梅原猛（三六回卒業、哲学、文化勲章）、東畑《とうばた》精一（九回卒業、農業経済学、文化勲章）、正田建次郎（一二回卒業、数学、文化勲章）、木村資生《もとお》（三五回卒業、遺伝学、文化勲章）など、政官界では江崎真澄（衆議院議員、通産大臣）、堀木鎌三（参議院議員、厚生大臣）、杉戸清（一三回卒業、戦後名古屋市長に三選）、鈴木礼治（三九回卒業、戦後愛知県知事に四選）などが挙げられる。そのほか、日本の十大発明家の一人と言われる丹羽保次郎（ファクシミリの

新愛知　昭和五年二月十六日　（一）

八高や醫大の學生
十數名引致さる
文書を市内に撒き
學生間にも多數
ビラを撒布した
何れも驚く學校當局
學生の行爲ではないでせう
遞友同志會問題
けふ圓満に解決
解雇者の内から二名を採用することになり

図2‒10　八高生などの連行を報じる地元紙（『新愛知』1930年2月16日）

開発者、文化勲章）も八高の卒業生であった。

戦争への道と八高生たち

八高生たちは、エリート養成機関たる帝国大学に進学することが予定されていただけに、政治問題にも敏感であった。前述の、創立記念祭における擬国会もその例である。昭和期に入ると左翼運動に身を投じる生徒も少なくなかった。

一九三〇（昭和五）年二月、八高で「読書会」の存在が発覚した。この読書会は、二四（大正十三）年春頃に第八高等学校社会科学研究会として結成され、翌年には解散を命じられたものの、二九年三月にこの名前で再結成されたものであった。三〇年二月十日、愛知県警察部特別高等課（いわゆる特高）が、八高の弁論部が主催した講演会でソ連（ソビエト社会主義共和国連邦）の政治を称える演説を行ったとして、八高生徒一〇人などを検束した（図2‒10）。生徒たちは数日のうちに釈放されたものの、四人が除名、四人が諭旨退学、二人が無期停学となり、検束されなかった者も処分を受けた。しかし読書会は同年四月には再組織され、「ニュース」の発行や校舎への貼付、研究会などの活動を行った。同年十二月には、八高生三三名が検束され、六人が除名、七人が諭旨退学、一四人が停学、六人が謹慎処分となった。

満洲事変後、左翼思想の学生・生徒への浸透を防ぎ、これに「日本精神」を対置しようとする動きが特に顕著になっていった。一九三五年に天皇機関説事件（国体明徴運動）が起こると、その傾向はますます強まった。三六年七月、文部省思想局は、すでに三〇年度から実施されていた毎年度数時間の特別講義を日本文化講義として拡充強化する通

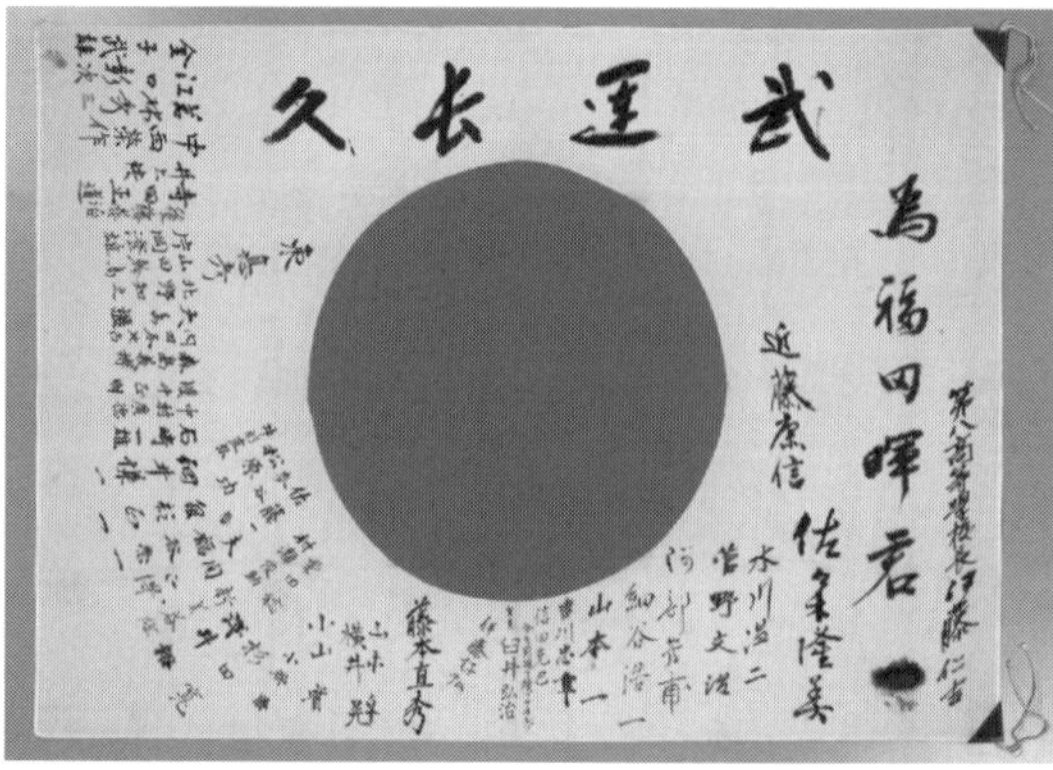

図 2–11　入隊する八高生への寄せ書き入り日章旗（1944 年）

牒を発した。八高でも、「日本精神」や「国体」、あるいは日本文化の優秀性を強調する日本文化講義が毎年行われるようになった。

一九三七年七月七日に盧溝橋事件が起こり、日本が中国との全面戦争に突入すると、八高生の学園生活はとりわけ大きく変わった。日本文化講義が本格化したほか、戦勝祝賀行事等における熱田神宮への武装参拝や市街地での武装行進、各種儀式への参加など、戦争・軍事関係行事への参加が急増した。また、校内清掃、軍需工場での雑役、橿原神宮建国奉仕隊、中国各地に派遣された興亜青年勤労報国隊などの勤労奉仕にも参加するようになった。盛んであったスポーツも、将来の兵士となる男子の体力増進の手段と見なされた。四一年一月には、校友会を改組して報国団が組織され、各運動部は報国団鍛錬部の各班となった。大会や対抗戦も次第に行えなくなった。

学徒動員、学徒出陣から敗戦へ

一九四一（昭和十六）年十二月八日にアジア太平洋戦争が開戦し、初めは日本の優勢であった戦局が急速に悪化すると、八高生が軍需工場や軍隊に動員されるようになった。

軍需工場への勤労動員は、一九四三年六月に学徒戦時動員体制確立要綱が閣議決定されると本格化していった。四四年には、八高の文科学生が航空機のエンジンを生産する三菱重工業名古屋発動機製作所の工場に動員されている。四三年には、元は三年であった修業年限がついに二年にまで短縮され、もはや高等学校はかつてのような教育の場ではなくなりつつあった。バンカラの発信地であった学寮も、全教官が泊まり込みで生活

図 2–12　空襲で校舎を焼失した八高（1945年）

指導にあたるなど自由な雰囲気は失われた。高下駄は脚絆《きゃはん》（ゲートル）に取って代わられ、マントも着用禁止になった。

一九四三年十月、東条英機内閣は勅令として在学徴集延期臨時特例を制定し、それまで認められていた学生・生徒の徴兵猶予の特権を原則として全面的に取り消した。これにより、徴兵年齢（満二十歳、四四年から満十九歳）に達した学生・生徒は徴兵検査を受け、これに合格した者のなかから軍隊への入営者を出すことになった。ただし八高の場合、理科の生徒は例外的に引き続き入営が猶予されたので、対象は文科のみであった。八高では、十月二十日に出陣学徒壮行会が行われ、文科二年生入隊者の総代は「誓って大東亜建設の捨石たらん」と決意を述べた。その一方で、理科のクラス日誌には、入隊する文科生徒たちの無念を思う心情が綴られている。

八高は、一九四五年三月十二日、十九日、二十五日の名古屋市街地への大空襲で壊滅的な被害を受けた。アメリカのB29爆撃機が投下した焼夷弾により、校舎の多くを焼失し、残ったのは学寮（南寮のみ）、柔道場、集会所、寄宿舎附属の二病室、体育館のみであった（図2–12）。このため四五年度の新入学者は、勤労動員先の各工場への分散入学になった。八高は校舎を失ったまま敗戦を迎えた。

校舎の復興と名大への包括

敗戦後の八高の授業は、焼け残った体育館、名古屋市内の中学校等の校舎、愛知県知多郡河和町の国民学校（小学校）の校舎を借りて行われた（図2–13）。元の校地での復興は難しく、一九四六（昭和二十一）年九月、やむなく河和町の河和航空基地の跡地に

図 2–13　河和町の八高校舎

移転した。

それでも、元兵舎の不便や通学の困難などから、早々に名古屋への復帰を希望する声が高まり、一九四七年一月には八高の教官・生徒が第八高等学校復興委員会を結成した。ところが、復興計画で名古屋市への移築が予定されていた河和町校舎が失火で全焼してしまった。復興運動は挫折するかに見えたが、同窓会による母校復興緊急同窓会の開催や、熱田中学校有志による資金寄附、元の校舎があった瑞穂の連区（小学校の通学区域）町内会長会による復興促進後援会の結成、愛知県・名古屋市からの支援によって、復興運動がむしろ強力に推進された。そしてついに四七年九月十七日、元の校地で新校舎の竣工祝賀式が行われた。

しかし、一九四七年三月に学校教育法が公布され、いわゆる六・三・三・四制を取る新教育制度の発足が定められると、旧制の学校は何らかの形で新制の学校へ移行しなければならなくなった。八高が単独で大学に昇格するという案などもあったが、一高（東京大学）や二高（東北大学）、三高（京都大学）などと同じように、地元の旧帝大が移行する新制名古屋大学に合流する方向はおおむね順調に決まった。もっとも、八高の教官たちが新制名大で何を担当するのかは諸案があった。結局、最も多くは教養部（正式には分校）を担当することになった（そのほかの学部を担当した教官もいた）。教養部は、校舎も瑞穂の旧八高校舎を使用した。これらのことから、八高は名大の旧教養部の前身として位置づけることができる。

八高は、一九四九年五月に新制名大が発足する際に包括され、「名古屋大学第八高等学校」となった。そして在校生の卒業を待って、五〇年三月三十一日に廃止された。

2　名古屋高等商業学校

名高商の創設と名古屋市の発展

本節では、名大経済学部の前身にあたる名古屋高等商業学校（のち名古屋経済専門学校）の歴史について述べる。名古屋高等商業学校（以下、名高商）は、六番目の商業専門学校として、一九二〇（大正九）年に設置された。その背景には、名古屋市の急速な発展があった。

明治維新後、「殖産興業」をスローガンに近代産業の育成を図ってきた日本であるが、一八八〇年代から企業勃興期が始まり、日清戦争後の九〇年代後半には日本でもいわゆる産業革命が起こって、軽工業の著しい発展がみられた。全国に商業学校が続々と設置され、九九（明治三十二）年の実業学校令、一九〇三年の専門学校令により、高等専門教育の高等商業学校、中等教育の商業学校、初等補助教育の商業補習学校という、商業教育の体系が確立した。

名古屋市では、繊維業や陶磁器業、時計業などの軽工業が発展し、とりわけ第一次世界大戦（一九一四〜一八年）による好景気はその工業を活気づけ、産業発展と都市化を加速させた。現在の中京工業地帯が形成され始めるのもこの頃である。名古屋市は一九二一年に周辺町村を大合併し、東京市、大阪市に次ぐ人口第三位の大都市になった。愛知県や名古屋市は、地元の財界や新聞等のメディアの強い要望を背景に、さらなる産業発展を担う人材を養成する官立（国立）商業専門学校（高等商業学校）の誘致運動に乗

図 2–14　名古屋高等商業学校全景（1933 年頃）

り出した。しかし当時、高等商業学校は全国でも東京・神戸・山口・長崎・小樽の五つの官立校しかなく、静岡市や松山市などの有力候補地との誘致合戦は激しいものとなった。

最終的には名古屋市に内定したものの、政府は設置経費の多くを愛知県が負担することをその条件にしていた。これをうけて愛知県と名古屋市は、国への六四万円の寄附金を予算から捻出した。一九一八年度の愛知県歳入総額が約七二〇万円の時代である。このほか愛知県は、学校敷地の買収経費の一部を負担し、その整地や基礎工事も行った。このように名高商は、地元の大きな期待と協力のもとに創設されたのである。

敷地には、第八高等学校から東に五〇〇mほど離れた、愛知郡呼続町大字瑞穂字川澄の土地約二万坪（約六万六〇〇〇㎡）が選定された。当時のこの一帯は、見渡す限り大根畑が続き、十数軒の農家が点在するといった土地であった。しかし一九二一年八月に名古屋市へ編入され、名古屋市南区瑞穂町字川澄（現名古屋市立大学桜山〔川澄〕キャンパス、現瑞穂区）となった。その後は著しい工場進出がみられ、急速に市街地化が進んだ（図 2–14）。名高商の地は、名古屋市の膨張と産業発展を象徴する場所でもあった。

一九二一年二月三日には初年度の生徒募集が発表され、一六〇人の募集に対し一四四八人もの志願者が集まり、一六七人が初年度の入学者となった。もっとも、授業開始の時点では教員は定員を充足しておらず、校舎も本館と寄宿舎の一部ができていた程度で、授業の傍らで建築工事を行うといった慌ただしいなかでの出発であった。

一九二四年には、本科（修学年限三年）の修了後さらに学べる商工経営科（修学年限一年）が設置されたが、これも県からの寄附によるものであった。

図 2–15　渡辺龍聖
(1933 年頃)

渡辺龍聖校長が確立した教育と校風

名高商の教育と校風は、一九二一(大正十)年から三五(昭和十)年まで初代校長を務めた渡辺龍聖《りゅうせい》によって確立された。渡辺の専門は倫理学で、アメリカのコーネル大学で哲学博士号を取得、高等師範学校(現筑波大学)教授、東京音楽学校長、袁世凱清国直隷総督学務顧問、文部省清国視察団長などを歴任した後、一一年に小樽高等商業学校(現小樽商科大学)の初代校長に就任した。この小樽高商での経験が、名高商の教育や校風に大きな影響を及ぼした。渡辺は、名古屋に高等商業学校を設置するよう文部省に意見具申したとも言われ、その後名高商の創立委員会委員長も務めるなど、設置前から名高商と深く関わっていた。

本科のカリキュラムは、第一学年で基礎的な商業科目に加えて教養科目にもかなりの時間を割いていることが特徴であった。第二・第三学年以降で応用的・専門的な商業科目を学ぶが、これまでの商業専門教育では重視されてこなかった、「商業実践」、「商品実験」などの実践的な科目、「商工心理学」などの世界最先端の科目を導入した。また、三学年を通じて英語を中心とする外国語の授業を多く配置した。

渡辺は、「学生は学生らしくあること」、「学生は学生の本分を忘るるな」という「二大信条」を基本教育方針とし、これを規則や命令ではなく生徒の自発性によって実現しようとした。やがて、頭髪の五分刈りをはじめとする、学生らしいとされた容姿や言葉遣い、行動、やむを得ない理由以外では決して授業を欠席しないことが、学生の間で慣習として定着した。渡辺は、これからの経済人は商業的な知識や技術に長けているだけではなく、高い人格と教養を身に付ける必要があるとして、人格主義教育を掲げた。

渡辺がこうした教育や校風を目指したのは、第一次世界大戦後は経済人が国家の存立や国際関係を左右する時代になるので、高い品格を持ち国際社会で紳士として振る舞える人材を養成する必要があると考えたからであった。渡辺の倫理学は、人の欲望を否定せず、これをいかにコントロールしながら満足させるかを追求するものであり、アメリカの経済発展に寄与したとされるプラグマティズム（実用主義、実際主義）の影響を受けたものだった。

渡辺は、こうした教育を実現するため、それにふさわしい気鋭の教員を全国から集めた。教養科目だけではなく、専門科目の授業も商業学や経済学以外を専門とする教員が担当していたことが注目される。たとえば、商品理化学・商品実験を担当した小原亀太郎は理学が専門であり、同じく商品実験を担当した近藤良男は、東京帝国大学を卒業してすぐに名高商に赴任してきたが、薬学を専門としていた。商工心理学担当の古賀行義は心理学を修めた人であった。

多くの外国人教師がいたことも名高商の特徴であり、大正期から昭和初期を中心に延べ一七人が教鞭をとった。多くは外国語担当であったが、商業関係の専門科目を受け持った講師もいた。しかもそのなかには、E・F・ペンローズ、A・アシュトンなど、著名な経済学者も含まれていた。またG・C・アレンは、名高商在籍期間は短いながらも、イギリスへの帰国後、日本での経験を出発点に日本経済を研究テーマとし、戦後は日本の経済発展のための助言や日英文化交流などに尽力し、勲三等旭日中綬章を受けている。

図2–16　赤松要（名高商時代，1926年頃）

「名古屋高商は大学だ」

名高商は研究活動も活発であった。これを代表するのが、現在も名大に系譜を伝える産業調査室である（図2–17）。この産業調査室の中心となったのが、戦後に雁行形態論や金廃貨論で世界的な経済学者となった赤松要《かなめ》であった。赤松は、神戸高等商業学校（現神戸大学経済学部・経営学部）、東京高等商業学校（のち東京商科大学、現一橋大学）専攻部で学んだ後、一九二一（大正十）年にわずか二十四歳の若さで名高商へ赴任、翌年には教授となった。

その赤松が欧米に留学し、特にアメリカのハーバード大学で大きな触発を受けて帰国するや、渡辺校長に進言して一九二六年に設置されたのが産業調査室（現名大大学院経済学研究科附属国際経済政策研究センター）である。主任の赤松をはじめとする日本人教員のほか、外国人教師ペンローズもスタッフに加わった。産業調査室は、資料の収集による重要産業の経営調査、電動計算機などの最新機器による景気循環の実証研究、ハーバード式ケースメソッドの研究などを行った。特に三三（昭和八）年に同室が発表した、四〇年近くもの長期間を対象に日本の全生産物を網羅した「名高商生産指数」は、日本で初めてのものであると同時に、世界的にも注目された最先端の業績であった。この実証主義の伝統は、現在の名大経済学部に受け継がれている。

そのほかにも、教員たちの旺盛な研究活動の場として、名古屋高等商業学校商業経済学会が設立され、その機関誌として一九二三年に『商業経済論叢』が創刊された。一九三二年には、商業美術研究会から『商業美術論集』が創刊されている。商業美術とは、商品の広告や宣伝、ライトアップなどの効果的なあり方を、消費者心理などの分析に

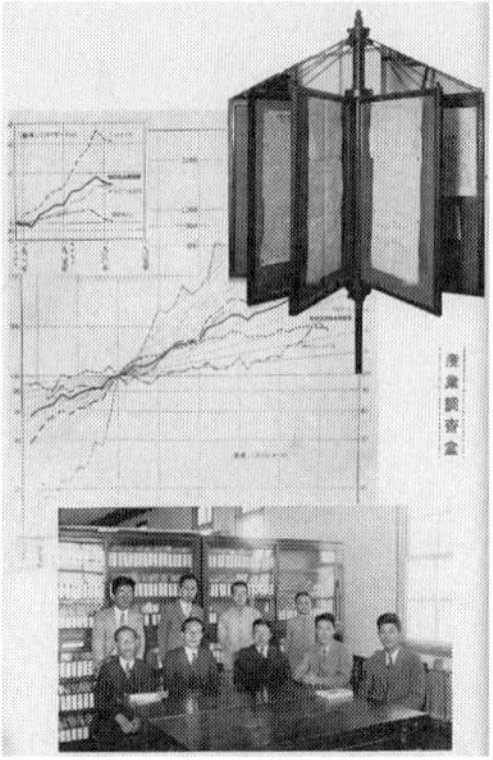

図 2–17　産業調査室
（1934 年頃）

よって研究しようとする、最先端の分野であった。名高商にはそのほか、産業物理学教室、応用生物学会といったものまであった。

赤松要は、一九三九年に名高商を去ってまもなく、名高商の学友会誌『剣陵』に寄せた文章で、北陸の畏友である某教授が名古屋に来るたびに「名古屋高商は大学だ」と言うが、実際に名高商は商業経済の単科大学にあたるだけでなく、総合大学としての偉容を有することは全く驚異に値する、と書いている。実際、名高商の同窓会其《き》湛《たん》会は、二四年の創立と同時に名古屋商業大学期成同盟会を結成し、大学への昇格を目指した。

しかし渡辺校長は、専門学校を大学の格下と見なす文部省や社会の風潮を批判し、両者は役割を分担する対等な最高学府であり、大学は理論とその応用を研究し、専門学校は実際を主として、その結果、理論に到達するものだと主張した。渡辺は、実践主義・実証主義から結果として理論に及ぶという、専門学校としての名高商の独自性こそ重要だと考えていた。そのため、戦前の大学昇格運動には同調しなかった。

名高商生と寮生活

名高商本科の入学資格は、「品行方正の男子」で、中学校もしくは甲種商業学校の卒業者、専門学校入学者検定試験合格者等とされた。名高商が創立された一九二〇（大正九）年における高等学校・専門学校（実業専門学校を含む）・大学予科への進学者は約二万二〇〇〇人であり、同年十八歳人口の二％程度に過ぎなかった。専門学校に進学するだけでも、当時は相当な高学歴であった。そのなかでも名高商は、入試倍率が常に五倍以上の難関校であった。時代はやや下るが、四〇（昭和十五）年には、長崎県内の中学

図 2–18　名高商の嚶鳴寮

校の首席卒業者が、名高商に現役合格したことを誇る文章を受験雑誌に寄稿している。

入学者数は、創立から徐々に増加傾向にあり、昭和期に入ってやや落ち着くが、一九三五年をピークに、本科はおおむね二〇〇人から二五〇人の間を推移していた。在校生の総数は、商工経営科などを加えると、三六年のピーク時に約八〇〇人、昭和期はおおむね七〇〇人台であった。入学者の平均年齢は、創立当初はやや高く二十一歳に近い年もあったが、昭和に入ると十八歳台に落ち着くようになる。生徒の出身地は、本科生は愛知県の割合が圧倒的に高く、これに岐阜、三重の両県が続いた。この東海三県の割合は、創立当初は三〇～四〇%であったが、昭和に入ると六〇%前後とさらに高くなった。授業料の年額は、二九年では八〇円であった。この頃の高等小学校卒業者の日給は八〇銭（一円＝一〇〇銭）くらいである。当時、多くの人々が小学校卒業か実業補習学校卒業で社会に出たことを考えると、一般家庭から通うのは難しかった。

名高商では、自宅から通う者以外、入学して一年は学寮に入ることを義務づけていた。寄宿寮規程第一条には、「寄宿寮は本校の教育と相俟《あいま》って生徒の教養を完うする所とす」とあり、国際的な経済人としての教養を重視する渡辺校長の意向が反映されていた。学寮は名高商の構内にあり、「嚶鳴《おうめい》寮」と通称された（図2–18）。「嚶鳴」とは、鳥が友を求めて鳴き交わすさまを言い、この名称は戦後の名大学生寮に継承された。寮の運営は、教官などの指導のもとではあったが、寮生たちによる自治が行われ、規則等もそれほど厳しいものではなく、比較的自由な寮生活が謳歌されていた。創立当初、渡辺校長が、名高商は名古屋の人々にまだその名が知られていないから大いに宣伝に努めるよう訓示すると、寮生たちは「宣伝」と称して夜の名古屋市街に繰り出し、寮が空にな

図 2–19　校章をあしらった名高商の校旗

るようなことも珍しくなかったとのエピソードも残っている。寮内では、各種のイベントでにぎわう寮祭が行われたほか、対寮マッチは熱狂的な雰囲気に包まれたという。

「剣陵学園」の風貌

第一回入学者を迎えて開校した一九二一（大正十）年、生徒大会が開かれ、学校所在地の通称が「剣ヶ丘」と決まった。同時に、「剣陵」あるいは「剣陵学園」が学校の通称・愛称となり、学校内外を問わず広く知られるようになった。創立時の名高商は、朝は八事丘陵地の灌木林に霧がたちこめ、熱田の杜から東本願寺にかけて、遠くは伊勢湾から鈴鹿山脈にかけてが眺望できた。校舎の南を走る一本の街道からは、熱田詣でに行く人々の声が聞こえた。「剣」とは、そのような光景や雰囲気と、熱田神宮の御神体である草薙の剣のイメージを重ねたものであった。校章も草薙の剣にちなみ、剣の中央に「College of Commerce」の二つのCを勾玉に模して配し、ローマ神話の商売の神マーキュリー（メルクリウス）の翼を付けたものとなった（図2–19）。

開校の年、在校生を通常会員、職員を特別会員、卒業生を会友とする学友会が設立された。学友会活動の中心になったのは部活動であり、文芸部、弁論部、外国語部、柔道部、剣道部、弓術部、（陸上）競技部、水泳部、相撲部、野球部、庭球部、サッカー部、ラグビー部、籠球（バスケットボール）部、ホッケー部、馬術部と、特に運動部は現在でもその中心になっているほとんどがそろっていた。そのほかにも、俳句会、映画研究会、ＹＭＣＡ、山岳部、マンドリン倶楽部、謡曲倶楽部、射撃倶楽部、絵画部など、学友会に加盟していない自主サークルが数多くあった。

図2–20　カンカン帽をかぶった名高商の学生たち（1933年）

運動部は、どの部も強豪として活躍し、東海地域の大会では八高などと覇を競い、全国大会にもたびたび出場した。野球部は、アメリカの大学との交流試合や中国遠征などを行い、一九三一（昭和六）年の甲子園大会で全国制覇を成し遂げている。水泳部は、三〇年の全国高商連盟大会において五種目で新記録を出し、総合得点で優勝した。個人でも、水泳部の清川正二が、在学中にロサンゼルスオリンピック（三二年）に出場し、一〇〇m背泳ぎで金メダルを獲得した。相撲部の稲垣登は、二四年の全国学生相撲大会で優勝し、第六代学生横綱となった。また名高商は名古屋で唯一の公認陸上トラックを持ち、地域のスポーツ振興の拠点としての役割も果たした。

文化部では、学友会誌『剣陵』（一九三〇年に『学友会誌』を改題）の編集を担当する文芸部が花形であった。各部の活動記録のほか、文芸部員や教職員の文芸作品、様々な分野の論文・評論が掲載された。初代文芸部長として学友会誌の創刊にあたった赤松要はその第一号において、「商人である前に人でなからねばならない。物質的利益は文化的意義であり、そこに商人たる意味の深さが生れる」と書いている。ここにも渡辺イズムの影響が見て取れる。

名高商生の風貌は、バンカラでならした八高生とは違っていた。制服は、黒ラシャ（毛織物の一種）の学帽と黒セルの詰め襟服とされたが、夏にこの格好は苦痛であった。そこで帽子はカンカン帽（麦わら帽子の一種）、服も霜ふりを着ることが流行したという（図2–20）。生徒の陳情を受けた渡辺校長は、これらを略式制服として認めた。名高商生は、カンカン帽に熱田神宮・マーキュリーを表した校章をトレードマークとする、「粋な高商さん」と呼ばれたおしゃれなイメージで市民から見られるようになった。

図 2-21　「創統の鐘」（経済学部棟キタンホール）

卒業生と其湛会

卒業後、大学へ進学する者は一割前後で、ほとんどは企業や商店等に就職した。就職する地域は、当初は愛知県内と県外が同じくらいであったが、次第に県内の割合が減り、一九三六（昭和十一）年には一五％を割っている。全国に就職した卒業生たちは、戦後になると日本経済を担う役割を果たすようになった。六九年の『週刊ダイヤモンド』に、東証一部上場企業社長の卒業大学の調査結果が掲載されたが、名高商は九位にランクインしている。この調査では、大学は全学部の合計、他の高等商業学校も後身の単科大学を合わせた数であり、存在期間や卒業生数を考えると、名高商単独での九位という結果は際立っている。鈴木永二（三菱化成社長・日経連会長）、石井健一郎（大同特殊鋼社長・日経連副会長）、河島博（ヤマハ社長）、加藤隆一（東海銀行頭取・名古屋商工会議所会頭）なども卒業生である。

一九二四（大正十三）年、名高商の同窓会として其湛《きたん》会が設立された。前述のように其湛会は、発会と同時に大学昇格運動に乗り出すなど、積極的な活動を展開した。二七年に機関誌『其湛』を創刊し、これは『キタン新聞』として現在も系譜を保っている。三〇年には名高商のすぐ近くの外国人教師用官舎二階に、会員の親睦のためのサロンとして「其湛倶楽部」が設立された。これも、名大東山キャンパスに隣接する名古屋大学八雲会館一階で「キタンクラブ」として名を残している。其湛会は、五三年に社団法人其湛会となり、同年設立された名大経済学部同窓会の啓友会と分かれていたが、六九年に一本化、名古屋大学経済学部同窓会（其湛啓友会）となった。現在は社団法人キタン会として、会員親睦事業や母校助成事業などを活発に行っている。

図 2‒22　名高商報国団国防部銃剣道班

第一回卒業生たちが一九二四年に卒業記念として建立し、名高商のシンボルともなったのが「其湛塔」であった。地上一五ｍの鉄塔で、その塔頂には方位指針と商業神マーキュリーが持つ杖、その下に「創統の鐘」が掛けられた。其湛塔は戦時中の鉄材供出のため取り壊されて現存しないが、「創統の鐘」は難を逃れ、名高商以来の歴史を語る貴重なモニュメントとして、名大経済学部のキタンホールに展示されている（図2‒21）。同窓会の名称ともなった「其湛」は、渡辺校長が選んだ言葉で、中国最古の詩篇『詩経』小雅篇の一節から取ったものである。現在この「其湛（キタン）」は、名高商から名大経済学部の歴史全体を指す言葉として使われている。

戦時下の名高商と工業経営専門学校への転換

第一次世界大戦後、社会主義をはじめとする新思潮が広がり、これらが旧来の秩序を破壊すると警戒する立場からは、「思想問題」として取り沙汰された。名高商では、同じ名古屋の高等教育機関でも、第八高等学校に比べると相対的に平穏であったようだが、これと無縁であったわけではなかった。一九三三（昭和八）年には生徒一五人が検挙され、その後一一人が除籍、翌年にも県下左翼勢力一斉検挙で生徒六人が検挙、うち四人が除籍処分となっている。それでも、三一年の満洲事変勃発後もしばらくは比較的自由な雰囲気があった。

しかし、一九三七年七月七日に盧溝橋事件が起こり、日本が中国との全面戦争に突入すると、名高商にもその影響が色濃くなっていった。日本文化講義や産業報国精神特別講義などの特別授業が行われるようになったほか、生徒が勤労奉仕作業に従事するよう

図 2-23　取り外される「名古屋高等商業学校」の表札（1944 年）

になった。三九年に始まった、中国大陸で開拓団の作業や軍の後方支援を行う興亜青年勤労報国隊にも生徒が加わった。四〇年になると、十一月に学友会が解散させられ、十二月には文部省の命令により報国団が結成された。報国団には総務部・鍛錬部・国防部・文化部・生活部を置き、学友会時代の部を班として各部に振り分けた（図2-22）。四一年八月には学校報国隊が組織された。

本科三年の在学年限も次第に短縮され、一九四三年からは二年となった。四三年十月にはいわゆる学徒出陣により、生徒に対して徴兵検査が行われ、そこで選抜された者は仮卒業証書を授与されて軍隊に入った。名高商ではこの時、一年生二〇人、二年生六〇人、商工経営科生一〇人の計九〇人が入隊した。卒業後の進路も、日中戦争後は、それまでほとんどいなかった軍隊に入る者（軍人・兵役）が急増し、三八年には三〇％以上に跳ね上がり、その後の二年間も二〇％を超えた。満洲（中国東北部）に渡る卒業生も増え、三九年度に卒業して就職した者のうち約一〇％が満洲で勤務した。

戦時体制下の産業では、戦争遂行のための工業生産力の拡充が最優先され、工業関係の学校や学科が次々に設置される一方で、商業教育は戦争に直接役立たないものとして軽視された。そしてついに一九四三年十二月、政府は高等商業学校を工業専門学校や工業経営専門学校に転換させることを閣議決定した。これをうけて、四四年三月二十九日に名古屋工業経営専門学校が設置された。名高商の在校生の卒業までの措置として、名古屋経済専門学校が併置されたが、在校生の卒業後、名高商は消滅することになった（図2-23）。カリキュラムも、以前のような渡辺イズムに基づく特徴ある編成は許されず、皇国民としての道徳と、技能の短期習得を重視したものになった。

図 2–24　名古屋経済専門学校正門

しかし、すでにこの頃、名高商や名古屋工業経営専門学校は、政府の「学校工場化」政策に基づき三菱重工業名古屋航空機製作所と契約を結び、いつでも軍需工場に勤労動員される状況に置かれていた。一九四五年三月十八日に閣議決定された決戦教育措置要綱によりついに授業を停止し、八月十五日の敗戦を迎えた。

敗戦と名高商

名古屋工業経営専門学校の校地は、アメリカ軍の爆撃機による大規模な空襲が行われた地域にあったが、すぐ近くにあった第八高等学校とは対照的に、損害を受けた校舎は一割程度と被害は比較的軽微であった。それでも敗戦による混乱は大きく、戦時中に三菱重工の分工場として提供されていた武道場や雨天体操場などは、なかなか学校に復帰できない状況であった。

そのようななか、一九四六（昭和二十一）年三月、戦時色の強い名古屋工業経営専門学校は廃止され、名古屋経済専門学校（以下、名経専）に一本化することになった。本科を経済科と経営科に分け、経営科に工業経営専門学校の生徒を編入した。経済科では名高商時代の課程が復活し、修業年限も三年に復帰した。新入学者も受け入れられ、両科とも名高商時代を上回る倍率の入学志願者があった。

敗戦の混乱や食糧難で学業に専念するのが難しいなか、生徒たちは歯を食いしばって学校に通った。下宿生の生計費の六割以上が食費であったというこの頃、授業の出席率は、一〇〇％近くを誇った戦前よりは落ちたとはいえ八六％に達した。厳しい時代にあっても、渡辺初代校長の「三大信条」に基づく校風は受け継がれていた。

名経専から名大法経学部へ

名高商の大学昇格を望む動きは、その創立当初から同窓会其湛会を中心に存在したが、当時の渡辺校長がこれに同調しなかったためか、十分に展開しなかった。その後、敗戦から平和国家としての復興という流れのなかで、その宿望が表面化することになった。

最初に昇格運動を始めたのは生徒たちで、早くも名古屋工業経営専門学校時代の一九四五（昭和二十）年十二月に生徒大会が開かれ、代表者が文部省に陳情に赴いた。これは上手くいかなかったが、学校側も四六年二月に大学昇格期成総務委員・事務委員を設置した。其湛会も本格的に昇格に向けて動き出した。四七年三月には昇格期成学生大会が開かれて「名古屋経営大学」としての昇格に一路邁進することを決議し、さらに教職員・学生・卒業生を一丸とした昇格期成同盟が結成された。

しかし後述するように、一方で名古屋帝国大学も、周辺の高等教育機関を統合して文系学部や農学部を備え、本格的な総合大学となることを模索していた。名経専は経済学部の母体となることを期待された（第3章3節参照）。こうした動きに対し、新聞に載った名経専の野本悌之助校長の次のコメントは、創立期から渡辺イズムを支えてきた自負がうかがえて印象的である。

> 本校は名は専門学校だが実質的には大学以上だ。特に新しい学制のねらいが円満な職業教育にありとすれば、本校がすでにハーバード大学で実施されつつある新しい教授法……ケース・メソッド―を採用して好成績をあげつつあるこのゆき方は、い

図 2-25　名大経済学部校舎（旧名高商校舎，1959 年）

よいよ拡充強化しなければならない。これは総合大学の一学部としての講義では充足されない大きな問題である。これを単科大学の自由な立場から更に強化してゆくことが学制改革を意義あらしめるものと信じ、教授と生徒と私と三者が同歩調でビジネス・カレッジの建設に進んでいる。（『中部日本新聞』一九四七年三月十三日）

もしこの運動が成功し、「名古屋経営大学」が生まれていたら、野本校長のいう「ビジネス・カレッジ」として、名大経済学部とはかなり異なった道を進んでいたかもしれない。これが挫折した経緯については、史料的制約もあって必ずしも明らかではないが、まもなく学校側が其湛会や学生を説得する形で、一九四七年九月には名大（四七年十月に名古屋帝国大学を改称して旧制名古屋大学となる）に合流する方針が定まった。

ところがその後、名大文系学部の新設にあたって名経専がどの学部に合流するかという問題が生じた。一九四八年三月に政府が名大に内示してきたのは、文系学部を法文学部一学部のみとする案であった。これに名経専側は反発し、新文系学部創設計画からの離脱も辞さないと態度を硬化させた。田村春吉名大総長は、地元選出の衆議院議員を通じて政府と折衝し、何とか法経学部と文学部の二学部案が認められることになった。

こうして、一九四八年九月十四日に名大法経学部が設置された（五〇年に法学部と経済学部に分離）。名経専の系譜を引くのは経済学科と経営学科であったが、この段階では名経専は名大とは別個の学校として存在しており、名経専と法経学部に組織的連続性はない。しかし、創立当初の両学科の専任教官の多くは名経専から移籍しており、両学科（のち経済学部）の校舎は名経専のものが利用された（図2-25）。さらに、四九年五月に新制名大が発足したとき、名経専は旧制学校として包括され、「名古屋大学名古屋経済専門学校」となった（名経専の教官の一部は、新制名大の教養部〔分校〕の教官に移行した）。このような経緯により、名経専（名高商）は名大経済学部の前身と位置づけられる。

名経専は、在校生の卒業を待って、一九五一年三月三十一日に廃止された。

3　岡崎高等師範学校

岡崎高師の創設まで

本節では、名大教育学部の前身にあたる岡崎高等師範学校について述べる。岡崎高等師範学校（以下、岡崎高師）は、一九四五（昭和二十）年四月に設置された。

戦前の日本では、教員養成学校である師範学校が多く設置された。師範学校令（一八八六〔明治十九〕年制定）及びそれに代わる師範教育令（九七年制定）に基づき、尋常師範学校（のち師範学校）は小学校の、高等師範学校は中等学校（中学校、高等女学校、実業学校など）の教員を養成した。師範学校が府県立の中等教育機関であったのに対し、高等師範学校は官立の高等教育機関であり、中学校あるいは師範学校の卒業を入学資格としていた。師範学校は全国に多く設置されたが、高等師範学校（以下、高師）の数は少なく、当初は東京高師（現筑波大学）、東京女子高師（現お茶の水女子大学）、広島高師（現広島大学）、奈良女子高師（現奈良女子大学）の四校しか存在しなかった。大正期に入り、中等学校進学者が急増すると、その教員の需要が高まり、高師を誘致する運動が各

図 2–26　焼失前の岡崎高師正門（写真は岡崎市立学校時代）

地で盛んになった。愛知県では岡崎市が誘致運動を行ったが、この時は成功しなかった。

一九四一年にアジア太平洋戦争が始まると、国家総動員体制のもと、兵器等の開発や増産に必要な多くの科学技術者を確保するため、理系の中等学校教員の養成が国家的な急務となった。これをうけて四四年四月、かねてより誘致運動が熱心に行われていた石川県金沢市に金沢高師が置かれた。岡崎市でも四三年から誘致運動を再開し、四五年四月一日に岡崎高師が設置された。

戦時体制末期の創設と校舎の焼失

しかし、時は四か月半後に敗戦が迫る戦時体制末期であり、岡崎高師は大きな制約を伴って出発せざるを得なかった。

岡崎高師（修業年限四年）に置かれたのは理科第一部（数学）、理科第二部（物象）、理科第三部（生物）のみで、文科の設置は許されなかった。法律で設置を規定していた附属中学校も正式には認められず、当分の間「代用附属学校」を置くことになった。教官も、閣議に提出されたと思われる設置要項では教授一三人・助教授四人・助手一人を置くとされていたが、一九四五（昭和二十）年四月一日付で着任したのは校長と三人の教授のみであり、五月初めまでにようやく二人が増員されるという有様であった。

敷地と校舎は、当時の岡崎市明大寺町字栗林にあった岡崎市立工業学校（一九四四年に岡崎市立商業学校から転換）が使っていたものを利用した（図2–26）。これは岡崎市が誘致運動の際、高師が設置された場合には、同校の敷地と校舎を国に寄附すると決めたことをうけている。同校は、県立の愛知県岡崎工業学校と合併することになり、その費用も岡崎市が県に寄附する形で負担した。

第一回入学者募集では要項送付の申し込みが殺到したが、物資不足のため要項の印刷さえ十分に行えず、ガリ版（謄写版）刷りを余儀なくされたという。それでも足りず、事務所に掲示されていた要項を筆写した者もいた。結局、入学定員一四〇人に対して三二一四人の出願があった。敗戦直前の時期に、約二三倍という非常に高い競争率になったのは、理系の中等学校教員の需要が高かったことのほか、理系の高等教育機関の学生・生徒は兵役が猶予されていたこと、岡崎高師の生徒には年三〇〇円の学資が支給されたこと（「設置要項」に明記）との関連も考えられる。

しかし、合格発表の一週間後の五月二十二日、戦時教育令が公布された。すべての学徒は食糧増産や軍需生産、防空・防衛、重要研究等に総動員され、そのために学校ごとに「学徒隊」を組織することになった。岡崎高師では、早くも六月十三日に学徒隊を編成した。七月二日には新入生が岡崎高師に集められ、自宅通学生以外の生徒は、当面は校内の教室に宿泊した。当時の岡崎高師の教授は次のように回想している。

> 生徒の日課は教室及寮の設営・講話・座談・食糧の運搬・炊事の手伝など全く戦時的日課であったが、空腹と疲労とで張りの足らない顔色は見るものをして可なり不安を感じせしめた。……街の映画場は殆んど閉ざされ読むものはないし、昼間の作業的日課を終えてもその夜を癒すべきたのしみもなかった。
>
> （関野豊三「草創二年間」『岡崎高等師範学校』）

図 2–27　岡崎高師豊川校舎全景

そして入学式を目前にした七月二十日、岡崎市は午前零時過ぎから数時間にわたって大規模な空襲を受けた（岡崎空襲）。岡崎高師にも三〇〇発と言われる爆弾が投下され、校舎のほとんどは灰燼に帰した。入学式は七月三十日に挙行されたが、場所は生徒の動員先である愛知県西加茂郡挙母町《ころも》（現豊田市）の、トヨタ自動車工業（現トヨタ自動車）挙母工場青年学校の教室であった。校長の式辞の最中、すぐ近くの飛行場に何度も爆弾が落とされ、声が聴きとれなかったという。

岡崎高師は、岡崎市内の三菱重工業針崎工場青年学校の教室を仮校舎として、動員作業と授業を交互に行いながら八月十五日の敗戦を迎えた。

豊川での再出発

岡崎高師は、校舎を失った状態で敗戦後の混乱に直面することになった。それでも、敗戦前の状況と比較すれば、時刻を知らせる鈴の音、教室から聞こえる授業の声、休憩時に裏山でのんびりと過ごす生徒の姿など、仮校舎ではあったがまがりなりにも学校らしい雰囲気が戻りつつあった。

学校として活動できるようになれば、本格的な校地と校舎が必要になる。しかし校舎を建て直すことは不可能であり、岡崎市内でしかるべき移転先を探したが、結局見つけることができなかった。そこでやむなく、豊川海軍工廠第二工員養成所（愛知県豊川市牛久保町、現在は愛知県立豊川工業高校が所在）に移転することになった。

岡崎高師にとって、熱心に誘致運動を行った岡崎市を離れるのは無念であったが、移転先の豊川市も高師の受け入れに積極的であった。移転先の施設は、すでに戦後再建計

図 2–28　岡崎高師の授業風景

画の一つとして新設がほぼ決定していた、市立農業学校による利用が見込まれていた。豊川市はこれを急遽変更して岡崎高師を迎えたのである。岡崎高師は、一九四五（昭和二十）年十二月九日に豊川に移転した（図2–27）。もっとも、その施設は戦災で荒れ尽くして「化物屋敷」のようであったので、これを修復して校舎として使用するため、生徒が組ごとに交代で製炭・校舎設営・清掃を行わなければならなかった。

戦後の教育と学生生活

敗戦による岡崎高師の教育面での大きな変化は、文科を新設したことであった。一九四七（昭和二十二）年四月一日、文科第一部及び第三部が新設された。また同月二十二日に学則改正を行い、部科制から社会科・英語科・数学科・物理科・化学科・生物科の六科制に変更した。

そのほか、女子の入学が認められるようになった。創設時の岡崎高師は、中学校卒業を入学資格の基本としており、女子の入学を想定していなかったが、遅くとも一九四八年四月までには、入学資格に高等女学校の卒業等が明記された。四八年度には、理系の科に四人の女子が入学している。しかし、この年度が最後の生徒募集となった。

教職員の動向としては、水野敏雄校長が一九四六年五月七日のいわゆる教職追放令により学校を去ることになった。水野は校長に就任する直前まで文部省で教学局指導部指導課長などを務めており、経歴が教職不適格と見なされた。水野校長は、創設以来運営に苦心し、豊川への移転が成ってこれからという時に無念の退職となった。四七年三月には岡崎高師の教職員組合が結成された。翌年七月には、名大、第八高等学校、名古屋

図 2–29　振風寮祭での仮装

経済専門学校など東海地域の高等教育機関一五校とともに、賃上げを要求する二四時間ストライキを実施している。

生徒たちは、敗戦後の混乱のなか、一九四五年度に二七人、四六年度に一六人の退学者を出しながらも、自治への関心を強めていった。その拠点になったのが学寮「振風寮」である。この名前は、空襲後の仮校舎の時代に、岡崎市の勝鬘寺《しょうまんじ》内に設けられた生徒宿舎に付けられたもので、これが豊川でも受け継がれた。建物は、岡崎高師に隣接する旧豊川海軍工廠工員宿舎（現在は豊川市文化会館が所在）を利用した（後掲図2–31）。

一九四六年二月二日、振風寮文化部は「自治に就いて」と題する討論会を開催した。これにより生徒の間で自治の機運が高まり、同月十一日には「完全自治寮建設」など四か条からなる決議文を水野校長に提出し、翌日から四八時間の学生ストライキ（同盟休校）を断行した。その結果、振風寮はそれまでの舎監制度から自治寮に移行している。翌年五月には生徒自治会が誕生した。岡崎高師の生徒自治会は、全国高等師範学校自治会連盟の結成に加わり、全日本学生自治会総連合（全学連）とは活動において一線を画した。それでも、四九年五月の国立学校設置法案・教育職員免許法案・教育予算削減等に反対する全国的な学生ストライキには同調した。

寮生活は自由な雰囲気のなかにあった。振風寮は「だべり（駄弁り）の寮」とも言われ、教科書そっちのけで夜を徹していろいろな話をしたという。「だべり」のエネルギーを供給するためか、振風寮には「実力」という名の夜食があった。夜半になると飯ごうと七輪で自己調達の米を炊き、皆で分かち合って生命の「実力」を養った。第八高等学校ばりのストームも行われた。ファイヤーストームが昂じて、板塀や襖を焼いてし

図 2–30　岡崎高師附属中学校の授業風景

まったこともあった。民主主義の息吹を醸し出しつつ、戦前のバンカラ風も色濃く残っていた。振風寮は、名大の豊川分校（教養部）の学寮としても使用された。

附属学校の創設

岡崎高師が創設された際、「代用」にとどまっていた附属中学校は、校舎の焼失等により敗戦後もなかなか正式な設置に至らなかった。一九四七（昭和二十二）年三月に附属中学校創設準備委員会が置かれたが、すでに新学制施行に伴う新制中学校の発足が一か月後に迫っていた。旧制中学校（五年制）としての設置も検討されたが、結局同年四月一日、新制中学校（三年制）として岡崎高師附属中学校が設置された。校舎は、豊川市牛久保町の旧豊川海軍工廠工員宿舎（現在は豊川市立代田中学校が所在）を利用した。準備期間がほとんどなかったため、同年四月中旬に入学者選抜を行い、五月五日に男女各四四人が入学するという慌ただしさであった。

その一方で、当初の旧制中学校設置案を引き継ぐ附属高等学校を望む声も小さくなかった。一九四八年になって豊川市から、豊川市立高等学校を移転して代用の附属高等学校とし、将来は正式に岡崎高師に移管するという構想が提案された。これに基づき、四九年六月に市立高等学校が附属中学校の隣に移転した。そして五〇年四月一日、同じ場所で正式に「名古屋大学岡崎高等師範学校附属高等学校」が発足した。この時、市立高等学校は愛知県立国府《こう》高等学校に合併されている。岡崎高師附属中学校・高等学校は、岡崎高師の廃止後、名大教育学部の附属中学校・高等学校となった。

図 2–31　旧校地に隣接する豊川市文化会館（振風寮の旧敷地）に建てられた記念碑（岡崎高師同窓会黎明会建立）

大学昇格構想から名大包括へ

新学制が施行されると、岡崎高師の新制大学への発展をめぐる様々な構想が持ち上がるようになった。一九四七（昭和二十二）年三月には岡崎市が、豊川市に移転していた岡崎高師と愛知第二師範学校の岡崎復帰を積極的に推進する方針を立てた。さらにこの方針を実現するため、市長を会長とする「岡崎大学新設期成同盟」を結成した。同年六月には岡崎高師が、大学昇格を目指すため「大学建設部」なる組織を設けた。同月には大学建設運動の発足大会を行い、生徒を中心とした資金獲得運動が始まった。十二月五日には大学建設昂揚大会を開催、翌年一月には生徒の父母と教職員が一体となった大学建設期成同盟会が結成された。その結果、五二万円余りの資金が集まった。

一九四八年に入ると、愛知県知事が三月の県議会において、岡崎高師、愛知第一師範学校、愛知第二師範学校、愛知青年師範学校を合併し、学芸大学に発展させる構想を明らかにした。これは、知事を委員長とする学芸大学設立促進委員会で検討が進められたが、まもなく岡崎高師が外れることになった。その理由について当時の岡崎高師教授は、第一師範の翻意により、岡崎高師を合併構想から外すとの一方的な通告があったと回想している。ただし、岡崎高師を除く三校を母体に創設された愛知教育大学（創設時は愛知学芸大学）は、岡崎高師が名大合流のため自ら離脱したと周年史等で主張している。いずれにしても、岡崎高師が四校合併構想から離れた後、名大合流の方向が明確になった。

その後、名大教育学部が設置されるまでの経緯については第4章1節に譲る。岡崎高師は、一九四九年五月三十一日、新制名大が設置されると同時にこれに包括され、「名古屋大学岡崎高等師範学校」となった。組織そのものに教育学部との連続性はないが、四九年二月に名大に設置された教育学部創設委員会には岡崎高師の教授が加わり、岡崎高師の教官の一部が名大教育学部に移っている（その他、多くが教養部に移行）。こうしたことから、岡崎高師は名大教育学部の前身学校と位置づけられる。

岡崎高師は、一九五二年三月に第四回卒業式を挙行した後、三月三十一日に廃止された。跡地は、名大農学部が附属農場として六五年まで使用した。

第3章　名古屋帝国大学

1　名古屋市の発展と帝国大学設置運動

帝国大学制度の展開

本節では、第1章で述べた医学校から名古屋医科大学への系譜に位置づく医学部、及び新たに作られた理工学部の二学部からなる名古屋帝国大学（以下、名帝大）の創設経緯について、まずは帝国大学制度の成り立ちにさかのぼってみていこう。

帝国大学令は一八八六（明治十九）年に公布された。そこでは「帝国大学ハ国家ノ須要ニ応スル学術技芸ヲ教授シ其ノ蘊奥ヲ攷究スルヲ以テ目的トス」とされる。小学校令や中学校令など他の教育段階の主要法令も同時期に整備され、帝国大学は国家教育制度の頂点に位置する教育機関とされた。帝国大学以外の官公私立大学の設置が一九一八（大正七）年の大学令によって初めて認められるまで、日本には正規の大学は帝国大学以外に存在しなかった。

帝国大学令の施行に伴い、同じく一八八六年に東京大学や工部大学校などの既存のいくつかの官立高等教育機関が改組・統合され、帝国大学が東京に設置された（一八九七

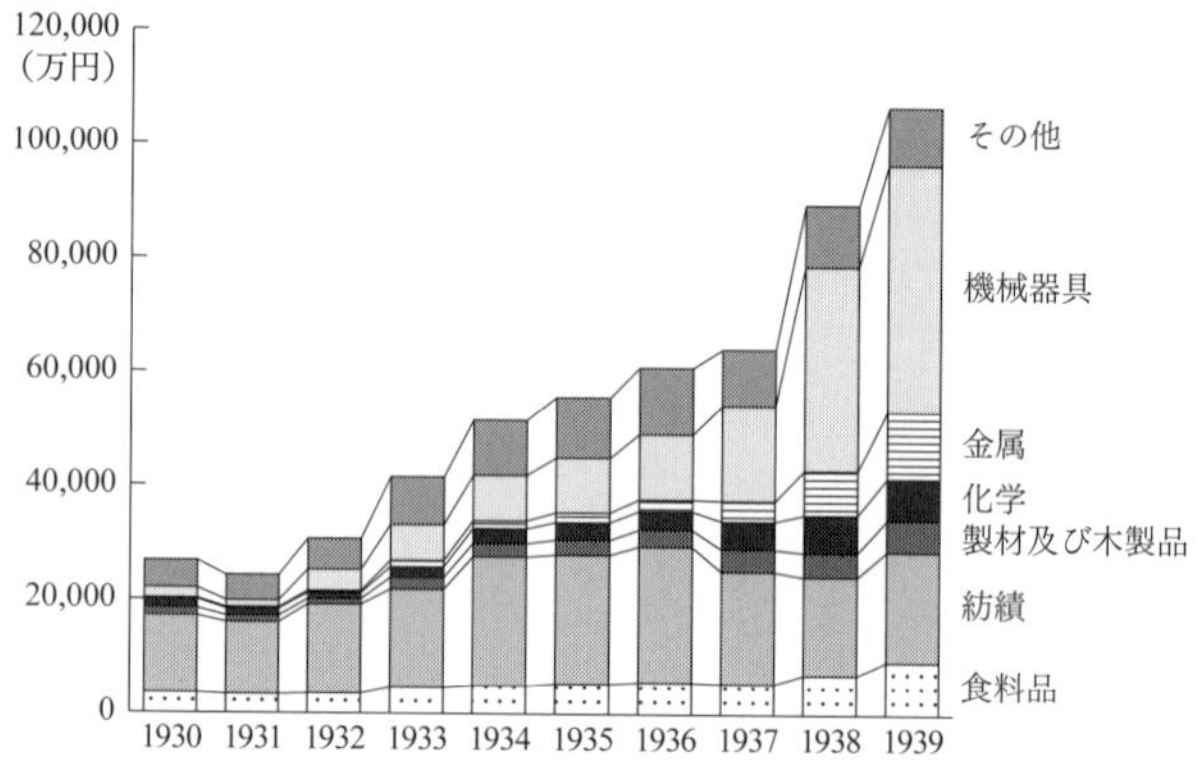

図 3-1　名古屋市の工業生産額（1930–39 年）

年には東京帝国大学と改称される）。以後、一八九七年に京都、一九〇七年に仙台、一九一〇年に福岡、一九一八年に札幌、一九三一（昭和六）年に大阪と、名帝大の設置以前にすでに六つの都市に帝国大学が存在していた。加えて植民地にも一九二四年に京城、二八年に台北と、二つの帝国大学が設置されていた。

国家にとって帝国大学とは、帝国大学令に述べられているように「国家ノ須要」に応じる人材養成と学術研究の拠点であった。しかしそれが設置される都市の側からみると、帝国大学の果たす役割はそれだけにとどまらなかった。自地域出身者に教育機会を提供するとともに、地方の産業・文化の振興をもたらすものであり、さらにはその都市の威信のシンボルとしての意味も大きかった。先述のように帝国大学は日本の最高学府であり、かつ限られた校数しか設置されていなかったからである。したがって、主要都市と自認する地域の関係者にとって、帝国大学の設置はしばしば悲願の対象となったのである。名古屋市もその例外ではなかった。

名古屋市の発展

一九二〇（大正九）年に国内で第五位の人口規模であった名古屋市は、一九二五年には神戸と京都を抜き、東京、大阪に次ぐ第三の都市となり、日本の三大都市の一翼を担う地位を得ていた。加えて一九三四（昭和九）年には人口が百万人を超え、「百万都市」の一つともなっていた。人口の増加は、市域の拡大によるところもあったが、それ以上に流入人口の多さによるものでもあった。特に若年男子人口の増加は著しかった。しばしば名古屋市は「青年都市」と呼ばれ、大きな発展可能性を持つ都市と見なされるよう

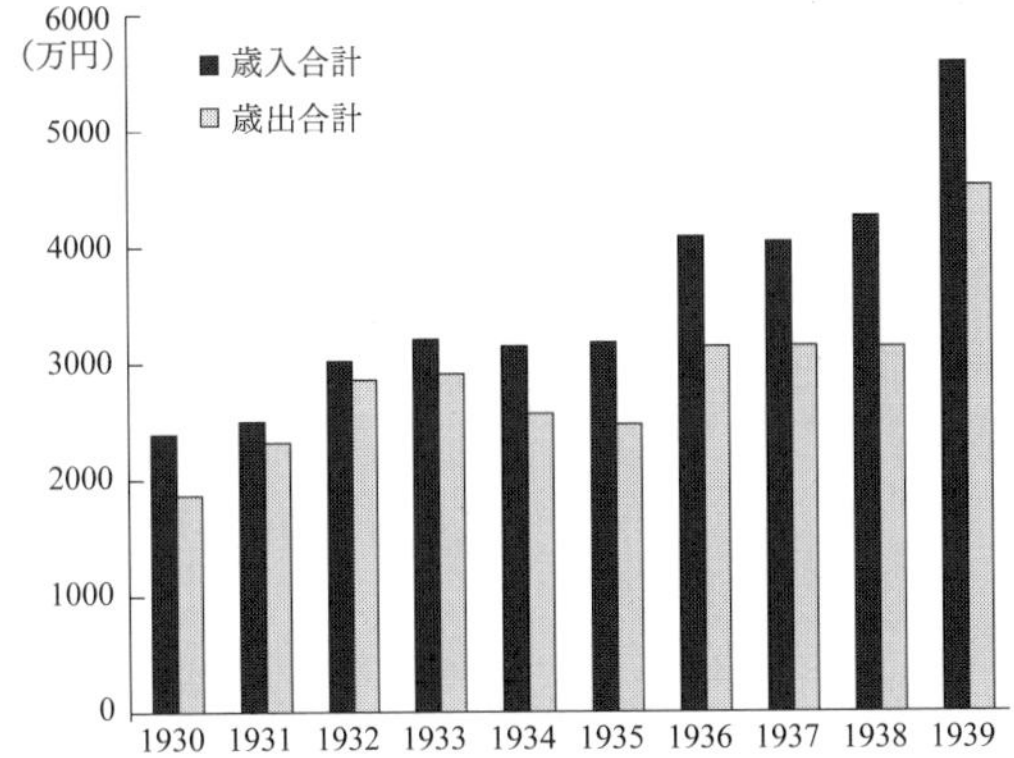

図 3–2　愛知県の歳入・歳出の推移
（経常部と臨時部の会計，1930–39 年。
『愛知県統計書』1939 年度版より）

になっていた。

産業構造も顕著に変化しつつあった。図3-1に示したように、名古屋市の工業生産額は昭和初年の経済不況期の後に急増する。一九三〇年から名帝大が設立された一九三九年までにその総額は二・五倍以上も増加したが（当時の物価変動を考慮してもこの趨勢は変わらない）、それに大きく寄与したのは機械器具工業や金属工業・化学工業などの急拡大であった。その変化はとりわけ日中戦争勃発以後に大きく進み、一九三八年にはそれまで生産額が最大であった紡績工業を機械器具工業が抜き去った。その背後には軍需関連工業、とりわけ航空機生産工場の成長があった。特に三菱重工業や愛知時計機械、さらには陸軍造兵廠といった大規模な工業施設の急激な成長が名古屋市の産業構造を変化させたのである。

以上のような産業の変化と発展の結果として、愛知県や名古屋市の財務状況も好転する。後にふれるように、名帝大の創設決定に際しては愛知県からの創設費用の寄附が大きな役割を果たすことになるが、ここでは愛知県の財務状況をみておこう（図3-2）。愛知県の歳入・歳出は経済不況期にも若干の歳入超過の状態を保っていたが、一九三四年頃から歳入が歳出をほぼ二割から三割ほど上回る状況が続き、前年度からの繰越金が歳入の一五％から二十数％を占めていた。したがってかなりの余裕のある財務状態となっていたといってよいであろう。そして名古屋市は、三大都市・百万都市としての地位を得て、さらに戦時期には軍需産業都市として著しく成長した。

ここで、名帝大の設置場所となる千種区・東山地区の変化にもふれておこう。特に一九三五年頃以降には名古屋市東部地域の開発が進む。先にみたような市の人口増は市域

図 3-3　開園当初の東山動物園の正門（「名古屋市動物園 100 年の軌跡」より，名古屋市東山動物園提供）

を東側にも拡大させていったからである。三七年には名古屋市の東部地域に関わっていくつかの重要な動きがあった。まず、人口増を背景として名古屋市を構成する区が四区から一〇区へと増区された。その増区の一環として東区の一部が千種区として独立したのである。さらに同年には東山動物園・植物園が開園した（図3-3）。そしてそれに伴って、それまでは覚王山が終点であった市電が東山公園まで延長された。

もっともこのように開発が進み始めたとはいえ、この地域はいまだ都市というにはほど遠い状態であった。『名古屋市統計書』によって一九三九年の千種区の土地利用の状況をみれば、宅地が二一・五％、田畑が二三・一％であり、残りの五五・四％がその他、すなわち山林や荒れ地であった。そして千種区は市内一〇区のなかで宅地・田畑の占める割合が最も低かった。特に名帝大が建設されることになる東山地区は、いまだ民家もほとんど見当たらないような山林や荒れ地だったのである。

戦時体制下の政策と高等教育機関

他方で日本の高等教育機関をめぐる状況は大きく変化していた。大正時代末から昭和初年にかけては、経済不況の影響により高等教育卒業者の就職難が社会問題化していた。一九二九（昭和四）年に封切られた小津安二郎の映画のタイトルで知られるように、まさに「大学は出たけれど」の時代であった。しかし一九三五年頃までには就職状況は好転し、さらに三七年の日中戦争勃発以降はむしろ求人難が問題化していた。

求人難が深刻であった分野の一つは理工系だった。軍需部門の急拡大を背景に技術者の不足が大きな問題になっていたのである。特に工学系高等教育機関の卒業生をめぐっ

図 3-4　神宮皇學館大学正門
(『皇學館大学百年小史』より)

て企業や官庁の激しい獲得競争が起こっていた。この問題への対策として一九三八年には学校卒業者使用制限令が公布され、工鉱系卒業者の就職先への割り当てが政府の委員会によって行われることになったほどである。人材不足が問題になっていたもう一つの分野は医学である。戦時体制下においては軍医の需要が増加する。そして軍医として動員される医師が増えるのに伴って、軍医以外の医師の不足問題への対応も必要になっていた。こうして高等教育機関における技術者や医師の養成部門の拡充が強い国家的要請となった。名帝大の創設もそうした要請に応えるものと位置づけられることになる。

高等教育機関の拡充の動きは日中戦争勃発後間もなくみられた。一九三八年には既存の官立高等工業学校での定員増がなされ、翌三九年には官立高等工業学校七校の新設が決まったのみならず、既設高等工業学校の学科増がなされた。このような新設・拡充によって、わずか数年の間に高等工業学校の募集定員は三倍以上に増加したのである。医師養成についても、同三九年に七つの帝国大学（そこには創設されたばかりの名古屋帝国大学も含まれている）と六つの官立医科大学に、すなわち医学部を有するすべての官立大学に臨時附属医学専門部が設置された。

以上からうかがえるように、不足する人材需要への対応は主に専門学校レベルでなされた。それは大学レベルの拡充を行うことが、費用面や人材面において、とりわけ前者において困難だったからである。大学の新設はもとより、学部増設も簡単には実現しなかった。戦時期に官立大学の学部として増設されたのは、一九三九年の九州帝国大学理学部と四二年の東京帝国大学第二工学部のみであり、大学の創設はこれからふれていく三九年の名帝大の創設と四〇年の神宮皇學館大学（図3-4）――小規模な文科系単科大学だった――にすぎない。名帝大の設置は国家の人材需要に応えるものとされたが、他面で財政的制約という高いハードルを越えねばならなかった。

帝国大学設置運動の展開

名古屋での帝国大学設置を目指した運動の端緒は少なくとも大正時代までさかのぼることができる。一九一八（大正七）年十二月の愛知県会には、愛知県への総合大学設置に関する建議が二つの会派から提出され、一括して可決された。さらに翌一九年には、既存の愛知県立医学専門学校を官立医科大学へと昇格させる運動が発生する。同校の生徒によるこの運動は、学校職員・同窓生や地域関係者を巻き込み、さらには県会での一〇〇万円の県費寄附の可決にまで展開する。しかし文部省はこれを認めず、学校や県は県立医科大学設置へと目標を転換せざるを得なかった。そして県立の愛知医科大学が一九二〇年に設置されたことは第1章で述べた通りである。

また、一九二六（大正十五）年には愛知医科大学学長の主導で総合大学設置運動が再び活発となり、名古屋綜合大学設立期成同盟会が結成され、東京での陳情活動や市会・県会、さらには帝国議会衆議院でも建議を提出するなどの動きを見せたが、それ以上の展開をみなかった。そしてその運動は、総合大学設置から、より可能性の大きいと見なされた愛知医科大学の官立移管へと目標を変更し、一九三一（昭和六）年に名古屋医科大学設置を達成したのだった。

再び名古屋での帝国大学設置運動が始動したのは、一九三二年に田村春吉が名古屋医科大学学長に就任したことを契機とした。田村学長は帝国大学設立を目指して精力的に

図 3–5　田村春吉（名古屋医科大学学長時代）

活動を行ったのである。学内では医・工・理の三学部構成の総合大学創設案が作成され、加えて財界人や愛知県への働きかけも行われた。そうした動きが加速したのは一九三七年であったとされる。伊勢神宮参拝の帰路にあった木戸幸一文相を迎えての地元主催の歓迎会の席上、愛知県知事は県に博物館を建設する計画を発表した。しかしその場で田村学長は博物館計画を否定し、むしろ総合大学を設立すべきことを力説したという。こうした学長の大胆な言動を契機に、地元新聞社や愛知県会議員らによる総合大学を目指した世論形成や県政における運動が活発になる。そして同年十二月には愛知県会で「綜合大学建設方ニ関スル件」が満場一致で可決され、総合大学設置に向けた県としての意思統一がなされていった。

県レベルの動きのみならず、名古屋市会でも一九三八年二月に「綜合大学設置ニ関スル意見書」が提出され修正のうえで可決された。原案では「医科大学ニ加フルニ法科工科理科農科ノ各部」の設置を求めるものであったが、その内容が削除され「綜合大学ヲ設置」することを求める内容になった。総合大学設立運動は医学・工学・理学の三学部の大学設立という案を中心として進んでいたが、ここからうかがえるようにそれ以外の学部設置の要求も存在していた。

一九三八年三月には、県知事や愛知県選出帝国議会議員らの協議によって衆議院に「名古屋帝国大学設立ニ関スル建議案」が提出され、可決されている。ここでも医学・工学・理学に加えて農学部の設置が求められていた。この建議案に対して、政府委員であった内ヶ崎作三郎（文部政務次官）は「此様ナ立派ナ御計画ハ相成ベク実現サセテ上ゲタイ、サウ云フ気持デ考慮研究致タイ」と好意的な姿勢を示していた（『第七十三回帝国議会衆議院建議委員会議録（速記）第七回』）。この発言からうかがえるように、名古屋での総合大学設置に文部省は概して肯定的であった。同年五月には、木戸幸一文相が名帝大の創設費を一九三九年度予算に計上することを決定したと県知事に述べたとされる（『名古屋新聞』一九三八年五月十一日）。

帝国大学をめぐる諸構想

他方で、運動に関わる地元関係者の間では、具体的な大学のあり方に関わって意見の相違も存在していた。特に、大学の設立場所をどこにするか、どのような学部を設置するか、そして大学創設費をどのように分担するのか、といった事柄に関してである。設置場所の問題については後にふれよう。設置学部の種類についてはすでにみたように、理学部・工学部に加えて農学部を設置する意見が根強く存在していた。田村学長は農学部設置を主張し続けていたと言われ、また農業関係団体による運動もあり、さらには岐阜高等農林学校（現岐阜大学応用生物科学部）を母体にして農学部を設置するという構想も存在した。ほかにも名古屋高等商業学校校長であった渡辺龍聖らによる文学部設置を求める動きもあった。

さらに、大学創設の費用をどのように分担するかについての意見の相違もあった。これまでにもみられたように、官立高等教育機関新設の際には設置地域からの費用負担が求められることが一般的であった。愛知県は県内の市部財政からの負担を想定していたが、より幅広く郡部からの負担や財界からの寄附によっても賄うべきであるという意見も存在した。

図3-6　本多光太郎（1937年，東北大学史料館蔵）

大学設立準備委員会での審議と大蔵省との交渉

こうしたなかで一九三八（昭和十三）年六月に、大学設立準備調査会が文部大臣官邸で開催された。この調査会は愛知県設置の機関ではあったが、文部省が委員の人選を行っている。専門委員には、本多光太郎（東北帝国大学総長）、長岡半太郎（元大阪帝国大学総長、貴族院議員）、大河内正敏（理化学研究所長）、田中芳雄（東京帝国大学工学部教授）など、理工系分野の権威者が含まれていた。そのほかに文部省と愛知県からの委員も加わっていた。この委員会の三回にわたる審議のなかで大学設立構想の基本が固まっていった。大学の名称は名古屋帝国大学とされ、医学・工学・理学の三学部構成となり、敷地は一五万坪以上とされた。そして開校時期は医学部が三九年度、理学部・工学部が四〇年度となった。

以上のように文部省の参加を得て大学構想は固まったが、しかし次なる関門は、こうした大学の基本構想に基づき文部省が作成した名帝大の創設予算案を、大蔵省が認めるかどうかであった。一九三八年の後半から大学や地元側でのさらなる設置運動の体制整備が進んだ。特に同年七月には、名古屋総合大学設置期成同盟会が発足した。この会は名古屋市商工会議所の会頭・副会頭をトップに据え、さらに県や市、県会関係者や大学関係者も含むなど、財界・政界・学界をまたいだ設立運動の体制を作るものだった。また愛知県は大学の創設費用を県が負担することで、大蔵省の承認を得ようと目論んでいた。

しかし大蔵省は、愛知県の費用負担能力に疑義を持ち、またそもそも大学増設の必要性はないとの立場から、大学設立に好意的ではなかった。名帝大設立予算は同年十一月

大阪朝日新聞

名古屋帝國大學本部

東海文化の誇り
名帝大けふ誕生
澁澤博士　非常時總長ぶり

けふは嬉しい入學日

津浦線直通

図 3-7　名帝大の誕生を報じる『大阪朝日新聞』（名古屋支社版，1939 年 4 月 2 日付夕刊）

の大蔵省による第一次査定で不承認とされる。その復活折衝において大蔵省からは、創設を一年遅らせ一九四〇年とすること、創設費の総額を愛知県が負担すること、また設置学部は医学部と工学部の二学部のみとすること、との案が出された。これに対し文部省は創設年や費用負担については認めたが、設置学部の削減は譲らず、両者の交渉が行き詰まる一幕もあった。その後も両者の交渉は波乱を伴いつつも、最終的には文部省が医学部・工学部の二学部設置案を認め、さらに当初予定の医学部講座増設案を断念することなどで大蔵省との折り合いがついた。ただしその後に、同時期に交渉が進んでいた九州帝国大学理学部設置が決定したことの影響もあり、創設する学部は工学部から理工学部へと変更され、さらに将来の工学部・理学部の分離独立の可能性も認められることになった。

名古屋帝国大学の創立

こうして一九三九（昭和十四）年の第七四回帝国議会に名帝大創設予算案やその関連法案が提出された。審議の過程では大学創設の決定に地元からの寄附金の有無が影響したのではないかといった疑義も出されたが、案は衆議院及び貴族院でいずれも可決された。なお、帝国議会での予算承認に対応して、愛知県会では同年四月に創設費九〇〇万円の寄附の一括納付が可決されている。

名帝大の創立が決まったことに伴い、初代総長の選任もなされた。当初は愛知県の出身で先述の大学設立準備調査会の委員でもあった本多光太郎（東北帝国大学総長）が有力視されていた。しかし高齢であることを理由に本多自身が固辞し、また東北帝国大学

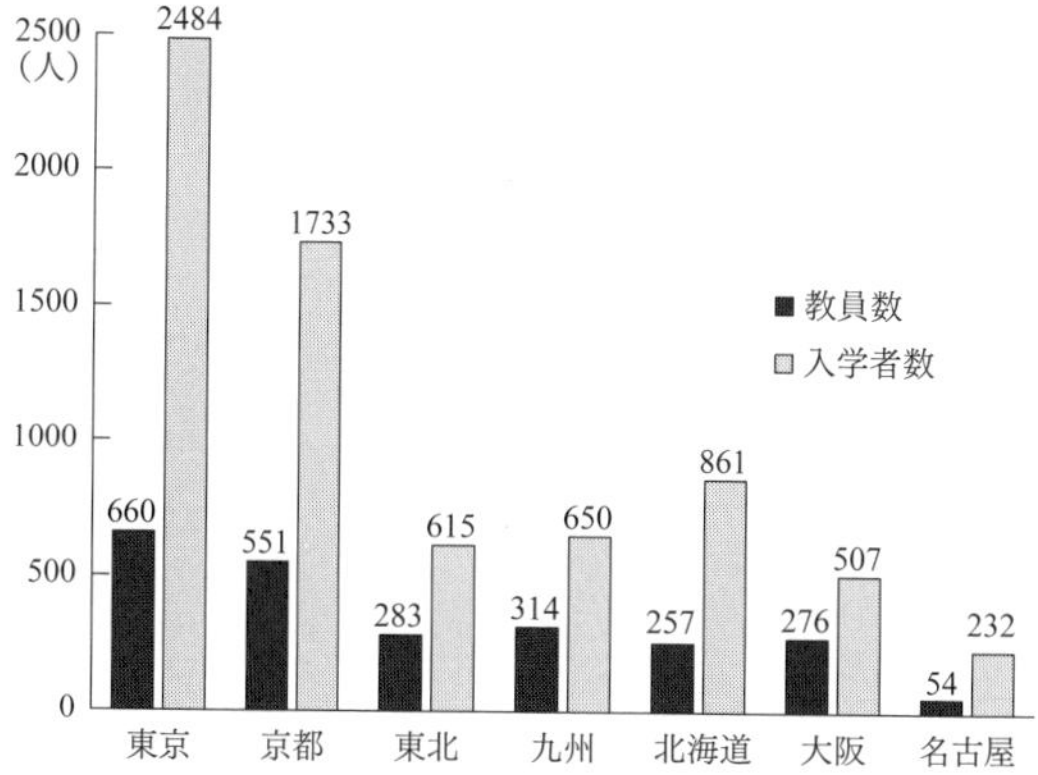

図 3‒8　帝国大学の教員数・入学者数（1939 年，『文部省年報』より）

の所在地であった宮城県の反対もあり実現しなかった。結局のところ、文部省が中心となって選任が進められ、元東京帝国大学工学部教授の渋沢元治《もとじ》が選ばれることになる。渋沢は著名な実業家の渋沢栄一の甥にあたる人物である。埼玉県出身で東京帝国大学工科大学を卒業後、古川鉱業等を経て、逓信省で技術官僚を務めた後に、東京帝国大学工学部電気工学科教授となり、工学部長（一九二九〜三二年）も務め、三七年に退職していた。

さらに文部省は一九三九年一月に名古屋帝国大学創立委員会を設置し、そこで、教員の人選、敷地、施設、設備、講座や学科課程の内容など、具体的な大学体制のあり方を決定した。そして同年三月三十一日に名古屋帝国大学官制（勅令百十二号）が公布、翌日の四月一日に施行され、名帝大が創設されたのである（図3‒7）。大学設立の理由書では、「今次事変ノ推移ト国際情勢ノ動向等ニ鑑ミ一層科学ノ振興ヲ図ルハ極メテ緊要ナル」とされていた。とはいえ、大学の発足時には校舎もまだできていなかった。仮本部は愛知県庁を間借りし、そこに総長室や事務室が置かれたというささやかな出発であった。

事実、先発の帝国大学と比較すると名帝大はごく小規模だった。図3‒8には、同大学の設置年である一九三九年度における、各帝国大学の教員数・入学者数（大学院や附属専門部の人数も含む）を示した。名帝大がいまだ医学部一学部しか持たない時点ではあるが、ともに最大の東京帝国大学の十分の一にも満たない規模であった。創設時期も規模も、まさしく末っ子だったのである。

名古屋
名帝大、豪壯の學舍
鏡ヶ池 東山西南 一帶に出現
地利を占める風致地區 敷地茲に決定
幾難關を越え
十ケ月の折衝に大詰
地域の全貌

図 3–9　名帝大の敷地が東山に決まったことを報じる『名古屋新聞』(1939 年 5 月 9 日付夕刊)

東山校地の地元からの寄附

名帝大の創設にあたっての大きな問題の一つに、校地の選定があった。医学部は、鶴舞の名古屋医科大学の校地を引き継ぐことができたが、そこに他の学部を置く余裕はなかった。名帝大の創設には新しい校地が必須であった。

校地の選定と確保の中心になったのは、名帝大創設費を全額寄附する愛知県であった。愛知県は大蔵省と連絡を取りながら、いくつかの候補地から東山敷地を第一候補に選び、一九三八（昭和十三）年七月から同地の三土地区画整理組合（田代、伊勝、八事）との交渉を開始した。田中広太郎知事は、名帝大の校地を地元からの無償提供で確保する方針を明らかにしていた。しかし、一五万坪から二〇万坪が必要とされた広大な大学敷地をすべて無償提供によって確保することは、日本の大都市では例がなかった。しかもこの東山敷地は、三〇〇〇人を超えるとも言われた多くの地主が所有していたものであり、無償提供交渉は難事業であった。交渉は当初極秘裡に進められ、大多数の地主にも伏せられた。

名帝大創設予算が大蔵省に認められた直後の一九三八年十二月上旬、愛知県は大蔵省の承認を得て校地を東山に確定し、このことを公表した。しかし、新聞各紙が交渉経緯等を含めて詳細を盛んに報道し、情報が地主たちに一気に拡散したため、最も多くの土地の無償提供を求められた土地区画整理組合の内部が紛糾した。その後もなかなか組合内の意見がまとまらず、一九三九年四月一日に名帝大が発足した段階でも、まだ新校地は確定していない状況であった。

同年五月、ようやく県と三土地区画整理組合の交渉が妥結した（図3–9）。しかしその後、名帝大の校地に選ばれたことで地価が高騰したのを見て、無償提供を渋る地主が現れたため、難航は続くことになった。また、三組合と交渉が妥結した土地だけでは面積が不足しており、東山土地区画整理組合と交渉してさらに無償提供地を増やす必要があった。結局、最終的に名帝大の東山校地の無償提供問題が解決したのは、一九四〇年十一月であった。その後、戦争の影響や敗戦後の混乱等もあって、敷地所有権の国への正式な移行が完了したのは一九四八年一月であった。この時の登記簿によると、取得された東山校地の面積は約一六万一一一二坪（約五三万二六〇一㎡）とされている。

2　草創期の名帝大

理工学部の開設

本節では、一九三九（昭和十四）年四月一日に創立されてから、四五年八月十五日の敗戦を迎えるまでの名帝大について述べる。

名古屋帝国大学は、医学部と理工学部からなることが決まっていたものの、創立の時点で設置されていたのは名古屋医科大学を母体とする医学部のみであった。名帝大は、一九四〇年度の理工学部開設に向けて準備に取りかかったが、それに充てられた予算はわずか四〇万円であり、準備作業は困難を極めた。校舎の建築、教官の人選、設備品の調達、諸規則の立案は、理工学部開設委員会が行った。同委員会は、長岡半太郎・本多光太郎などの学界有識者八名（理工学部創設顧問）と教官候補者一八名（理工学部創設事

図 3–10　西二葉校舎全景（写真は愛知県立第一中学校時代の 1926 年のもの，愛知県立旭丘高等学校蔵）

務）、内田祥三（営繕顧問、東京帝大教授）からなっていた。

そして一九四〇年四月一日、名帝大に理工学部が設置された。設置時の学科構成は、機械学科・電気学科・応用化学科・金属学科・航空学科の五学科一八講座であった。翌年四月には二九講座まで増設された。理工学部は、東山校地が整備されるまでの仮校舎として、名古屋市東区西二葉町（現在の愛知県立明和高校の辺り）の愛知県立第一中学校旧校舎を使用した（口絵3、図3–10）。理工学部の開設までに一部増改築が行われていたが、さらに四一年度から使用する仮校舎として、木造二階建四棟・同平屋建一棟、延べ約一七五七坪（五八〇八㎡）が建築された。これらの建物は、将来県立高等女学校の校舎に充当することが計画されていたため、工事費総額約七四万円はすべて愛知県が負担した。この頃になると、日中戦争の長期化により物資不足が深刻になりつつあり、仮校舎の建築だけではなく、仮校舎に入れるべき機械・器具類の調達にも支障を来たすようになった。名帝大は、他大学や官公署、会社などからの譲渡や寄贈、一時借用により急場を凌いだ。特に渋沢元治総長と縁故の深い東京帝大から多くの援助を受けた。

理学部の独立

前節で述べたように、名帝大は工学部と理学部を別個に設置する方針であったが、大蔵省が戦時下の財政的見地からこれを認めず、工学系諸講座に若干の理学系講座を加えた理工学部という形で出発することになった。そのため名帝大では、創立当初から理学部の独立が早急に実現すべき大きな課題となった。

一九四〇（昭和十五）年八月、文部省内に設置された科学振興調査会は、名帝大に理

図3–11　渋沢元治総長
（1939年4月–46年1月）

学部を独立させることを答申した。文部省はこの理学部独立案を予算案として大蔵省に提示したが、大蔵省は同年十一月の第一次査定でこれを否決した。渋沢元治総長は文部大臣に予算の復活折衝を依頼するとともに、大蔵省に対しても強く説得を試みた。児玉九一知事をはじめとする愛知県各界の有力者も、上京して文部省・大蔵省への陳情を行った。これらの運動が功を奏して、同年十二月には大蔵省も理学部を四二年四月に設置するということで予算を承認した。

こうして一九四二年四月一日、名帝大理工学部から理学部が独立した。これを定めた勅令の理由書には、愛知県からの名帝大創設費の寄附が独立した理学部の設置を条件としていたことのほか、総合大学としての完全な使命を達成するためには独立した理学部が必要であること、今や日本は未曾有の難局に直面しており、応用諸科学の急速な発達が緊急の重要事項になっていること、などが挙げられている。初代学部長には、柴田雄次（東京帝大教授）が就任した。理学部は数学科・物理学科・化学科・生物学科の四学科一〇講座でスタートしたが、四二年十月公布の勅令により五講座が、四三年十一月公布の勅令により四講座が増設されて一九講座となり、理学部の骨格となる体制が整った。

このほか、一九三九年十二月に菅島臨海実験所が開所した。これは海産生物の研究を行う施設で、三重県志摩郡菅島村（現三重県鳥羽市）に一万坪（三万三〇五七㎡）の広大な敷地と一七四坪余り（五七五㎡）の建物を持っていた。建物は、椙山正式《すぎやままさかず》（学校法人椙山女学園の創始者）からの寄附によるものであった。同実験所は、理学部が設置されると同時に理学部附属施設となり、所長を柴田学部長が兼任した。

図 3–12　柴田雄次

学部・部局の拡充

理学部が設置されたことに伴い、従来の理工学部が工学部に改められた。その後、一九四四（昭和十九）年十二月に航空学一講座が増設された。その増設理由には、戦争の状況を考慮して航空機に関する高級技術者を養成すること、特に航空機の速度増大に対応するための推進機及び推進力学を研究すること、が挙げられている。さらに四五年一月には電気工学二講座が増設された。その増設理由は、戦争の進展に伴い、精密な電波兵器や通信兵器が必要になったためとされている。

医学部は、一九三九年四月の開設時に二四講座が置かれたが、うち四講座は教官が欠員で正式には発足していなかった。この四講座が正式に設置され、二四講座がそろったのは一年後の四〇年四月であった。さらに四〇年十一月には航空医学二講座が新設された。これは、航空戦力を向上させるべく、航空機への搭乗が人体に及ぼす影響を研究するための措置であった。当時の大学で、航空医学講座を持つのは東北帝国大学（一講座）のみであった。そのほか、四一年十二月に予防医学一講座が新設された。これも、その増設目的に「大東亜共栄圏」建設のための人的資源の確保が挙げられている。

戦争による軍医の需要、医師不足への対策のため一九三九年五月に設置された臨時附属医学専門部も、戦争の拡大・長期化に伴い拡充が続いた。当初は医学部の講師等が兼任で講義を行っていたが、四〇年四月に専任の教授二名を置くことになった。その後も専任教員の増員が続けられ、四四年四月には教授九名、助教授四名、助手八名の体制となった。そして同年四月一日、「臨時」を名称から削除し附属医学専門部となった。専門部の長は主事から部長に改められ、田村春吉医学部長が兼任した。教員の拡充は続

図3–13　名帝大医学部附属医院分院（写真は1926年頃の陸田ビル時代，名古屋市陸田生涯学習センター蔵）

き、敗戦直前の四五年六月には教授一四名、助教授六名、助手一〇名となっていた。

一九四四年七月には、医学部附属医院分院が設置された。これは、附属医学専門部の実習施設を、鶴舞の医学部附属医院では十分に確保できないことをうけてのものであった。分院の施設は、名古屋市中区の陸田《むつだ》志ようから寄附された中区新栄町（現在は中区栄四丁目）の陸田ビルを改築のうえ使用した（図3–13）。

また一九四五年六月には名古屋帝国大学官制が改正され、初めて看護婦養成施設の設置が明記された。これに伴い、医学部附属医院看護婦養成所を医学部附属医院厚生女学部と改称した。

そのほか、一九三九年七月には、長野県諏訪郡北山村（現長野県茅野市）に蓼科高原気候医学研究所が開所した。その建坪三五坪余（一一五㎡）の建物は、実業家の野崎《のざき》丹《に》斐《い》太郎《たろう》の寄附によるものであった。同研究所では、医学部衛生学講座による、高原気候が人体に及ぼす影響についての調査研究が行われた。

航空医学研究所の創設

渋沢元治総長は、戦時体制下で特に必要とされる航空医学が、工学部航空学科・電気学科、理学部物理学科などとの協力により、さらに大きく発展すると考え、大蔵省に航空医学研究所の設置を要求した。渋沢総長は、大蔵大臣に直接会見してその緊急性を説明したが、大学が創立間もないことから見送られ、当面は医学部に航空医学二講座を設置するにとどまった。

その後、一九四三（昭和十八）年二月、航空医学研究所官制が公布され、「航空医学

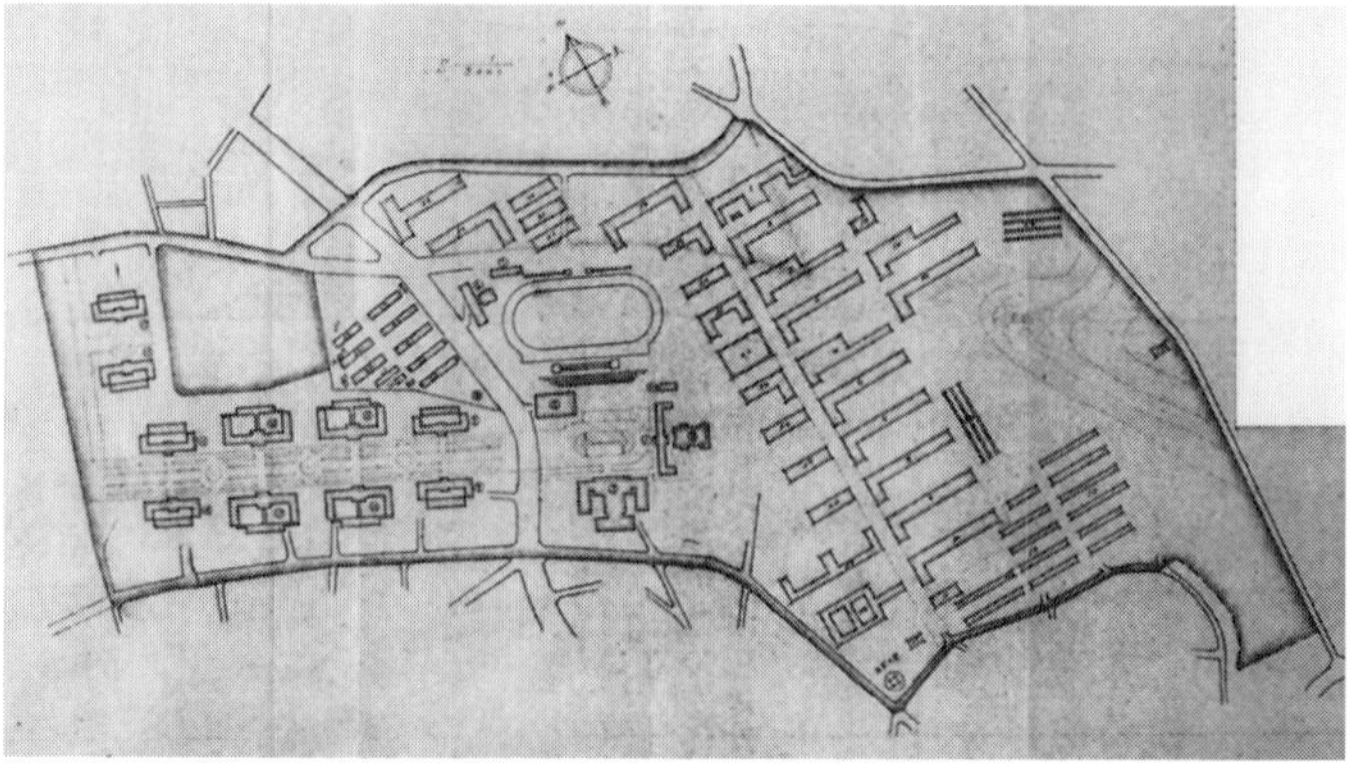

図 3–14　最初の東山キャンパス全体計画図（1940 年 8 月，東京都公文書館蔵）

研究所」（名称に「名古屋帝国大学」は付かない）が名帝大に附置された。日本の大学に航空医学研究所が置かれたのはこれが初めてである。名帝大教授から任命される所長は渋沢総長が兼任した。所員は、名古屋に限らない帝国大学の教授及び助教授から文部大臣が任命するものとされた。専任所員の定員は、教授または助教授四名・助手四名であった。兼任所員も置かれ、名帝大の各学部の教員を任じた。それまで医学部航空医学第一講座を兼担していた勝沼精蔵教授も兼任所員となった。四三年十月には航空医学研究所官制が改正され、航空医学研究所は名帝大と東北帝大にそれぞれの名を冠して設置されることになった。これにより、「名古屋帝国大学航空医学研究所」が誕生した。このときさらに所員を増員し、これに伴って第三研究部を増設した。さらに四四年八月には、軍部の熱心な要望に応えて第四・第五研究部を増設した。

東山校地の計画案と整備

一九三九（昭和十四）年五月に東山が名帝大の校地に内定すると、渋沢元治総長は東京帝大工学部教授で日本建築学会会長の内田祥三に新キャンパス建設計画の立案を依頼した。内田は同年六月一日頃には東山の現地を視察し、愛知県による敷地地形図案について意見を述べたとされるが、校地の最終決定が遅れたこともあり、その後キャンパス計画には直接関与しなくなっていった。

一九四〇年八月には、渋沢総長の指示により、最初のキャンパス全体計画図が作成された（図3–14）。キャンパス中央に講堂・図書館・本部棟を建て、そこから西にメインストリートを伸ばしてその西端に正門を置く構想や、現在のＥＳ総合館やＮＩＣの位置

図 3–15　田村模型

に運動場を設置する計画などは、戦後しばらくの間の東山キャンパスに引き継がれている。また、キャンパス東部一帯に鶴舞から医学部を移転させる構想であった。この頃、田村春吉医学部長は東山校地の大きな模型を製作し、医学部が移転する東山のキャンパス構想を練った。この模型は「田村模型」とも呼ばれ、現在は名大本部一号館の玄関に展示されている（図3–15）。

一九四〇年十一月には、渋沢総長の依頼により、東京帝大農学部林学科の本多静六教授が東山校地の土質・植樹の調査を実施した。その調査報告を踏まえ、一九四二年一月に名古屋高等工業学校（現名古屋工業大学）の広川誠三郎教授により、「名古屋帝国大学計画案」が作成された（図3–16）。同計画案は、キャンパスの基本的な構造は四〇年の計画案を踏襲しているが、メインストリートの幅の縮小や西端の形状の変更、鏡ヶ池南側への風致地区の設定、建築学的な配慮を加えた医学部の建物配置など、少なくない変更がなされた。

東山校地は、無償提供に応じた土地区画整理組合からいったん愛知県に所有権が移され、愛知県が整地などを行ったうえで国に寄附することになっていた。ただ所有権が正式に国に移る前においても、国が自由に同地を使用してよいことになったため、名帝大は県の整地事業と並行しながら東山校地の整備を行うことができた。

まず、理工学部から理学部が独立した後の工学部第三学年が使う実験施設等が整備された。鏡ヶ池東側の整地が愛知県によって行われ、これと並行して建築工事が相次いで着手された。その結果、一九四二年度の授業開始までに予定の工事（延べ約一九七八坪）が完了した。しかし、戦時体制下における物資不足のため、鉄筋コンクリートの建物は

図 3-16　名古屋帝国大学計画案
（1942 年 1 月，東京都公文書館蔵）

建てることはできず、ほとんどの施設は戦時規格の突貫工事による木造であった。国に鉄筋の建物を要求したところ、「非国民」の行為と言われるような時代であった。

一九四二年度から独立した理学部の校舎の建築も急務であった。現在の四谷通三丁目交差点東側の丘陵地（現在の工学部八・九号館、未来材料・システム研究所先端技術共同研究施設の辺り）が、やはり愛知県によって整地され、ここに木造二階建て四棟（延べ約一二〇〇坪）が建築された。物資や輸送力の不足のため完成は四二年六月下旬にずれ込み、理学部の開設には間に合わず、一時的に西二葉の工学部校舎を使って講義が行われた。その後も、理学部・工学部・航空医学研究所等の校舎が新築されたが、合計四〇〇七坪にとどまり、いずれも木造の一階建てか二階建てであった（図3−17）。四四年十二月には、大学本部が西二葉から東山に移された。

渋沢総長は、東山校地を「緑の学園」とすることを構想し、前述の本多報告を踏まえてこれを推進した。一九四二年の第三回建築工事完成とともに工学部、理学部、運動場に樹木を植え、建物が完成するごとに植樹を行うこととした。鏡ヶ池周辺の風致地区にクスノキ、道路の両側にイチョウとハナノキが植えられ、緑に富んだ戦後の東山キャンパスの基礎が作られた。

一九四三年五月一日には、医・工・理の三学部がそろい、前年に工学部が第一回卒業生を送り出したことをうけて、東山校地で名帝大の開学記念式が挙行された（口絵4）。開学式の費用には、医学部学友会からの寄附金が充てられた。五月一日は名古屋医科大学の開学記念日で、名帝大もこの日を創立記念日とした。現在でも名大は、この日を「名古屋大学記念日」としている。開学記念式には、来賓約六五〇名、教職員約二〇〇

図 3–17　東山地区の名帝大工学部校舎

名が参列した。東山には、これほどの人数を収容できる講堂などがなかったため、屋外に設営した天幕の中で挙行された。続いて昼食と学内参観、創立委員をはじめとする創設関係者を招いての晩餐会も行われた。翌二日には、東山・鶴舞の両校地で一般市民の学内参観を行い、翌三日には鶴舞の校地にあった附属図書館内の講堂において学術講演会と科学映画会を開催した。

戦時下の名帝大生たち

一九四二（昭和十七）年度は、高等学校の卒業が六か月繰り上げられ九月になり、この卒業生が十月に大学に入学できるようにする措置が取られた。このため名帝大でも、同年度は通常の四月のほか、十月にも入学生を受け入れた。名帝大では、この四二年十月の入学者を選抜するため、八月から九月にかけて入学試験を実施した。その結果、医学部は一〇〇名の定員を満たすことができたが、工学部（定員二〇〇名）と理学部（定員五〇名）は三回の入試を行ったにもかかわらず、大幅に定員を割り込む結果となった。その背景には、戦時体制下において科学・技術要員の養成が重視され、全国で大学の定員が増加する一方で、高等工業学校卒業者の大学進学が制限されるようになったことなどがあった。また工学部については、この年に東京帝大に第二工学部が設置されたことも、定員の充足を難しくした。

一九四二年度に名帝大に在籍していた学生は、大学院学生九名、医学部三七〇名、工学部三三三名、理学部四八名の計七六〇名であった。道府県別出身者では、愛知県が最も多く約一七・五％（二位は東京府で一〇％）、東海四県（愛知・岐阜・三重・静岡）で約二

図 3–18　名帝大工学部（東山地区）の実験室にて

七・二％を占めた。それでも、東海四県が七〇％以上を占める現在の名大に比べると、地元出身者はかなり少ない。なお名帝大では、医学部と工学部では女性の入学は想定されていなかった。理学部では規則上は女性の入学が認められていたが、高等学校からの入学者に欠員がある場合に許されることがある、とされているだけだった。それでも敗戦前において、理学部に五名の女性が入学している。また四二年度から、戦争によって深刻になった人材不足への対策である在学期間の短縮措置が六か月になった（四一年度は三か月短縮）。そのため、この年度の卒業式は九月二十八日に行われた。

戦時体制下に創立された名帝大では、学生生活も当初から戦争の影響を色濃く受けざるを得なかった。一九三九年三月、文部省は大学に軍事教練の必修化を命じた。名帝大は、名古屋医科大学時代から実地教練を大学としては厳格に実施していたが、四一年八月の陸軍現役将校学校配属令の改正によって大学の学部にも現役将校が配属されると、より実戦的な教練が行われるようになった。医学部の学生には、「軍陣医学」の講義や担架術訓練などもあった。名帝大の学生は、四三年十一月二十一日、二十二日にわたり小幡ヶ原で開催された、文部省主催の東海地区学生生徒連合演習にも参加した。

戦争の長期化による国内の労働力不足を補うための勤労奉仕にも、名帝大の学生が動員された。作業の内容は、名帝大東山校地の敷地整地作業、名古屋陸軍兵器補給廠高蔵寺部隊（現春日井市）での擲弾筒製造作業、防空監視所の建設工事作業、高蔵寺の飛行場建設作業などがあった。医学部の学生は、工場従業員の血液型検査や保健指導などにも従事した。四四年に入り、一月に緊急学徒勤労動員方策要綱が、二月に決戦非常措置要綱が閣議決定されると、名帝大生も軍需工場への本格的な勤労動員の対象とされるよ

図 3–19　名帝大報国隊の武装行進

うになった。同年二月の評議会で決定した「学徒勤労動員ニ関スル動員方針」には、なるべく名古屋から通勤できる場所を求め、学生の特技をもって勤労できる業務を選ぶことなどが挙げられている。

一九四一年五月、名帝大では文部省の指示に基づき体育会（前年七月に結成）を解散し、報国会を設置した。報国会は体力検定やスポーツクラスマッチなどを開催したが、学外との対抗戦は難しくなっていった。恒例となっていた大阪帝大との対抗戦である阪大戦（のちの名阪戦）も開催が危ぶまれ、四三年二月の臨時評議会では、なるべく接待を簡素にし、競技種目には鍛錬を目的とするものを取り入れることを条件に一度は四月の開催が決定した。ところがその後、文部省の許可が得られなかったのか、急に無期延期となった。また、四一年八月には、報国会の中に全校編隊の組織として報国隊が結成された。報国隊は、軍事教練や勤労奉仕、各種行事の動員組織となった（図3–19）。臨時附属医学専門部の報国隊は、無医村診療を精力的に行った。そのほか、興亜青年勤労報国隊に参加し、中国大陸に渡った名帝大生もいた。

一九四三年十月、在学徴集延期臨時特例が公布され、それまで徴兵を猶予されていた大学生も規定の年齢（満二十歳、四四年からは満十九歳）に達すると徴兵検査を受け、これに合格すれば軍隊に入営しなければならなくなった。ただし理系の学生は徴兵検査に合格しても入営を延期する措置が取られたため、名帝大生の多くはいわゆる「学徒出陣」の対象にはならなかった。しかし理系学生でも入営の猶予は無期限ではなく、規定の年齢を超えれば入営しなければならなかった。

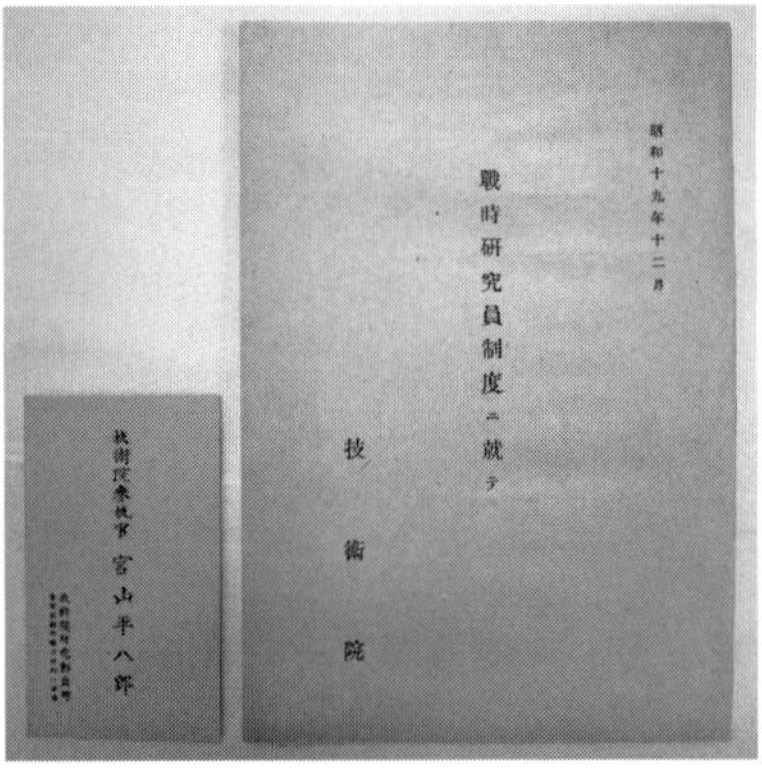

図 3–20　「戦時研究員制度ニ就テ」
（技術院，1944 年 12 月）

科学技術動員と名帝大

日中全面戦争が始まると、一九三八（昭和十三）年二月に科学動員協議会（企画院）、同年四月に科学審議会（内閣）、同年八月十五日に科学振興調査会（文部省）が設置されるなど、戦争への科学技術動員への動きが具体化していった。

一九三九年、文部省は科学研究費交付金（現在の文部科学省科学研究費補助金〔科研費〕）を設けて科学研究補助事業を大幅に拡充し（年額三〇〇万円）、その後もこれを年々増額していった。名帝大にも、例えば四〇年度には医学部だけで四万八〇〇〇円の科学研究費交付金が支給されている。

一九四二年一月には、科学技術の国家統制を行う機関として、内閣に技術院が設置された。その技術院の主導により、四三年十月に戦時研究員制度が設けられた（図3–20）。戦時研究員は、戦争に必要な研究を強化するため、内閣総理大臣を長とする研究動員会議が選び、資材や研究費が優先的に配当された。四四年三月に任命された第一次戦時研究員には、大学教授・助教授、官庁の技師、民間研究者など計六六名が任命されたが、名帝大からも勝沼精蔵（医学部教授）や生源寺《しょうげんじ》順《かず》（工学部教授）ら四名が任じられている。

一九四三年八月には、「科学研究ノ緊急整備方策要綱」が閣議決定され、大学における科学技術研究を全面的に決戦体制へ動員することになった。同月、この要綱等の説明のため、帝国大学総長会議が陸軍省・海軍省当局者の同席のもとに開催され、渋沢総長もこれに出席した。この会議後、各帝国大学で学部横断的な研究組織が結成された。名帝大でも、四三年九月の評議会で渋沢総長が戦時科学研究会の設置を提案し、これが承認された。戦時科学研究会の会則はその目的を、戦時における国家緊急の要請に応えるため科学技術の研究に精進し、「研究報国」の任を全うするものとしている。評議会に提出された組織図によると、本部会の下に医学部会・工学部会・理学部会を置き、各学部会の下にそれぞれ二つの総合研究委員会を置くとされている。

地域社会との研究交流

一九四一（昭和十六）年十一月、相川勝六知事の要望を受けて愛知県科学技術振興会が発足した。同振興会は名帝大が中心になって運営され、渋沢総長が学術委員長に就任した。研究費には、愛知県からの寄附金六〇万円が充てられた。研究分野は、当初はこの地域が一大生産地となっていた航空機製造に重点を置いたが、アジア太平洋戦争開戦後はそれと並んで食糧増産関係の分野も重視された。渋沢総長は、特に名帝大工学部は設置されて日が浅く研究費も乏しかったので、この振興会がそれを補足して相当な研究成果をあげたと回想している。

そのほかにも、名帝大に理工学部が開設されて以来、三井・三菱・住友などの財閥や、東京芝浦電気（現東芝）、日立製作所、東邦電力、大隈鐵工所（現オークマ）など多くの企業から研究資金や学生の奨学金が寄附された。また一九四五年五月に、九つの貯蓄銀行が合併して日本貯蓄銀行（現りそな銀行）が設立された際には、同銀行から名帝大に一〇〇万円もの研究資金の寄附があった。

一九四三年八月には、技術院所管の研究所として、名古屋市中区下奥田町（現中区新栄）に財団法人航空研究所が設置された。高松定一（名古屋商工会議所会頭）を理事長、

図 3–21　汪兆銘の梅（大幸キャンパスに移植される前の鶴舞キャンパス時代）

生源寺順（工学部長）を所長、中村竜輔（工学部航空学科教授）を研究部長とし、研究員も主として名帝大工学部の教授・助教授であった。愛知県科学技術振興会の航空部会の研究は、この研究所に引き継がれた。同研究所は、現在も公益財団法人名古屋産業科学研究所として活動している。

汪兆銘の入院と死

一九四四（昭和十九）年三月三日、汪兆銘（汪精衛）が医学部附属医院に入院した。汪は、重慶に逃れて抗戦を続ける蔣介石の国民政府に対抗して日本が擁立した、南京国民政府の主席であった。汪は、四三年十二月、名古屋陸軍病院を原隊とする南京の陸軍病院で、一〇年前に狙撃されて体内に長く残っていた弾丸の摘出手術を受けたが、高熱と背中・胸の痛みが続き、両足に麻痺も出た。

汪が入院したのは、日本の脳神経外科学の第一人者である齋藤眞《まこと》教授の手術を受けるためで、陸軍の特命を受けてものであった。しかし、手術を行ったものの回復せず、後に勝沼精蔵医院長の検査により、弾丸とはまったく関係のない多発性骨髄腫であることが判明、同年十一月十日に附属医院で死去した。

汪の入院・手術は厳重な警備のもとで極秘裏に行われ、その死去まで公表されなかった。汪の死後、その遺族が名古屋を去る前に、汪が好んだ梅の木を附属医院に贈った（図3–21）。その三本のうち二本が現在は大幸キャンパスに植えられ、「汪兆銘の梅」として残っている。

図3–22　空襲直後の名帝大医学部（医分館蔵）

戦争末期の名帝大

一九四五（昭和二十）年に入ると、三月十八日に決戦教育措置要綱が閣議決定され、国民学校初等科を除く全学校は四月一日から翌年三月末までの間、原則として授業を停止することになった。五月十二日には戦時教育令が公布され、食糧増産、軍需生産、防空防衛、重要研究、戦時に必要な教育訓練を行うため、学校あるいは勤労動員先の職場ごとに教員・学生生徒からなる学徒隊を組織することとされた。名帝大でも、四五年六月の評議会で学徒隊の結成を決定した。総長を隊長とし、司令部には「幕僚長」や「幕僚」が置かれ、部局長や教授、学生主事がこれに就いた。また学部や附属医学専門部ごとに大隊が置かれ、たとえば医学部は「第一大隊」で、医学部長が「大隊長」などといった、軍隊式の組織編成がなされた。

一九四五年から、アメリカ軍のB29爆撃機による名古屋市への市街地爆撃が始まった。三月十二日、十九日、二十五日、五月十四日は特に大規模な空襲として知られているが、これらによって名帝大も校舎に大きな損害を被った。

三月十二日には鶴舞の医学部校舎が、二十五日には鶴舞の医学部附属医院が主に被災した。建物の焼失率は、医学部校舎約九七％、附属医院約五一％という惨状であった（図3–22）。三月二十五日の空襲では、東山校地も理学部校舎の一部を焼失した。東山キャンパスには、この時に投下された爆弾でできた穴が今でも残っている。その後、理学部と工学部の研究設備の多くが東海地域などの各地に分散して疎開した。しかし医学部は、三月の空襲で市内の病院も大きな打撃を受けたため、市民を見捨てて附属医院を疎開させるわけにはいかず、これに伴って研究施設もなかなか疎開できなかった。

五月十四日の空襲では、西二葉と東山の校地が大きな被害を受けた。西二葉の工学部仮校舎は全焼し、東山でも大学本部事務室の約七六％、理学部校舎の約一二％、航空医学研究所校舎の約二二％が焼失した。これにより大学本部は、理学部及び工学部内に移転することになった。アメリカ軍の記録によると、校舎が建てられて間もなかったためか、アメリカ軍は東山校地を軍の倉庫地区だろうと推測していた。

これらの空襲による、名帝大関係者の死傷者数を記した公的な記録は残っていない。渋沢総長の自伝には、学内での死傷者はほとんどなかったものの、学外においては教官二人が亡くなったほか、後日の調査で職員五人、学生三人、医学部附属医院看護婦養成所生徒一人の死傷が判明したと記されている。そのほか、医学部附属医院の入院患者については、当時の同医院の記録によると、空襲警報発令と同時に鶴舞公園の防空壕へ迅速に避難したため、負傷者は出なかったとされている。

3　敗戦後の名帝大と学風の形成

航空医学研究所から環境医学研究所へ

本節では、敗戦直後の名帝大について、社会の混乱への対応、復興に向けての模索、そしてそのなかで「自由闊達」の学風が芽吹いていた様子などを述べる。

一九四五（昭和二十）年八月十五日に日本が連合国に降伏すると、同月三十日にはD・マッカーサー最高司令官が厚木に到着し、連合国軍による日本占領が始まった。十

図 3–23　現在の昭和塾堂
(2021年8月撮影)

月に連合国軍最高司令官総司令部（GHQ／SCAP）が設置され、その下に置かれた民間情報教育局（CIE）が日本政府の教育政策を指導した。

GHQが最初に着手したのは、日本の教育・研究体制から戦時色を払拭することであった。一九四五年十一月、その一環としてGHQは政府に対し、軍事においてきわめて重要な存在になっていた航空機に関する教育・研究を全面的に禁止するよう指令した。これをうけて、名帝大では航空医学研究所が廃止された。また医学部の航空医学二講座、工学部の航空学六講座も廃止され、代わって医学部に環境医学二講座、工学部に物理工学六講座が臨時講座として置かれた。これらの措置は、四六年一月十日公布の勅令によって定められたが、GHQの指令により、四五年十二月三十一日に遡及して適用された。

渋沢元治総長は、文部省に航空医学研究所の存続を請願し、廃止前と同じ七部門からなる環境医学研究所への改組を申請した。その際、縮小設置の場合を想定した四部門案も作成され、結局この縮小案が採用された。そして一九四六年三月三十日、環境医学研究所が設置された。前述の臨時講座については、環境医学二講座は環境医学研究所に振り替えられ、物理工学講座も四九年一月までになくなった。こうして、いったんは名大から航空関係の講座が消えることになったのである。

キャンパス復興の開始とその難航

空襲によって甚大な被害を受けた名帝大にとって、キャンパスの復興は敗戦後の最重要課題であった。渋沢総長は敗戦直後から、政府との折衝や予算要求を行うなど復興に

図 3-24　応急に建てられた医学部校舎

向けて尽力したが、政府からは旧軍管轄施設の転用申請を進めるよう示唆されるのみであったという。こうした奔走の無理が祟り、渋沢総長は一九四六（昭和二十一）年一月三十一日に老齢と病気昂進を理由に退任を余儀なくされた。後任には田村春吉医学部長が就任し、復興事業は田村新総長のもとで進められることになった。

一九四六年七月には、当面の復興計画として名古屋帝国大学復興計画が策定された。これは、空襲を逃れた現有の建物を修繕するほかは、旧軍管轄施設の転用を復興事業の中心とする計画であった。ただその一方で、将来の「本復興」としては、東山が名帝大建設の地であり、医学部も東山に置くという戦前からの構想は維持された（ただし附属医院は鶴舞に残すこととされた）。

空襲による被害がとりわけ甚大だった医学部は、焼け残ったわずかな建物を修繕し、愛知県から無償貸与を受けた昭和塾堂（名古屋市覚王山の城山八幡宮に現存、図3-23）に解剖・第二病理・生理・薬理・衛生の各教室を移転し、ここで第一学年、第二学年の授業を開始した。病棟の約半分を焼失した附属医院も、残存する建物を修繕し、旧軍施設を移築するなどして当面の診療業務等を再開した。一九四七年六月には、医学部学友会が医学部復興後援会を組織し、復興資金の募金活動を行った。その結果、多額の資金が集まり、これによって鶴舞地区に応急的な校舎を多く建設することができた（図3-24）。

なお名帝大は、一九四八年四月までに新しく「応急復旧計画」を策定したが、そこでは医学部は、学部も附属医院も応急の建物を鶴舞地区に新営するとされていた。その理由について、公的な記録には明確な記載がないが、当時の戸苅近太郎医学部長は、「欧米の大学を見ても、隆盛な医科大学では、基礎、臨床共に街の中に在って、街から離れ

図 3-25　工学部の教員と学生
（高蔵キャンパス，1949年）

た辺部《へんぴ》の所に有るものは殆んどが衰微している例を幾つか見るに及んで、矢張り医学部は鶴舞に建設するのが適当であると考えるようになった」と回想している。もっとも、附属医院（新制移行後は附属病院）は鶴舞に、基礎系教室は東山に置くという構想は、五一年の段階まで検討されていた（第6章2節）。

西二葉の仮校舎が全焼し、東山に木造の実験施設を残すのみとなった工学部の復興は医学部以上に難航した。工学部の暫定的な施設として、名古屋陸軍造兵廠鳥居松製造所（愛知県春日井市）、旧鈴鹿海軍工廠（三重県鈴鹿市）、旧豊川海軍工廠（愛知県豊川市）が候補に挙がったが、そのつど問題が生じて実現しなかった。その後、名古屋陸軍造兵廠高蔵《たかくら》製造所（名古屋市熱田区）の土地・建物の使用が認められ、一九四九年三月十九日に移転が完了した（高蔵キャンパス、図3-25）。移転完了までの間、暫定的に市立名古屋商業学校の校舎を使用したが、この校舎は同校の同窓会の寄附によるものであったため、同窓会や生徒たちによる転用反対・返還運動が起こるという一幕もあった。

敗戦直後の学生と職員

戦争の終結に伴い、名帝大は臨時の入学として、引き揚げ学徒（敗戦により廃校になった、日本の植民地や国外の勢力圏等に所在した学校の学生・生徒）の転入学者を迎えた。転入学試験は、一般には一九五一（昭和二十六）年の第一二次まで行われたが、空襲により多くの校舎を失った名帝大は学生を収容する余裕がなかったため、第四次までしか試験を行わなかった（附属医学専門部は第五次まで）。それでも、三学部には計八二人の学生、附属医学専門部には四三人の生徒が合格し転入学した。

敗戦後の食糧難などにより、学生たちの生活は困窮した。一九四七年度の身体検査の結果によると、男子の学部学生では受験者五三五人のうち一三二人、附属医学専門部では受験者二〇九人のうち三八人が「栄養状態注意」と診断された。生活難や健康上の理由で学業を断念する学生・生徒も多く、四六年四月から翌年一月の間だけでも一六人が退学、四四人が休学または長期欠席している。これに対し名帝大では、大学構内の空き地約八五〇坪を利用して大学直営で麦やサツマイモを栽培し、学生の補食に充てるなどの対策を取った。教職員の生活も苦しく、四六年七月末までには教職員や学生に生活物資を供給する購買機関として工学部職員消費組合と医学部消費組合が設立され、四七年度中には各学部消費組合の連合会が結成された。

学生組織としては、一九四六年三月に報国会が解散し、同年九月中旬までには各学部が独自に学生会を組織した。このとき三学部学生会連絡会議も設立され、これが四七年九月二十六日までに全学会となった。全学会は、全学生の総意を実行する機関とされた。四八年二月頃、全学会は評議会に対し決定事項の公開・公示を申し入れ、これが認められている。四八年度には、文部省がこの年度の入学者から国立大学の授業料を三倍に増額したことをうけ、名帝大でも学生による授業料不払い運動が行われた。四八年八月末の時点で授業料を納入していたのは、運動に消極的であった医学部の学生一一二名と工学部学生一名のみという状況であった。ようやく年末になって学生側の不払い運動が収束し、授業料の減免審査会を教職員と学生から構成するよう改組するなどの措置が取られた。

敗戦後、ＧＨＱのいわゆる五大改革指令の一つに労働組合の結成奨励があったことを

名大、皇學館を吸收
法文學部として新發足か
『皇學館』挙げて希望
學生大會の總意で陳情

図 3–26　名帝大が神宮皇學館大を母体として法文学部を設置する動きを報じる『毎日新聞』（大阪版，1947 年 2 月 17 日）

うけて、名帝大でも職員組合が結成された。一九四六年二月には理学部職員組合が、まもなく医学部や工学部でも職員組合が設立された。理学部職組は、設立時に教官・事務職員・傭人一三二名中一二九名が加入していた。四七年中頃までには事務局職員組合（事務局・学生部・環境医学研究所）が設立され、同年十月から十一月にかけて名帝大との間に労働協約を締結した。この労働協約は、職員の雇用や解雇、人事、給与に組合の承認を必要とするなど、組合に大きな権限を認めた内容であった。しかし、政府はGHQの意向をうけて公務員の労働運動を制限する方針を取るようになり、四八年十二月には国家公務員法が改正されて、国立学校の教職員が組織する組合は争議権・罷業権・団体交渉権を持たない職員団体とされたため、この労働協約も解消となった。

旧制文学部・法経学部の設置

敗戦後、戦災からの復興事業と並行して、真の総合大学を目指して新学部を創設する取り組みが早い時期から展開した。一九四五（昭和二十）年十二月のいわゆる神道指令の影響で、官立の神宮皇學館大学（三重県宇治山田市、現伊勢市）の翌年三月廃止が決まると、二月頃にこれを母体として名帝大法文学部を設置する動きが起こった。新聞によると、両大学ともに乗り気で文部省との非公式協議を行い、名古屋市でも新学部の施設の提供について検討したとされるが（図3–26）、結局これは実現しなかった。

一九四六年夏頃には、名帝大が文部省に、法・文・経済・農の四学部創設計画の概算要求を行った。同年十月には、愛知県知事・名古屋市長・名古屋商工会議所会頭が発起人となり、地元の政財界による名古屋帝国大学復興後援会が設置された。同年十一月に

図3–27　博物館明治村で展示されている旧文学部三号館（旧歩兵第六連隊兵舎）

は愛知県会が首相・文相・蔵相及び愛知県知事宛てに、四学部の設置を要望する意見書を提出した。同じ頃に文部省でも、総合大学としての学部を欠く帝国大学にはこれを完備する方針を立てていた。

一九四七年十月、名古屋大学（四七年十月一日に名古屋帝国大学から名称変更）は新学部創設委員会を設置した。同月の評議会では、「完全なる綜合大学」になるため、名古屋経済専門学校（名経専）と第八高等学校（八高）を基幹として、法学部・文学部・経済学部を設置する方針を定めた。またこの三学部は、新制大学が発足する前に旧制学部として新設することが名大の方針であった。また四八年一～二月頃には、愛知大学（四六年十一月設置）を名大の文系学部とする話が持ち上がった。文部省と両大学の協議が行われたが、愛大側の条件である愛大学生の無試験での名大編入に森戸辰男文相が難色を示し、この話は立ち消えとなった。

そして一九四八年九月十四日公布の文部省令により、文学部及び法経学部が旧制学部として設置された（二学部としての設置に至る経緯については、第2章2節を参照）。両学部とも、新学部創設委員会で講座構成や人事選考などの具体的な審議が始まったのは同年四月からであり、九月十九日前後に入学試験を実施し、十月十五日に入学式、同十八日に講義開始という慌ただしい発足であった。

本来は一学部分の予算を法経学部と分け合う形で設置された文学部は、哲学科・史学科・文学科各二講座の六講座、学生定員一学年四〇名という小規模で出発した。校舎は、名古屋城二の丸の旧陸軍歩兵第六連隊兵舎跡であった（名城キャンパス）。校舎は明治時代に建築された、老朽化した木造二階建てで（図3–27）、冬は寒く火鉢では暖まらず、オーバーコートを着たまま、本の頁をめくる手先を火鉢にかざしてしのぐという有様であった。教室内には太い柱が何本も立ち、学生がその陰に見え隠れしていた。狸が出没することもあったという。蔵書も不十分であり、たとえば東洋史研究室の当時のスタッフは、「二十一史本正史が唯一の史料という、文字通り、一つの本棚と数冊の本が研究室のすべてであった」と回想している。

法経学部も、法律学科及び政治学科四講座、経済学科及び経営学科五講座、定員一学年八〇名という小規模での出発となった。深刻だったのは教官の確保で、名経専の教官を移行できた経済学科・経営学科はともかく、法律学科・政治学科の設置時の教官は戸沢鉄彦教授、松坂佐一教授の二名だけであった。平日のうち講義は月曜・火曜のみ、残りの四日間は休業という時間割で、多くの科目を学外の非常勤講師による集中講義で行わざるを得ない状況だったという。校舎は、経済学科・経営学科は名経専の校舎（桜山キャンパス）、法律学科・政治学科が名城キャンパスであった。

大学自治問題への取り組み

一九四八（昭和二十三）年十月、文部省は、国立総合大学総長会議（旧帝国大学の総長会議）と教育刷新委員会（敗戦後の教育改革を審議した首相直属の有識者会議。後に教育刷新審議会）総会に大学法試案要綱（以下、試案要綱）を発表した。試案要綱は大学管理について、中央に設置する中央審議会、各大学に設置する管理委員会及び教授会の三機関によるとしていた。これは、従来の教授会中心の管理体制を正面から否定するものであり、学外者を入れた管理委員会によって大学自治や学問の自由が脅かされる危惧から、

図 3-28　江上不二夫

大学やその教職員・学生から強い反対意見が出た。反対運動が高揚した結果、四九年五月には法案としての国会への上程が中止され、八月には白紙の状態に戻された。その後文部省は、五一年三月に国立大学管理法案等を国会に提出したが、これにも国会内外の批判が大きく、最終的に同法案は審議未了・廃案となった。

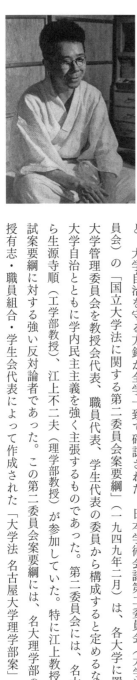

名大では、試案要綱が国立総合大学総長会議に提出された一週間後に評議会を開催し、この問題はきわめて重大であり、十分な時間をかけて各方面で検討することが必要である旨で全員一致し、同要綱の逐条審議を行った。理学部学生会は同要綱に対する反対意思を決議し、この評議会の前に学生部長に決議を提出するなど、当初から反対運動の急先鋒となった。

一九四九年二月には田村春吉総長の主催で、大学法案に関する全学規模の第一回公聴会を開催した。活発な議論が行われ、日本学術会議に対し同会議第二委員会の案を採択するよう要請すること、文部省に学術会議の決定を尊重するよう申し入れること、全学を挙げて大学を守るため教授・職員・学生合同の大学法対策委員会を設置することなど、大学自治を守る方針が全学一致で確認された。日本学術会議第二委員会（大学法委員会）の「国立大学法に関する第二委員会案要綱」（一九四九年二月）は、各大学に置く大学管理委員会を教授会代表、職員代表、学生代表の委員から構成すると定めるなど、大学自治とともに学内民主主義を強く主張するものであった。第二委員会には、名大から生源寺順（工学部教授）、江上不二夫（理学部教授）が参加していた。特に江上教授は、試案要綱に対する強い反対論者であった。この第二委員会案要綱には、名大理学部の教授有志・職員組合・学生会代表によって作成された「大学法 名古屋大学理学部案」が、江上教授を通じて多大な影響を与えたと考えられている。理学部案は、第二委員会案要綱とかなり類似していたが、大学運営に民意を反映することをより重視する内容を持っていた。

名大において各学部の学生会を中心に反対運動が最も活発となったのは、一九四九年二月から五月にかけての時期であった。特に理学部学生会は、早くも四九年二月十一日に学生大会を開き、議題として「吾々は如何に大学を守るか」を取り上げ、あらゆる手段をもって大学法案の国会上程に反対し、そのために他の民主的な団体との統一戦線を作ることなどを満場一致で可決した。同年五月に国立学校設置法案・教育職員免許法案が国会に提出されると、全国学生自治会総連合（全学連）はこれを大学管理法の関連法案であるとして闘争宣言を発表し、同月九日から二十日にかけて全国延べ一〇〇校が学生ストライキに入った。名大でも、理学部、法経学部経済学科・経営学科、文学部の学生会がストライキを断行したほか、行動隊を組織して名大の学生等に同調を求めたり、名古屋の繁華街で市民への宣伝、反対署名とカンパを募る活動などを行った。理学部の教授会と職員組合は、こうした学生の行動を「教育防衛運動（闘争）」であるとして支持した。

もっとも、こうした運動には学部によって温度差もあった。文学部では教官有志が、学生の意見の趣旨には賛成するとしながらも、ストライキは認めない声明を発表した。また同じ法経学部でも、法律学科・政治学科学生会では大学法案反対を決議したものの、ストライキへの参加は否決された。全学連が発した五月二十四日の全国一斉ストライキの呼びかけに対しても、工学部学生会は大学法案反対声明を出すことには全会一致した

図 3–29　坂田昌一（名古屋大学大学院理学研究科坂田記念史料室蔵）

が、ストライキの実施については賛成票が三分の二に達せず可決されなかった。

物理学教室憲章

名大では、大学自治問題について理学部が最も急進的な動きを示したが、研究体制の民主化についても、特に物理学科（物理学教室）が注目すべき取り組みを行った。その中心となったのが坂田昌一教授である。坂田の研究については第5章4節に譲るが、二〇〇八（平成二十）年にノーベル賞を受賞した小林誠特別教授、益川敏英特別教授の指導教官としても知られている。

坂田は、大学における若い科学者たちの真摯な熱情を冷まし研究の発展を妨げている最も本質的な原因は、戦前以来の研究・教育組織の基礎単位である講座における教授の「独裁的地位」であると考えていた。大学の衰微を防ぐ有効な方策は、教授を頂点とする「フューラー（総統）・システム」の排除であり、そのためにはデモクラシーの原則による研究体制が必要であると主張した。

「名古屋大学物理学教室憲章」（以下、憲章）は、一九四六（昭和二十一）年六月十三日に定められた（図3–30）。憲章は、その冒頭で「物理学教室の運営は民主主義の原則に基く」とうたい、さらに「物理学教室の最高議決機関は教室会議である」とする。定例として年一回開かれる「教室会議」は教室内の研究員によって構成される。「研究員」とは、教室内のいずれかの「研究室」に属し、その推薦を受けた者である。教室会議の代表者である「教室主任」は、教授のなかから教室会議において選出される。

また各研究室は、全研究員からなる議決機関として研究室会議を置くとされている。

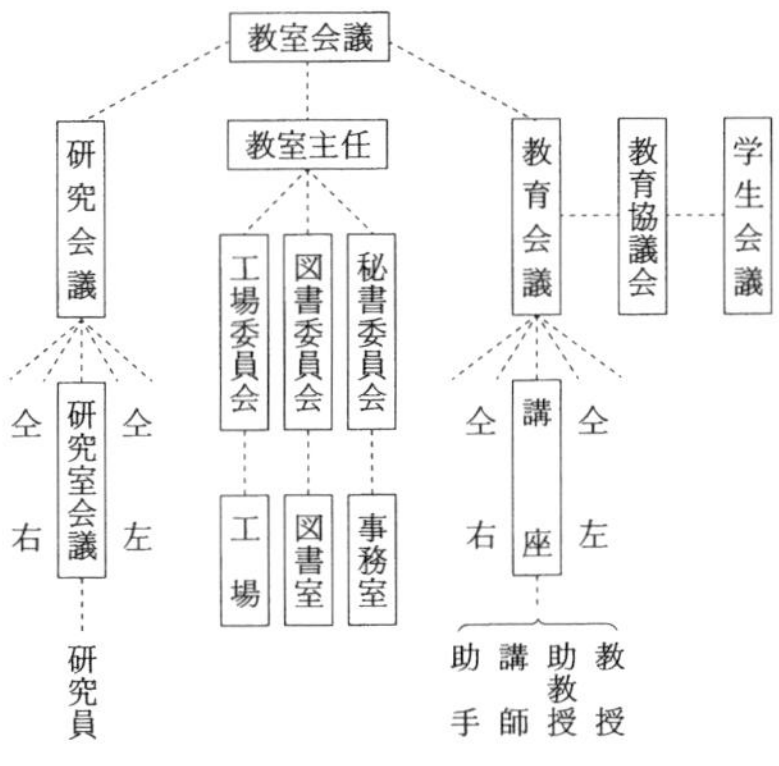

図 3–30　物理学教室憲章に基づく組織図

この場合の「研究室」は講座と一致する必要はなく、同じ目標を有する研究者たちの自由な協力組織が想定されていた。そのため、研究室のなかでは、教員も大学院学生も同じ「研究員」として上下関係はないものとされた。教育については講座を基礎単位とし、議決機関として「教育会議」や「教育協議会」を置いたが、これらには学生代表が参加した。そして教室主任も教授も、理学部教授会においては、教室会議以下の会議での議決事項を責任をもって主張しなければならないとされた。

そのほか理学部化学科（化学研究室）においても、一九四八年四月以降に教室会議及びその代行委員会としての運営委員会の仕組みが作られた。

憲章に基づいて物理学教室で取り組まれた、講座制の閉鎖性の克服を目指す改革の試みは、全国の研究機関に影響を与えた。若い研究者は各自の教室、研究室の改革に乗り出し始め、国立大学においては、教授会への助教授・講師の参加、教官の公募制度の確立、教室会議や研究室会議の定期的開催の実現などの成果をあげた。その影響は、民間の研究機関にまで及んだ。名大の理学部物理学教室は、現在でもこの憲章をウェブサイトに掲げている。

「自由闊達」の学風の形成

名帝大の創立後まもなく医学部に入学し、以来約二〇年を学生及び教官として名大で過ごした第八代学長の飯島宗一は、学報に寄せた就任の辞に次のように書いている（図3–31）。

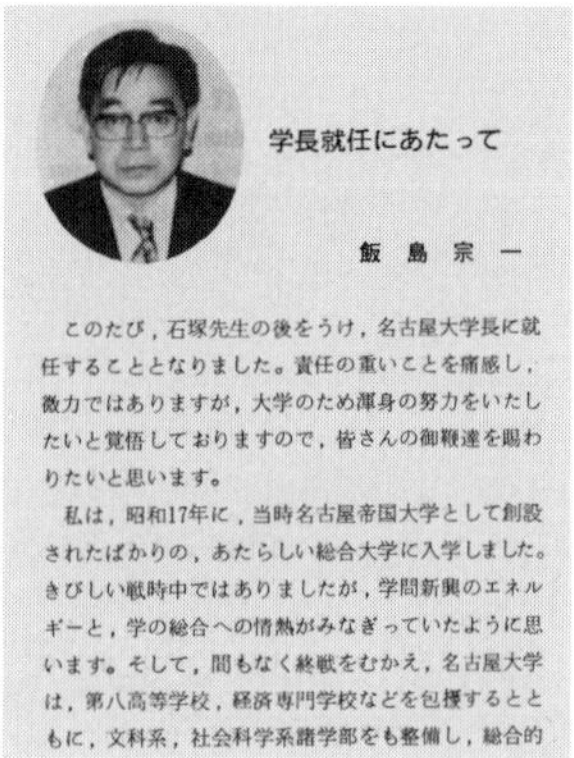
学長就任にあたって

飯島宗一

このたび，石塚先生の後をうけ，名古屋大学長に就任することとなりました。責任の重いことを痛感し，微力ではありますが，大学のため渾身の努力をいたしたいと覚悟しておりますので，皆さんの御鞭達を賜わりたいと思います。

私は，昭和17年に，当時名古屋帝国大学として創設されたばかりの，あたらしい総合大学に入学しました。きびしい戦時中ではありましたが，学問新興のエネルギーと，学の総合への情熱がみなぎっていたように思います。そして，間もなく終戦をむかえ，名古屋大学は，第八高等学校，経済専門学校などを包摂するとともに，文科系，社会科学系諸学部をも整備し，総合的

図 3–31　飯島宗一「学長就任にあたって」（『名古屋大学学報』第 213 号）

……私は、昭和一七年に、当時名古屋帝国大学として創設されたばかりの、あたらしい総合大学に入学しました。きびしい戦時中ではありましたが、学問新興のエネルギーと、学の総合への情熱がみなぎっていたように思います。そして、間もなく終戦をむかえ、名古屋大学は……総合的新制大学として、若々しく自由な学風を発展させて来ました。戦争直後は、建物もなく、お金もなく、食べ物すらない時代でしたが、名古屋大学のキャンパスには、希望があふれていました。今でも東山キャンパスの一隅に立って眼を閉じると、まぶたの裏に、あかるい日射しと、貧乏ではあったが元気のよい、その頃の先生方や学生の群がうかんでくるような気がします。……学長の仕事を与えられた私は、自由で活達《(ママ)》な名古屋大学の建学の気風を想起し……

（『名古屋大学学報』第二一三号、一九八一年七月二十五日）

戦時体制期及び敗戦直後の厳しい時代状況のなか、名帝大は新しい帝国大学であったがゆえに、それまでのしがらみや因習、固定観念にとらわれることなく、学問の新興、学の総合、大学自治への取り組み、研究体制の民主化などを通じて、自由闊達な学風を培った。それが、やがて一九五〇年代から六〇年代に未来のノーベル賞受賞者が名大に集まる土壌ともなったのである（第5章4節参照）。

第二編　新制名古屋大学の発展　一九四九〜一九八九

一九四九（昭和二十四）年、六学部で出発した新制名古屋大学は、五一年には文・教育・法・経済・理・医・工・農の八学部がそろった。その後、高度経済成長のもと、理工系学部を中心とする拡充が行われた。七〇年代に入ると、学部の拡充は頭打ちとなり、全学的な共同教育研究施設として各種のセンターが整備されるようになった。

新制名大のキャンパスは、敗戦後の制約のなか、学部等の施設が各地に分散する「タコの足大学」であった。鶴舞にある医学部以外の学部が東山キャンパスに集結したのは、ようやく一九六六年になってからである。七五年には大幸キャンパスを取得して、現在の主要三キャンパスがそろった。

このようななか、名大は日本の基幹的総合大学としての地位を確固たるものとしていった。特に一九五〇年代から六〇年代にかけては、その自由闊達な学風を慕って、のちのノーベル賞受賞者など新進気鋭の研究者が集まった。八〇年代からは、留学生の受け入れが急増し、国際性豊かな学風の基礎が形成された。

一方、一九六〇年の日米安保闘争や六〇年代後半の大学紛争などの学生運動は、あるべき名大像を厳しく問うた。これをうけて、教養部のカリキュラム改革などの模索が始まった。そして一九八九（平成元）年、名古屋帝国大学の創立から五十周年を迎え、各種の記念事業が行われた。

第4章　新制名古屋大学の出発

1　初期の新制名古屋大学

新制大学への移行

名古屋帝国大学の創設から一〇年後の一九四九（昭和二十四）年、新制の名古屋大学が誕生した。その際、新制名大は、名古屋帝国大学から改称（後述）した名古屋大学（旧制）や同附属医学専門部とともに、第八高等学校・名古屋経済専門学校・岡崎高等師範学校を包括した。名大は愛知県内の主要な旧制高等教育機関を統合・再編して設立されたのである。本編では、それからさらに四〇年の時を経て、創立五十周年を迎える八九（平成元）年までの名大の歩みを政治や社会の動き、経済成長も視野に入れながらたどっていこう。

一九四七年三月、学校教育法が公布された。同法の第五十二条において「大学は、学術の中心として、広く知識を授けるとともに、深く専門の学芸を教授研究し、知的、道徳的及び応用的能力を展開させることを目的とする」と規定された。大学令が大学での教育・研究にはめていた「国家ニ須要ナル学術」という枷が外され、大学は学術の中心

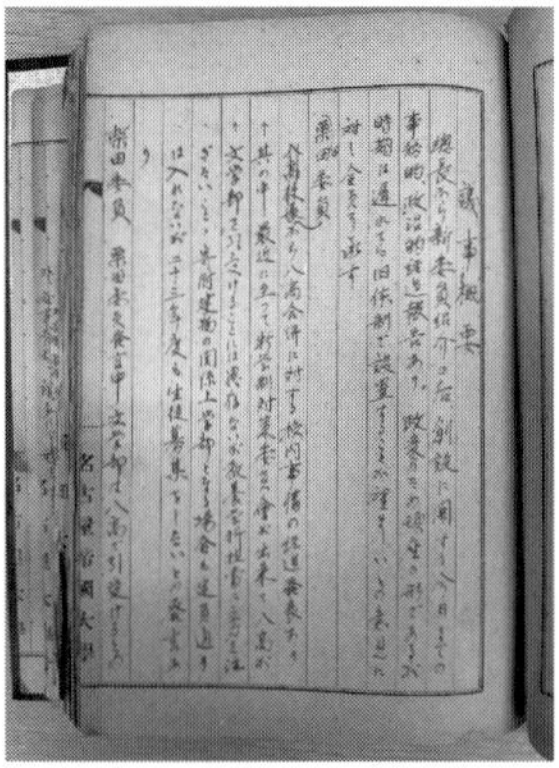

図4-1　新学部創設委員会の記録

とされた。大学令のような旧制度に根拠を持つ大学（旧制大学）は、基本的に旧制高等学校（戦前は男性だけしか入学できなかった）の卒業者を入学させ、三年間（医学部は四年間）の教育を行っていた。これに対して、学校教育法に基づく新制大学は、男女が進学できる新制高等学校を卒業した者を受け入れ、四年間（医学部は六年間）の教育を行うことになった。

学校教育法の施行に伴って、大学令や高等学校令、専門学校令など、戦前来の法令は廃止となった。ただし移行措置により、旧制度の大学・学校は当面存続することができた。一九四七年九月に帝国大学令と帝国大学官制がそれぞれ国立総合大学令と国立総合大学官制となり、それに伴って名古屋帝国大学は、ほかの帝国大学とともに十月から「帝国」の文字が削除され、名古屋大学（旧制名大）という名称になった。旧制大学が新制大学へと転換するには、文部大臣に設置認可を申請し、文部省に設置された大学設置委員会（後に大学設置審議会と改称）の審査を受けなければならなかった。

旧制名大で新制大学のあり方に関する議論が本格的に始まったのは、一九四七年の秋頃からだった。この年の九月、理学部教授会の呼びかけで学内に「大学の新しい在り方研究会」が組織された。ここでは主として、新制大学に導入されることになった「一般教育」（後述）について検討がなされた。同年十月には、大学の重要事項を審議する機関である評議会で新学部創設委員会の設置が決まった。医・工・理の三学部の学部長と教授各一名が委員となったが、総合大学に不可欠な人文・社会科学系学部の学問分野に詳しい専門家が含まれていなかったため、第八高等学校長の栗田元次、名古屋経済専門学校の校長野本悌之助と同校教授の酒井正兵衛を招くことになった。その後さらに東京

図4–2　新制名古屋大学設置認可申請書（8学部案）

大学や愛知大学などからの外部委員も加わった。

これらの委員会で検討された内容をもとに、一九四八年二月の評議会で「新制名古屋大学の構想」が基本方針として採択された。この「構想」は、新制に限らず、旧制度による新学部創設をも積極的に追求したものだった。旧制度のもとであらかじめ新学部を設置しておくことによって新制大学への移行がスムーズになると考えられたのである。「構想」によれば、四八年度に文学部・法学部・経済学部・理学部地球科学科・空電研究所を、四九年度には農学部を創設するとし、さらに時期は明示していないものの将来の課題として、医学部の歯学科と薬学科、そして工学部土木建築学科・教育学部・社会事業学部・新聞学部の設置を考究するとしていた。

この「構想」に基づいて、新学部創設委員会は、まずは旧制での新学部設置を目指して検討に入った。その結果をうけて、文部省と交渉を重ね、一九四八年六月には文学部と法経学部の旧制での設置が内定した（設置は四八年九月）。さらに同委員会は、新制大学での学部のあり方についても議論を進めた。そのなかで、旧制での法経学部の設置が決まったものの、もともと法と経済の二学部の設置を求めていたため、新制では法学部と経済学部で申請することになった。文学部については、旧制の哲学科・史学科・文学科に新たに教育学科を加えた四学科構成とすることとした。この時点では教育学部ではなく、文学部のなかに教育学科を置く方針だった。さらに岐阜農林専門学校（現岐阜大学応用生物科学部）を合併して農学部を創設することも決まった。こうした内容が四八年六月の評議会で承認され、「大学設置認可申請書」が作成された（図4–2）。

ところが、申請書の内容は、その後の政府やＧＨＱとの折衝のなかで変更を余儀なく

図 4–3　空電研究所の観測施設（昭和 20–30 年代）

された。一九四八年七月に開かれた旧帝国大学総長会議の場でＧＨＱの民間情報教育局（ＣＩＥ）は、旧帝国大学に教育学部を設置することを強く求めた。これに対して、東北大学と九州大学、北海道大学、大阪大学は消極的だったが、東京大学と京都大学は計画中と答え、名大の田村春吉総長は岡崎高等師範学校を包括して教育学部を創設する計画を進めている、と積極的な姿勢を示した。結局、ＣＩＥの要請通り各旧帝国大学は教育学部を設置することになった。新制名大では、後述するように本来は一般教育の担当組織を作るためではあったが、岡崎高等師範学校を包括することになっており、また前述の「新制名古屋大学の構想」にも「考究」課題として教育学部設置が含まれていたことからすんなりと設置へと舵を切ることができた。

これとは反対に農学部創設計画の方は大きな障害に直面した。文部省は、一九四八年六月に確定した「国立新制大学実施要領」（「国立大学設置一一原則」として知られている）において、一つの大学が二つの府県にまたがることを禁じており（一府県一大学原則）、この原則を厳格に守ることをＣＩＥが要求したのである。このため、新制名大の「大学設置認可申請書」の提出段階では農学部の設置が盛り込まれていたものの、それが岐阜農林専門学校の合併を前提としていたことから途中で断念に追い込まれた。さらに法学部と経済学部の設置案は財政的制約から、最終的に法経学部（法律・経済・政治・経営の四学科）に戻ることになった。

一九四九年五月に国立学校設置法が公布・施行され、全国で六九の新制国立大学が誕生し、名大も新たな歩みを始めた。新制名大は、文・教育・法経・理・医・工の六学部からなり、旧制大学時代からあった環境医学研究所に加えて空電研究所（図４–３）と附属図書館が附置された。学部附属の研究施設として理学部に臨海実験所、医学部に病院・病院分院・看護婦養成施設が設置された。教育学部には、岡崎高等師範学校の附属中学校（四七年四月開校）と附属高等学校（五〇年四月開校）が五二年三月の国立学校設置法の一部改正により引き継がれた。

教養部の創設

旧制大学は専門教育だけを行う高等教育機関だった。これに対して新制大学は専門教育と教養教育（一般教育）の両方を実施する点で大きく異なっている。その発端は、一九四六（昭和二十一）年三月に来日した米国対日教育使節団（第一次）がまとめた報告書だった。そこでは、戦前の高等教育について「大部分は一般教育に対する機会があまりに少なく、専門化があまりにも早く、あまりにも狭く行なわれ、そして、職業教育にあまりに力を入れすぎている……自由な考え方へのバックグラウンドと、職業的訓練の下地としてのより良い基礎を与えるために、もっと広い人文主義的態度が養われなければならない」（村井実訳『アメリカ教育使節団報告書』）と問題点が指摘され、「一般教育」の必要性が提起されていた。

これをうけたＣＩＥの強い指導のもとで、一九四七年七月に大学基準協会が発足し、個々の大学を同協会の正式なメンバーとして認める際の審査基準として「大学基準」が作成・採択された。「大学基準」は、学生が卒業までに履修すべき単位数のほか、大学が用意すべき「一般教養科目」の授業科目の種類などについて明記した。大学基準協会は、国公私立大学が任意に集まって組織した一種の民間団体だったが、大学の設置認可

図 4-4　瑞穂キャンパス全景

を審査するために文部省が設置した大学設置委員会も、省令の大学設置基準が制定されるまで「大学基準」を認可基準として用いた。

名大では、前述した「大学の新しい在り方研究会」が「教養学科は将来は各学部に講座として吸収する」「教養学科は原則として一年間」とするなどという内容を盛り込んだ「新制大学実施要項に対する意見」を作成し、一九四八年二月の評議会で確認された。この時点では「教養学科」としており、教養教育のためのまとまった「部」を作る計画はなかったとみられるが、「大学設置認可申請書」では「教養部」と明記された。これは、同年八月に文部省が「国立新制大学実施要領」のなかで教養（学）部の必置の原則を示したことによるとみられる。

教養部を創設するにあたり、担当教員の確保が最大の課題だった。そのために期待されたのが、初めにふれた包括学校だった。一九四八年六月までに、第八高等学校・名古屋経済専門学校・岡崎高等師範学校を新制名大に包括することが確定的になり、七月の評議会で各学部長と各学部一名の教員、各包括学校長を委員とする教養部人事委員会の設置を決定した。同委員会は教養部担当教員の選考を進め、四九年七月の協議会（後述）で選考案が了承された。教養部の専任教員には四九年度時点で第八高等学校から一八名が移籍したほか、岡崎高等師範学校から一三名、名古屋経済専門学校から三名が就任した。この間の四九年四月の評議会で教養部の入学定員を七三〇名とし、医学部（進学課程）八〇名、工学部（二〇〇名）、理学部七〇名、文学部一二〇名、法経学部二二〇名、教育学部四〇名とすることが決まった。

教養部は一九四九年七月一日に設置された。この日の協議会で、包括した第八高等学

図4-5　豊川分校（教養部）正門

校と岡崎高等師範学校を国立学校設置法施行規則に基づく「分校」とし（「教養部」は法律上に根拠のある正式名称ではなく内部規程による呼称だった）、それぞれ「瑞穂分校」と「豊川分校」と呼ぶことになった（図4-4・5）。瑞穂分校主事には栗田元次が、豊川分校主事には松原益太が就任した（教養部長は置かれなかった）。同月の協議会ではさらに名古屋大学教養部規程が、九月には「教養部運営に関する規程」が制定された。これにより教養部と学部との関連事項を審議するために、各学部長と両分校主事をもって組織する教養部審議会が置かれることになった。瑞穂分校と豊川分校は五二年四月に統合されて、瑞穂分校跡に名古屋大学分校（教養部）が設置された。名古屋大学分校は六三年四月に法令上の教養部となった。

教養部では基礎組織として、学部で採用された講座制とは異なる学科目制が導入された。一九五四年に文部省は講座について「国立大学の講座に関する省令」で「大学院に置かれる研究科の基礎となるもの」と定義づけ、五六年の大学設置基準（省令）で、「教育研究上」必要な講座制と「教育上」必要な学科制とを区別して位置づけた。この違いは、教員数や予算、さらには後述する評議会への出席権などにおける格差の根拠となった。

学部の整備

一九四七（昭和二十二）年十月に旧制名大に設置された新学部創設委員会では、文学部と並んで法学部と経済学部の設置が計画されていたが、前述したように旧制大学の時点で設置されたのは法経学部だった。「大学設置認可申請書」でも二学部を盛り込んだ

図 4-6　名城キャンパス（1948–63 年，写真は 1953 年，名古屋タイムズアーカイブス委員会蔵）

が、認められたのはやはり法経学部だった。このため新制大学設置後、両者の分離は早くから目指された。その結果、五〇年四月になされた国立学校設置法の一部改正により、法経学部は法学部と経済学部に分かれた。ただし校舎は、従来と変わらず、法学部は旧陸軍歩兵第六連隊兵舎（名城キャンパス、図4-6）を、経済学部は瑞穂区の名古屋経済専門学校校舎を使用した（桜山キャンパス、図4-7）。法経学部の在学生は教養部を終えて三年生になる際に法学部と経済学部に分かれたとみられる。

農学部については、先述した「一府県一大学原則」のため、岐阜農林専門学校との合流による創設計画は白紙となったが、その後は愛知県の強力なバックアップを受けながら実現に向かった。一九四九年八月、愛知県議会は名大への農学部設置に関する意見書を提出した。十二月には農学部創設の場合には、県が三五〇〇万円を寄附すること、愛知県立安城農林高等学校と岡崎市にあった追進《ついしん》農場を提供することなどが県議会で採択された。その際、農学部の本部には愛知学芸大学（現愛知教育大学）安城分校（旧愛知青年師範学校）の転用が念頭に置かれていた。五〇年八月には青柳秀夫知事を会長とし、名古屋商工会議所会頭、県議会議長、安城町長などを理事とする名古屋大学農学部創設後援会が組織され、寄附金募集に邁進することになった。同月、安城町も臨時議会を開催し、教員住宅の建設などを可決した。

名大はこうした地元の支援を受けながら文部省や大蔵省と交渉を進め、一九五〇年九月の協議会で農学部の設置内定が報告された。翌月に文部大臣に提出された「農学部設置申請書」では、学部の「本部」として愛知学芸大学安城分校を転用するほか、安城農林高校の施設と農場、演習林などを附属施設や農場に、追進農場を県との共用の協力農

図4–7　桜山キャンパス（1948–59年）

場に、旧陸軍鷹来《たかき》工廠跡地（春日井市）を略農牧場に充当することになっていた。同年十二月の県議会でも県有の諸施設の国への無償譲渡が承認された。こうして五一年四月に、農学科七講座・林学科五講座・畜産学科四講座・農芸化学科六講座・共通講座三講座の計二五講座からなる農学部が設置された。

同じ一九五一年四月には、新制の医学部が設置された。新制大学発足から二年後のことだった。他学部では入学時点で学生はその学部に入学したこととされたが、医学部は、医師の資質の高度化を求めるＧＨＱの公衆衛生福祉局（ＰＨＷ）の意向により六年制となっていた。そのうち初めの二年間では一般教育（医学進学課程）を履修し、所定の単位を取得した者に対してあらためて試験を実施し、そのうえで四年間の専門教育を行うことになっていた。名大は、四九年度から医学部として学生を募集したのだが、その学生が二年間の一般教育（医学進学課程）の履修を終えたところで新制の医学部（四年制）を設置して進学者を迎え入れたのである。

大学管理機構の成立—教授会・協議会・評議会—

学校教育法は、重要事項を審議するための教授会の設置を大学に義務づけた。名大では旧制大学時代からの学部で、新制大学への移行とほぼ同時に教授会が機能し始めた。一方、新制大学発足時に設置された教育学部では、初代学部長が選出されたのはその二年後であり、教授会が発足したのは一九五二（昭和二十七）年九月のことだった。五一年四月に設置された農学部でも教授会の成立は二年後だった。

協議会と評議会については学校教育法に規定がなかった。それぞれの役割・権限など

図 4-8　田村春吉総長
（1946 年 1 月-49 年 5 月）

については、当時、政府で検討されていた大学管理法で明確になると考えられていたため（実際には審議未了で廃案となった）、一九四九年一月に制定された教育公務員特例法の附則で暫定的に規定されるにとどまった。そこでは協議会は、学長及び学部以外の部局長の選考基準と任期を定め、学長選考、任免などを行うとされた。評議会は教員の採用・昇任・停年についての基準を定め、教員の懲戒などを行うものとされていた。名大では、これに基づいて同年二月の評議会で、協議会は評議員と部局長をメンバーとし、法律で定められた事項のほか、総長の諮問事項や協議会が採択した重要事項を審議する、一方、評議会は法令で定められた事項やその他重要事項を審議する（構成員の定めはなかった）、とそれぞれの内規で定めた。

新制大学発足直前の一九四九年五月、旧制名大の新制大学への移行に力を尽くした田村春吉総長が急逝した。このため直ちに後任の選考に入らねばならなかったが、学長選考に関する規程がまだ定められていなかった。そこで急遽開催された協議会で生源寺順工学部長が総長事務取扱に選ばれ、六月の協議会で名古屋大学長選考基準と同選考規程が決定した。規程に基づく選挙の結果、勝沼精蔵（医学部教授・環境医学研究所長）が学長に選出された。

一九五三年四月に文部省が「国立大学の評議会に関する暫定措置を定める規則」を制定するまで、名大では協議会が大学管理機関としての役割を果たした。この暫定規則の施行に合わせて、名古屋大学評議会規程が制定された。それによれば、評議員は、学長と学部長のほか、各学部教授二名・教養部長・附置研究所長一人とされ、学則その他重要規程の制定・改廃、予算、学部・学科、研究科・課程、研究所などの施設の設置・廃

図 4-9　勝沼精蔵学長
（1949年7月–59年7月）

止、学生定員などについて審議決定するものとされた。その後、同年十二月の評議会で教養部から教養部長以外の一人と附属病院長が、翌年九月の評議会で附属図書館長がそれぞれオブザーバーとして出席できることになった。ただし教養部長については、教養部所属教官以外が就任する慣行が続いていたが、六九年以降、教養部内から選出されることになった。さらに七二年四月の評議会規程の改正により三つの附置研究所から互選で計二人が出席できるようになり、八三年六月の規程改正によって附属病院長・各附置研究所長・附属図書館長が評議会の正式な構成員となった。

一方、協議会は、評議会規程の制定に合わせて協議会内規が改正されたことにより、学長の選考及び教員の不利益処分の審査などを行うことになった。協議会は一九七三年九月の「国立学校設置法等の一部を改正する法律」により廃止されるまで存続した。

2　新制大学院の設置

旧制度下の大学院

戦前に制定された大学令は、学部には研究科を必ず置くものとし、複数の研究科を置く場合には相互の連絡調整のため、それらを総合した大学院を設けることができると規定していた。名帝大にも大学院が置かれていた。しかし、その実態は確たるものではなかった。

名古屋帝国大学通則によると、大学院学生は各学部に分属し、教官の指導を受けて学

表 4-1　旧制大学院入学者数

年度	1939	1940	1941	1942	1943	1944	1945	1946	1947	1948
医学部	2	—	2	—	2	6	9	7	9	—
工学部	—	—	2	5	6	10	16	17	18	10
理学部				—	7	8	13	11	9	8
合計	2	0	4	5	15	24	38	35	36	18

注）1941年度までは「工学部」は「理工学部」。それ以後「工学部」となる。

術を研究するものとされていた。学部の卒業試験に合格した者なら研究事項を願い出れば、教授会の議を経て入学が許可された。学部卒業生以外の者は学力検定を受けなければならなかった。在学期間は二年間で、一年ごとに延長することも可能だった。

学位の取得を希望する者は、二年以上在学した後に論文を総長に提出し、教授会での審査を受けることになっていた。初めは医学博士だけだったが、一九四二（昭和十七）年の通則改正で工学博士が、戦後の四七年には理学博士が加わり、旧制文系学部の設置をうけて、五一年に文学・法学・経済学の博士が追加されることになる。

大学院の発足当初、入学者数はかなり少なかったが、一九四三年度以降増加した（表4-1）。これは大学院特別研究生制度によるものとみられる。この制度は、総力戦のもとで、人材の早期輩出のための修業年限短縮と、軍事に資する科学技術研究の推進という相矛盾する要請に対処するために創設されたものである。特別研究生には、兵役免除、入学金・授業料無料のほか、学資月額九〇円以上の支給といった特典が与えられており、この制度は戦後もしばらく存続した。

新制大学院制度の発足

一九四七（昭和二十二）年に学校教育法が制定されると、大学院制度も変わった。大学令で必置とされた研究科は任意の設置となり、大学院を有する大学は「博士その他の学位」を授与することができることになった。学位の種類は、大学基準協会（本章1節参照）が四九年四月に公表した「大学院基準」により、修士と博士の二つとなった。アメリカの大学院の Master of Arts に相当する修士号がこのとき登場した。修士課程は、

「学部に於ける一般的並びに専門的教養の基礎の上に、広い視野に立つて、専攻分野を研究し、精深な学識と研究能力を養うことを目的」とし、博士課程は「独創的研究によつて従来の学術水準に新しい知見を加え、文化の進展に寄与するとともに、専攻分野に関し研究を指導する能力を養うことを目的」とした。両課程ともに在学期間と履修単位数が示されたが、これは課程修了による学位授与を想定したものだった。

新制大学院の創設にあたり、こうした課程による学位に対して、従来からあった論文博士をどうするか、という問題が浮上することになった。GHQの民間情報教育局（CIE）は課程博士だけを想定しており、論文博士の存置には否定的だった。しかし、大学設置審議会（大学設置委員会を一九四九年六月に改称）などが強く抵抗した。その結果、五三年四月に公布された学位規則では、大学院に四年以上在学して所定の単位を修得するか、あるいは大学院の行う博士論文の審査と試験に合格すれば学位が授与されると規定された。これによって、課程博士とともに論文博士も認められることになった。

学位規則は修士学位について、文学・教育学・社会学・法学・政治学・経済学・商学・経営学・神学・芸術学・理学・薬学・工学・農学・獣医学・水産学・家政学・体育学の一八種類とした。一方、博士学位については、五六年五月の文部省令により、文学・教育学・神学・社会学・法学・政治学・経済学・商学・経営学・理学・医学・歯学・薬学・工学・農学・獣医学・水産学の一七種類とされた。修士学位と比べると博士学位には、医学と歯学があり、芸術学・家政学・体育学が含まれていなかったことがわかる。

新制大学院の構想

名大で新制大学院制度の検討・立案に中心的役割を果たしたのは、一九五〇（昭和二十五）年十二月の協議会で設置が決まった大学院制度研究委員会だった。委員には、各学部から教授会選出の教授一名と二つの研究所の所長が就任した。同委員会では、五一年五月までに修士課程二年・博士課程三年の計五年を大学院の修業年限とする方針がほぼ決まった。六月以降は、各研究科に設ける専攻コースなどを重点的に検討しつつ、大学院の趣旨・目的・組織・課程の種類・入学資格・学位の種類・教員・運営機関などに関する骨子をまとめた大学院設置要綱試案の作成を進め、五二年三月に最終決定した。

一方、文部省は一九五二年五月に各大学に対して大学院設置の構想を提出するように通知した。これをうけて名大では、右の大学院設置要綱試案のほか、研究科名・専攻の一覧表、学科目、履修方法、学生収容定員、職員組織予定表、予算概算などを取りまとめて「昭和二十七年五月　大学院設置資料」を作成した。

この間、併行して各学部ではそれぞれの研究科の専攻コース案が検討された。一九五一年六月の大学院制度研究委員会に各学部が持ち寄った原案と、翌年十二月に文部省に提出した「大学院設置認可申請書」に記載されたものとを比べると次のようにまとめられる。

文学研究科では当初、西洋哲学・東洋哲学・社会学・史学・地理学・文学の六専攻とする案と、哲学・史学・文学の三専攻とする案とが提出されたが、最終的に哲学・史学・地理学・英文学となった。教育学研究科は初めから教育学だけの一専攻で変更はなかった。法学研究科は、私法学・公法学・政治学だったが、民刑事法学と政治学の二専攻に

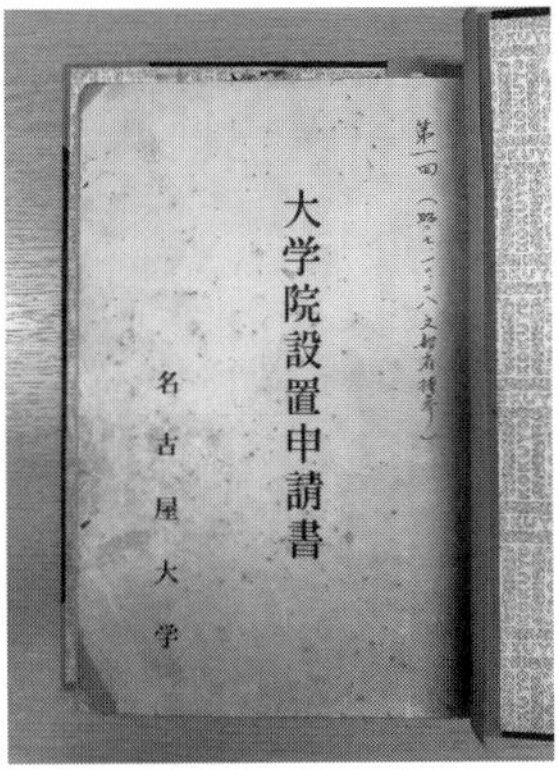

図 4-10　新制大学院設置認可申請書

落ち着いた。経済学研究科は、当初、理論経済学・経済史・経済政策・経営会計だったが、経済学と経営学の二専攻となった。理学研究科は、解析学応用数学・代数学幾何学・物理学・化学・生物学・地球科学・生物化学・生物理化学の八専攻だったが、数学・物理学・化学・生物学・地球科学の五専攻に整理された。工学研究科は、機械工学・電気工学・応用化学・金属学・化学工学・応用物理学の六専攻で、金属学が金属工学になったほかは変更されなかった。全体に学問領域の総合化への傾向が見て取れる。

設置認可申請書の提出

一九五二（昭和二十七）年八月には、文部省が大学院設置認可申請書の提出期限や提出部数などを示した。これをうけて名大では同申請書の提出に向けて作業が本格化した。提出書類のうち、「名古屋大学大学院に関する規程案」や「学位に関する規程案」、「大学院の運営に関する規程案」は五二年十一月の大学院制度研究委員会で決定された。

「名古屋大学大学院に関する規程案」では、冒頭に大学院の目的として「本大学院は、学術の理論及び応用を教授研究し、その深奥をきわめて、文化の進展に寄与するとともに、学術の研究者、高度の専門技術者及び教授者を養成すること」が掲げられた。このなかの「高度の専門技術者」は、一九五二年三月決定の大学院設置要綱試案の検討過程で示された、経済・工・法の各学部の意向が反映されたものだった。これは、大学基準協会の大学院基準に高度の専門家・技術者養成が加えられる五五年六月の改訂に先立つもので、ここに名大の独自性がみられると評価されている。

「学位に関する規程案」は、一九五二年十二月の協議会で若干の修正を経て承認され

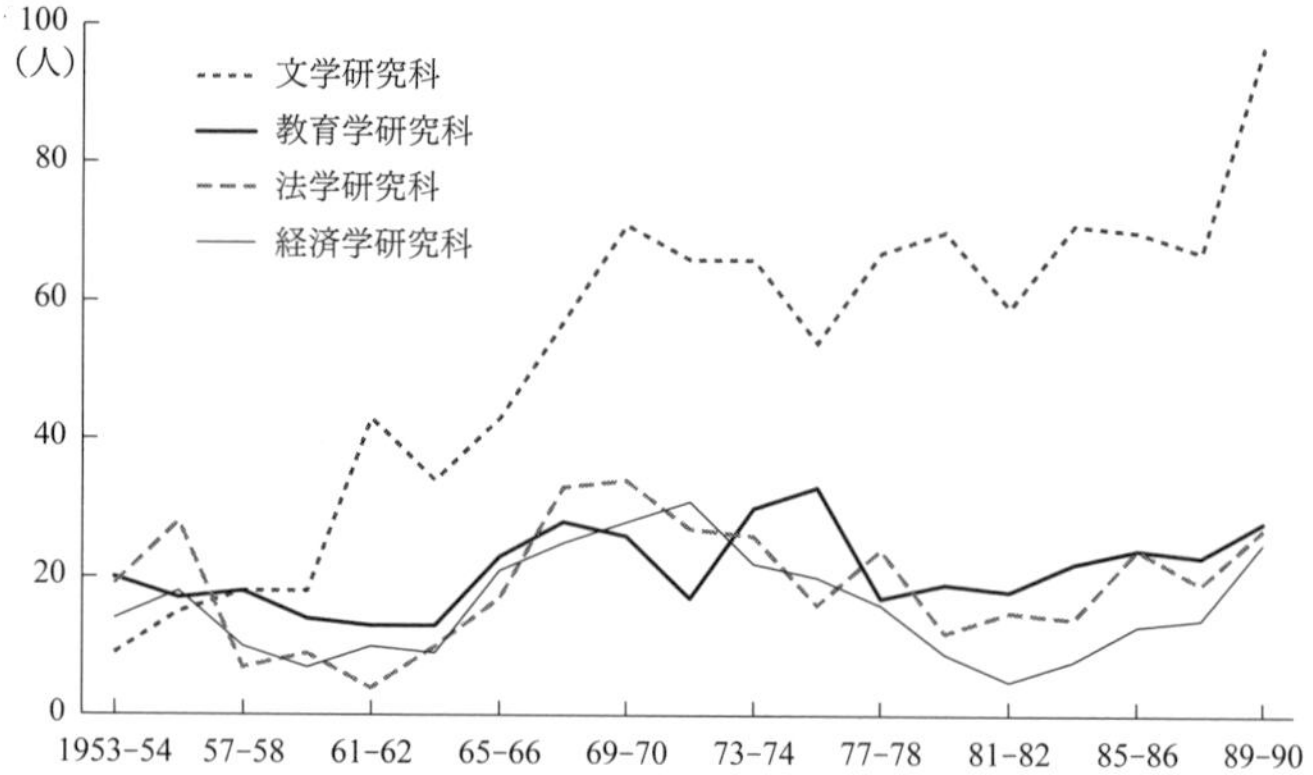

図 4–11　修士課程（文系）入学者数（2年ごと）

た。この時点では、政府レベルではＣＩＥの意向もあって論文博士を認めるか否か確定していなかった。だが、規程案には、「本学大学院研究科の博士課程に三年以上在学し、所定の科目を履修して専攻科目につき二十単位以上を取得し、独創的論文を提出して学位試験に合格した者には専攻に従い、博士の学位を与える」という課程博士に関する規定とともに、「前条と同等以上の学識を有する者で研究科教授会の承認を得て独創的論文を提出し、学位試験に合格したときは、専攻に従い博士の学位を与える」として論文博士についても定めていた。

「大学院の運営に関する規程案」では、全学の大学院運営機関として大学院委員会を、各研究科には研究科教授会を置くこととしていた。これは、文部省の大学設置審議会が一九五二年十月に決定した大学院設置審査基準要項で、学位論文の審査、試験その他学事管理のために、大学院教員が組織する「委員会」を設けることを規定したことに対応するものだった。こうして同年十二月に「大学院設置認可申請書」が文部省に提出された（図４－10）。

新制大学院の設置認可

一九五三（昭和二十八）年三月、大学設置審議会の委員が名大を実地視察に訪れた。その結果、①文学研究科の史学地理学と英文学コースはよいが図書の充実が必要、②同研究科の哲学コースは弱い、③教育学研究科は教育原論と教育心理の二本立てとしてはどうか、④法学研究科は教官組織が弱い、⑤同研究科の学科目に再考の余地あり、⑥経済学研究科は経済学と経営学のコースを一本化してはどうか、⑦理学研究科は地球科学

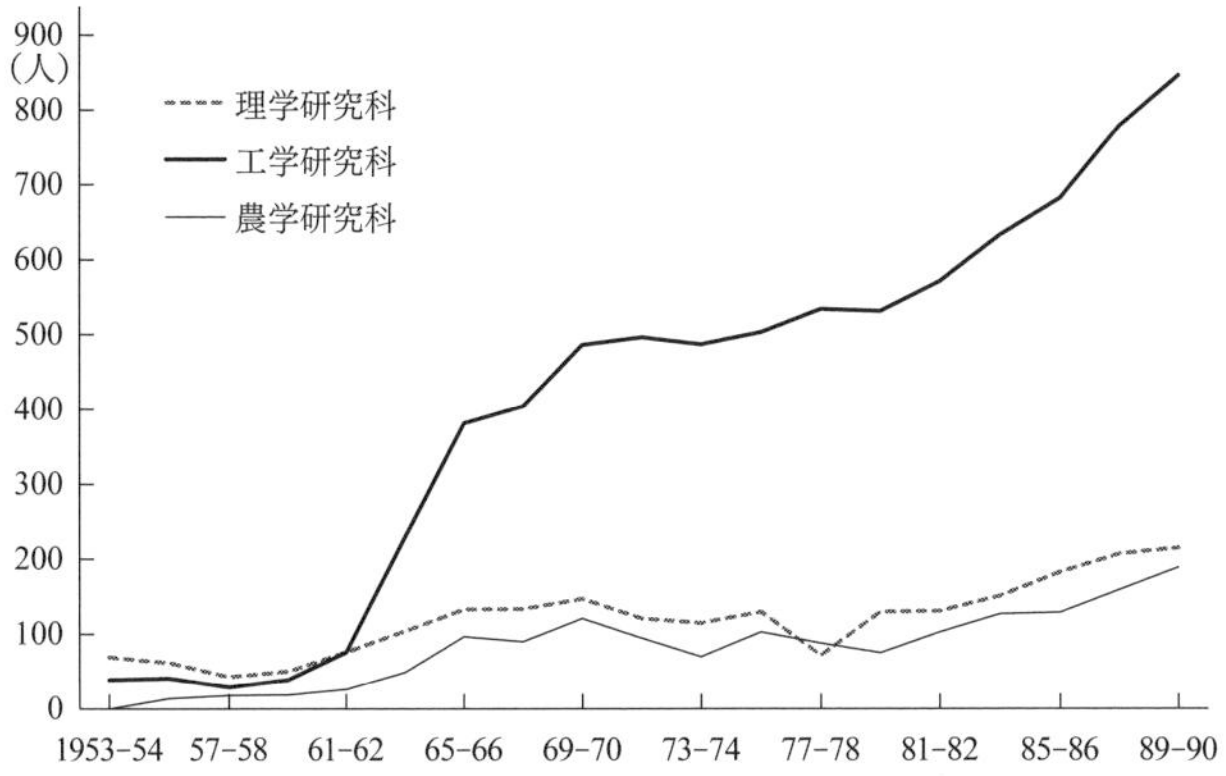

図4-12　修士課程（理系）入学者数（2年ごと）

コースが弱い、⑧工学研究科の化学工学コースは本年度卒業生がいないので後にしてはどうか、といった意見が出された。

これをうけて各学部では専攻コースを中心に申請内容の見直しを行った。修正・再提出された申請書は、最終的に一九五三年三月の大学設置審議会総会で承認された。設置の認められた研究科と専攻は次の通りである（法学研究科民事法専攻は修士課程のみ。それ以外はすべて修士課程と博士課程）。

文学研究科　　東洋哲学／社会学／史学地理学／英文学
教育学研究科　教育学／教育心理学
法学研究科　　民事法／政治学
経済学研究科　経済学
理学研究科　　数学／物理学／化学／生物学／地球科学
工学研究科　　機械工学／電気工学／応用化学／金属工学／応用物理学

先の実地視察で出された意見がおおむね反映されたものとなっていることがわかる。ただし、文学研究科と教育学研究科については図書及び学術雑誌のさらなる増強などが条件とされた。また政治学専攻の学科目に、西洋政治史・外交史・国際政治を加えること、東洋哲学専攻は博士課程発足までに印度哲学の教授陣を強化すること、社会学専攻の専任教員を増加することなどが望ましい、と付記された。

一九五三年三月の協議会で新制大学院設置に伴う学内諸規則の改正がなされた。それによって「名古屋大学大学院に関する規程」は独立規程としてではなく名古屋大学通則

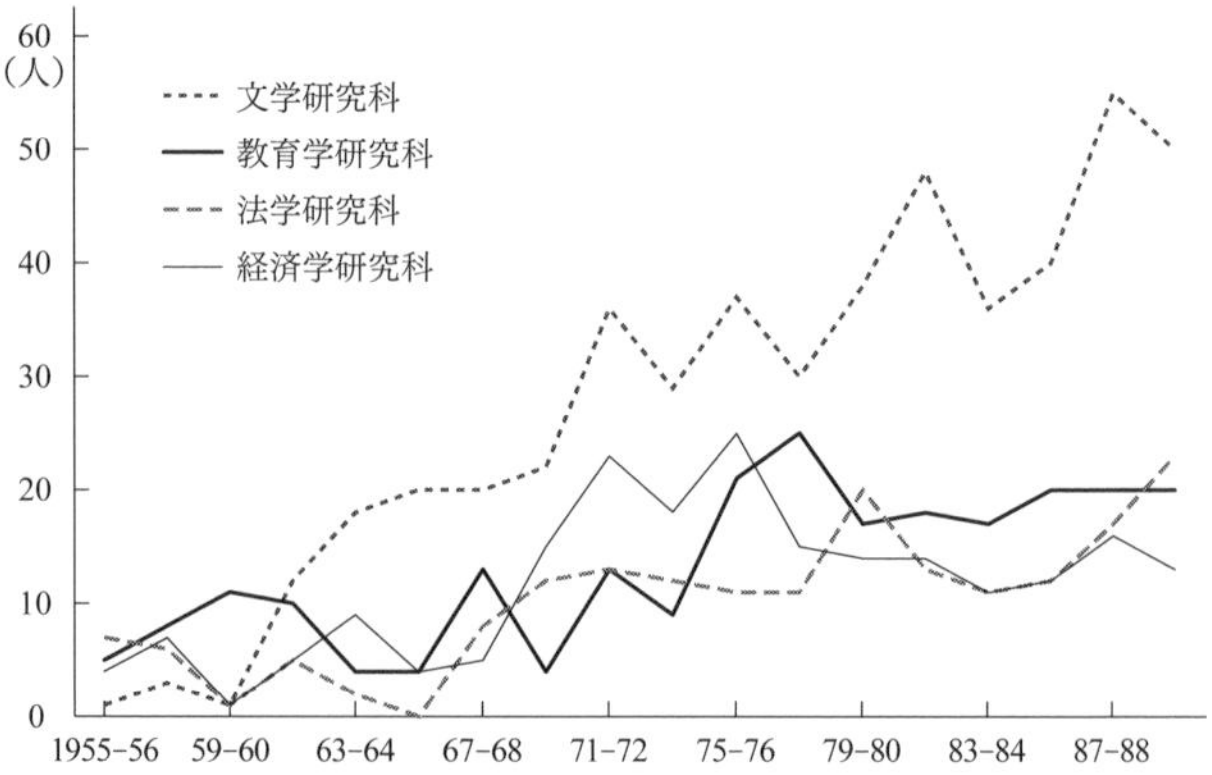

図 4–13　博士課程（文系）入学者数（2 年ごと）

のなかに「第六章　大学院」として挿入され、名古屋大学学位規程と「名古屋大学大学院運営に関する規程」とともに四月一日から施行されることになった。

医学研究科・農学研究科及び法学研究科博士課程の増設

新制大学院の制度設計を進めてきた大学院制度研究委員会は、一九五三（昭和二十八）年四月に廃止された。これに伴って、大学院運営に関する事項を審議する機関として新たに大学院委員会と研究科委員会が設置され、五四年十月に開催された大学院委員会において「医学、農学各研究科及び法学研究科博士課程（民事法）設置について」が審議された。提出された資料によると、医学研究科は博士課程のみで、修業年限は四年とされ、生理系・病理系・社会医学系・内科系・外科系の五つの専攻を置くものとされた。農学研究科には修士課程と博士課程が置かれ、農学・林学・畜産学・農芸化学の四専攻を置くこととされた。さらに法学研究科民事法専攻にはすでに修士課程があったが、そこに博士課程を増設するという案が出された。これらの提案は十月の大学院委員会で原案通り承認された。

設置認可申請書は、一九五四年十月に文部省に提出され、実地審査を経て翌年七月にいずれも次の通り設置が認可された。

法学研究科（博士課程）　民事法
医学研究科（博士課程）　生理系／病理系／社会医学系／内科系／外科系
農学研究科（修士課程・博士課程）　農学／林学／畜産学／農芸化学

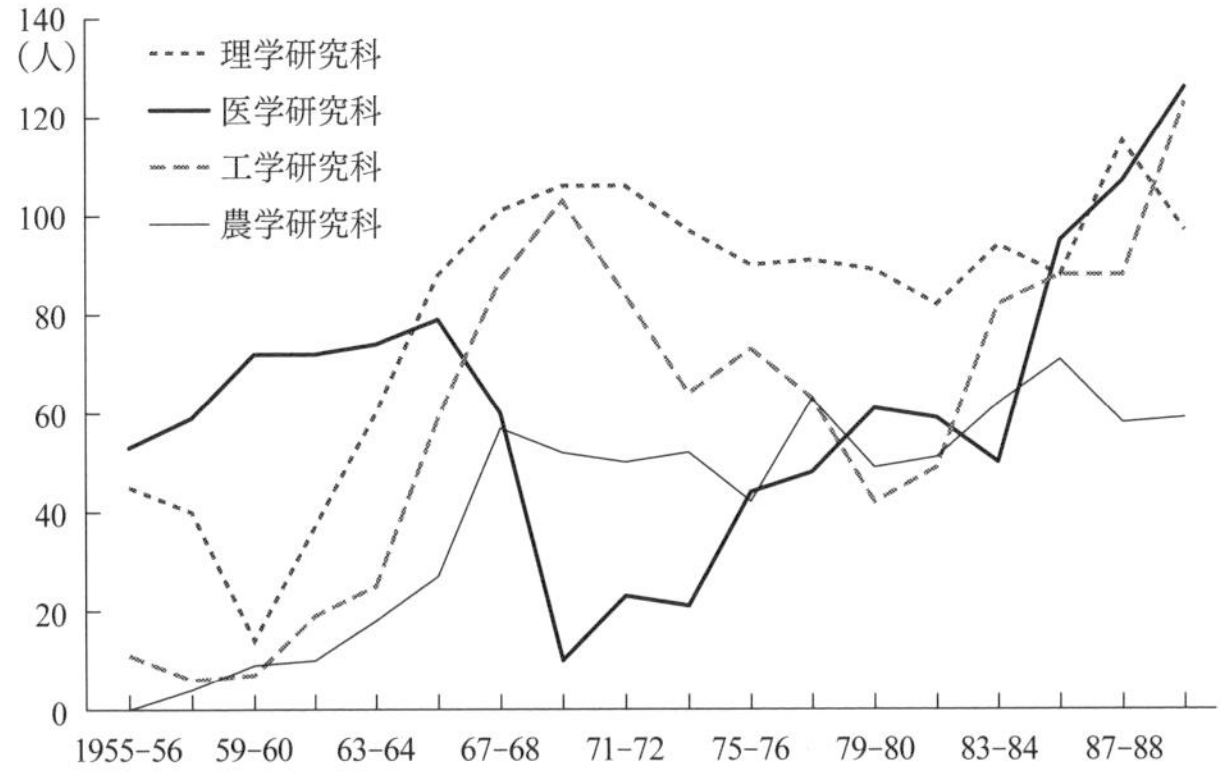

図 4–14　博士課程（理系）入学者数（2 年ごと）

図4－11～14は、新制大学院への入学者を二年ずつまとめてその推移（一九五三～九〇年度）を研究科ごとに示したものである。修士課程（博士課程前期課程）についてみると、文系の研究科では、文学研究科が大きく増加傾向を示し、かつ最も多い。理系では工学研究科が多く、増加傾向にある。博士課程（博士課程後期課程）では、文系は全体に増加しているようにみえるが、理系は大きく上下動している。

旧制大学院の廃止

一九五三（昭和二十八）年八月に「従前の規定による大学の研究科の存続年限に関する省令」が公布された。そこでは、学校教育法第九十八条の移行措置により存続してきた旧制大学の研究科は「当該研究科を置く学部において在学年限三年（医学部及び歯学部にあつては四年）の最終卒業者の卒業した年度の翌年度の初から六年を経過した日まで（但し、昭和三十六年三月三十一日を超えることができない。）存続することができる」とされた。これにより、旧制名大の場合は、医学研究科は一九六〇年三月まで、他研究科は五九年三月までしか存続できないことになった。

ただし、一九五六年になって文部省は旧制大学院（医学部と歯学部に置かれる研究科を除く）の存続年限をさらに三年間延長することを認めた。これにより旧制名大では、医学研究科以外の研究科は六二年三月まで存続することになった。

第5章　教育・研究の発展

1　教育・研究組織の拡充と改革

講座の誕生と推移

本章からは、一九四九（昭和二十四）年から九〇（平成二）年頃までの約四〇年にわたる長期的な変化の様相をみていくことにしよう。

研究大学における教育・研究組織の基礎単位は、講座と呼ばれる組織である。日本の大学に講座が誕生したのは一八九三（明治二十六）年のことだった。この年、帝国大学（現東京大学）に一二三の講座が置かれた。講座設置の目的は、担当学問に対する教員の専攻責任を明確にすることだった。このため、当初は教員一人が一講座を担当するものとされていたが、一九二〇年代後半になって、教授—助教授—助手という複数教員を束ねる組織（いわゆる「小講座」）となった。

一九三九年に名古屋帝国大学が創設された際には、名古屋帝国大学講座令によって医学部に二四、理工学部に三七の講座（当初実際に置かれたのは一八講座）が置かれることになった。その後、講座数は四五年までに医学部二六、理学部一九、工学部三五に増え

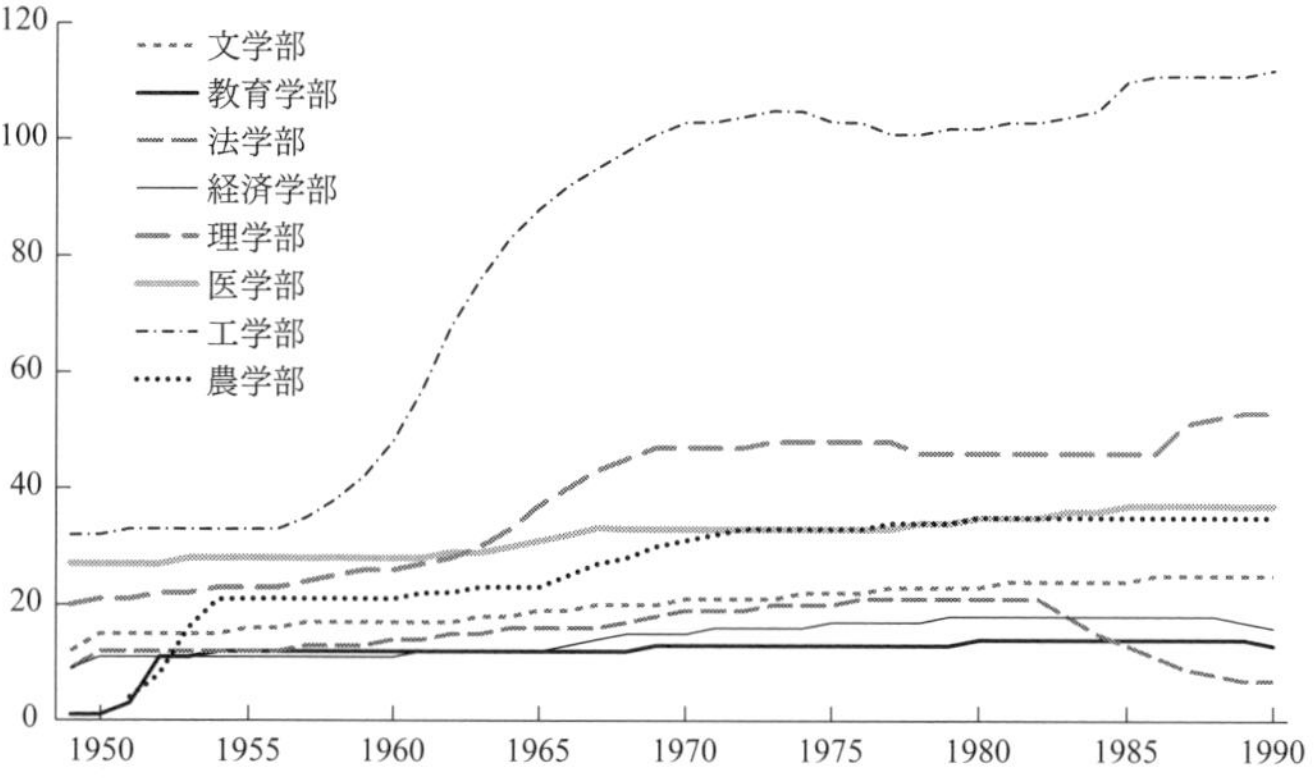

図5–1　学部別講座数（1949–89年度）

た。

戦後、国立学校設置法の制定に伴い、名古屋帝国大学講座令を含む旧制大学に関わる法令が廃止され、講座は法的根拠を失った。一九五四年になってようやく「国立大学の講座に関する省令」（以下「一九五四年省令」）が、五六年に大学設置基準（省令）が出され、法的根拠が復活した。

講座数の変動は、教育研究組織の整備状況を示す目安になるだろう。そこで、新制名大が発足した一九四九年から九〇年までの時期における学部ごとの講座数の推移を示すと図5–1のようになる。ここから、名大における教育・研究組織の整備・拡充過程は、次の三つの時期に区分することができる。

第一期は一九四九年から五〇年代半ばまでである。この時期、戦後新設された文系学部や農学部の講座の整備が進んだ。第二期は七〇年頃までの時期である。この時期には高度経済成長を背景として理系学部を中心に講座が急激に拡充した。しかし、それ以降、講座数は停滞期に入る。これが第三期となる。以下ではこの時期区分にしたがい、理系と文系とに大きく分けたうえで、名大における学部及びその内部組織である学科や附属施設、さらには研究所、センターなど教育研究組織の具体的な整備状況をみていこう。

初期の理系学部——一九四九〜五〇年代半ば——

新制大学が発足した一九四九（昭和二十四）年時点で、理学部には五学科と菅島臨海実験所があった。講座数は、数学科・物理学科・化学科が各五、生物学科が四、地球科

図 5–2　工学部実験室にて
（1952 年，名古屋大学二葉会蔵）

学科が一だった。このうち地球科学科には五〇年に一講座が、五二年にも一講座が加わった。さらに「一九五四年省令」により化学科に一講座が増設された。

工学部は、一九四九年時点で機械学科・電気学科・応用化学科・金属学科の四学科計三二講座で構成されていた。五二年に化学工学科が新設され、また地元産業界を中心とする航空学科復活の要望をうけて五六年に航空学科が設置された。

新制の医学部は一九五一年一月に認可された。第4章1節でふれたように、四九年度に入学し二年間の医学進学課程を終えた学生に五一年四月から専門教育を開始するためだった。医学部には医学科しかなかったが、そこに二七講座があった。内訳は、解剖学第一、同第二、同第三、生理学第一、同第二、生化学、薬理学、病理学第一、同第二、細菌学、法医学、衛生学、公衆衛生学、予防医学、内科学第一、同第二、同第三、外科学第一、同第二、整形外科学、産科学・婦人科学、眼科学、精神医学、小児科学、皮膚科学、泌尿器科学、耳鼻咽喉科学である。その後、五三年に放射線医学講座が新設された。

帝大時代の附属医院は、一九四九年の国立学校設置法により附属病院と呼ばれるようになった。また戦時中に附設された臨時附属医学専門部の生徒が実習を行っていた名古屋市中区東新町の附属医院分院は、五〇年三月に同専門部が廃止されたのに伴い、医学部の第二臨床病院となった。この病院は名古屋市の都市計画により六一年に東区東門前町へと移転した。新制大学発足時には旧制名大の医学部附属医院に附属施設として厚生女学部と助産婦養成所があったが、前者は五一年に医学部附属看護学校に改組され、後者は五三年に廃止された。

図5–3　教育学部附属中学校・高等学校校舎（東芳野町時代）

一九五一年に新設された農学部には、農学・林学・畜産学・農芸化学の四学科があった。ただしこの時点で林学科には講座は置かれず、他の三学科に一講座ずつ設置され、別に共通講座として水産学講座があった。翌五二年に農学第五・林学第三・畜産学第三・土じょう学の計四講座が増設された。講座番号とは関係なく、可能なものから設置されたものとみられる。さらに五三年に八講座、五四年に五講座が順調に増設され、この時点で農学科が六、林学科が四、畜産学科が四、農芸化学科が五講座となり、水産学と土じょう学という二つの共通講座も置かれていた。附属施設としては、五三年に附属農場が、五五年には附属演習林が設置された。前者は教養部の豊川分校の跡地を利用したもので、後者は北設楽郡《きたしたらぐん》稲武町《いなぶちょう》（現豊田市）の部落有林を大学と稲武町との間で六〇年間の地権設定契約を結ぶことで発足した。

このほか大学の附置研究所としては、新制大学発足時点で環境医学研究所と空電研究所が置かれていた。

初期の文系学部―一九四九～五〇年代半ば―

文学部は、新制大学発足時の一九四九（昭和二十四）年には、哲学・史学・文学の三学科計一二講座からなっていたが、五〇年度に各学科に一講座ずつ増設された。「一九五四年省令」により、哲学科の講座は哲学・西洋哲学史・中国哲学史・インド哲学史・社会学に、史学科は国史学・東洋史学・西洋史学第一・同第二・地理学に、文学科は言語学・国文学・中国文学・英文学・仏文学にそれぞれ再編された。さらに翌五五年度には心理学講座が哲学科に加わった。

図 5–4　法学部第 1 回卒業生（1951 年）

教育学部は教育学科だけの一学科、「教育原論及教育史」の一講座で出発した。一九五一年になってそこに二つの講座が加わり、翌年には教育原論、教育史、教育課程、教育方法、教科教育法、教育社会学、教育行政、社会教育・図書館学、教育心理学第一、同第二、同第三の一一講座体制となった。そして「一九五四年省令」で「教育調査及び教育統計」が加わった。この間、五二年に岡崎高等師範学校が廃止されたことをうけて、同校の附属中学校・高等学校が教育学部の附属となった。附属中学校・高校の校舎は、岡崎高等師範学校のあった豊川市にあったが、名古屋市内に移転することになり、五三年から名古屋市東区東芳野町の名古屋市立工芸高等学校の校舎の一部を借用した（図5–3）。

法経学部は、一九五〇年に法学部と経済学部に分離した。その時点で法学部は、法律学科と政治学科の二学科からなり、前者には民法第一・同第二・同第三・商法第一・同第二・刑法が、後者には政治学・政治学史・政治史・行政学の各講座があり、他に共通講座として憲法と国際法があった。「一九五四年省令」によって憲法と国際法が法律学科に移った。

一方の経済学部には、一九五〇年度時点で経済学科と経営学科があり、共通を含め全体で一一講座が置かれていた。「一九五四年省令」により、経済学科に経済原論・経済史・経済政策総論・農業政策・商工政策・社会政策・国際経済論・統計学の講座が、経営学科には経営経済学・会計学・財政金融論の講座がそれぞれ置かれた。

図5–5　東山キャンパス（1962年頃）

理系学部の拡充—一九五〇年代半ば〜七〇年代初め—

一九五〇年代半ば以降、理系学部を中心に整備・拡充が急速に進んだ。背景には、高度経済成長の後押しをうけた、政府による科学教育振興策の展開があった。一九五七（昭和三十二）年、文部省は理工系学生八〇〇〇人増募計画（このうち国立大学は四五〇〇人弱）を策定した。増募計画が達成された六〇年には「国民所得倍増計画」が発表された。同計画は、七〇年までに科学技術者が多数不足するとして理工系学生の増募を要請した。そこで文部省は、六一年度から七年間で一万六〇〇〇人の理工系学生を増募する計画を立てたが、さらに六一年度から四年間で二万人（国立一万一四四〇人・公立七六〇人・私立八四〇〇人）増に変更された。

名大でも、一九五五年入試の募集人員は医学進学課程が約七〇名、それ以外が約七二〇名だったが、六一年には医学進学課程が約八〇名、それ以外が約九五〇名（文学部一二〇名・教育学部四〇名・法学部八〇名・経済学部一四〇名・理学部一一〇名・工学部三五〇名・農学部一一〇名）となった。定員の増加はさらに続き、七〇年には医学部一〇〇名、それ以外が一五五〇名（文学部一二〇名・教育学部六〇名・法学部一六〇名・経済学部二一〇名・理学部二二〇名・工学部六一〇名・農学部一七〇名）となった。一五年間でほぼ倍増したわけで、とりわけ理学部と工学部の増加が顕著だった。

この時期、募集定員だけでなく学科や講座も増加し、また学部に附属する研究施設の整備が進んでいく。

理学部では、一九五八年に物理学科に一講座が、翌年にも一講座が増設された。六三年には物理学第二学科が増設された。附属施設としては、五七年には水質科学研究施設

図 5-6　鶴舞キャンパス
（1957 年頃）

（七三年に水圏科学研究所となる）が、翌五八年には宇宙線望遠鏡研究施設が、六一年には分子生物学研究施設が設置された。さらに六五年には犬山地震観測所、その翌年には犬山地殻変動観測所、六九年には高山地震観測所、七一年には三河地殻変動観測所がそれぞれ設置された。これらは、六五年から始まった政府の「地震予知計画」に沿って整備されたものだった。

工学部では、一九五八年に電子工学科、五九年に応用物理学科、六〇年に機械工学第二学科、六一年に合成化学科と土木工学科、六二年に鉄鋼工学科、六三年に建築学科、六六年に原子核工学科、六七年に電子工学第二学科という具合に、毎年のように新学科が増設された。講座数も五五年の三三から、七〇年の一〇三にまで三倍以上増加した。附属施設としては、五六年に自動制御研究施設（八五年に廃止）が、六〇年にプラズマ工学研究施設（六一年のプラズマ研究所創設に伴い廃止）が、六三年には人工結晶研究施設が設置された。

医学部では、一九五五年に二八だった講座が七〇年には三三に増加した。さらにこの時期の特徴として、附設学校と研究施設の整備が進んだことが挙げられる。附設学校については、五五年に医学部附属診療エックス線技師学校（六九年に診療放射線技師学校と改称）が開設され、五九年には六年前に廃止された助産婦養成所が医学部附属助産婦学校として復活し、六一年には医学部附属衛生検査技師学校が設置された。研究施設については、六〇年に無菌動物研究施設が、六二年には癌研究施設が、六五年には医真菌研究施設が新設された。

農学部には一九六五年に林産学科が、六八年に食品工業化学科が設置された。講座数

図 5–7　医学部・医学研究科正門（鶴舞キャンパス東門，1970年，医分館蔵）

も五五年の二一から七〇年の三一にまで増加した。学部内施設としては、五九年に北設楽郡設楽町に草地研究施設が開設された。また六二年には、愛知郡東郷村（現東郷町）にあった農林省の東海近畿農業試験場栽培第二部東郷試験地を名大に管理替えすることで東郷農場が開設された。学部附属施設としては、六六年に生化学制御研究施設が設置された。

なお大学の附置研究所としては、六一年にプラズマ研究所が設置されている。

文系学部の展開—一九五〇年代半ば～七〇年代初め—

この時期、理系学部の拡充が急速に進んだのに対して、文系学部の整備は限定的だった。文系学部では学科の増設はほとんどなく、講座の増え方も全体としては緩やかだった。

文学部では、一九五五（昭和三十）年時点で一六だった講座数は七〇年までに二一に増加した。五七年に独文学、六四年に国史第二が増設され、六五年に心理学講座が心理学第一と第二に分離し、六七年に英語学講座が、七〇年度に美学美術史講座が新たに設置された。

教育学部は、一九五六年に教育学と教育心理学の二学科制となった。この時期、文系学部では唯一の学科増設だった。しかし、このとき講座は増えず、五四年以来の一二講座体制が長く続いた。六九年になって教育心理学科に精神欠陥学講座が設置されたが、その後またしばらく一三講座のままだった。

法学部では法律学科で講座が徐々に増えた。一九五七年に民事訴訟法、六〇年に行政

図5-8　東山キャンパス（1970年）

法、六二年に刑事訴訟法、六四年に国際私法、六八年に法哲学、六九年に法制史、七〇年に外国法という具合に七講座が新設された。一方、政治学科は七三年度に国際政治学が一つ増えたにとどまった。

経済学部には、一九五五年時点で一一講座が置かれていた。六一年に経営学科の経営経済学が経営経済学第一と同第二に分離した。経済学科では六六年に財政学、六七年に経済学史、六八年に会計学第二、七一年に社会思想史の各講座が増設された。

理系学部における整備の停滞―一九七〇年代初め～九〇年―

一九七〇年代に入ると、理系学部でも学科や講座の整備が滞るようになった。

理学部では一九八七（昭和六十二）年に分子生物学科が設置され、分子生物学研究施設が廃止された。講座は七〇年代から八〇年代半ばまでほとんど変化しなかったが、学科新設に伴い五講座増えて五一講座となった。附属施設としては、七五年に地震予知観測地域センターが、八〇年に淡水魚類系統保存実験施設が設置された。前者は理学部内に置かれ、各観測センターからのデータを集め総合的に解析することを目的とした。八九年には犬山地震観測所、犬山地殻変動観測所、三河地殻変動観測所、地震予知観測地域センターを統合して地震火山観測地域センターが設置された。

工学部では、一九七〇年代に学科・講座とも拡大が停止したが、八〇年代に入って再び増加し始めた。八二年に電子機械工学科、八五年に情報工学科、八九年に金属学科と鉄鋼工学科を廃止して材料機能工学科及び材料プロセス工学科を設置した。講座は、八〇年に一〇二あったが、九〇（平成二）年には一一二講座となった。附属施設としては、

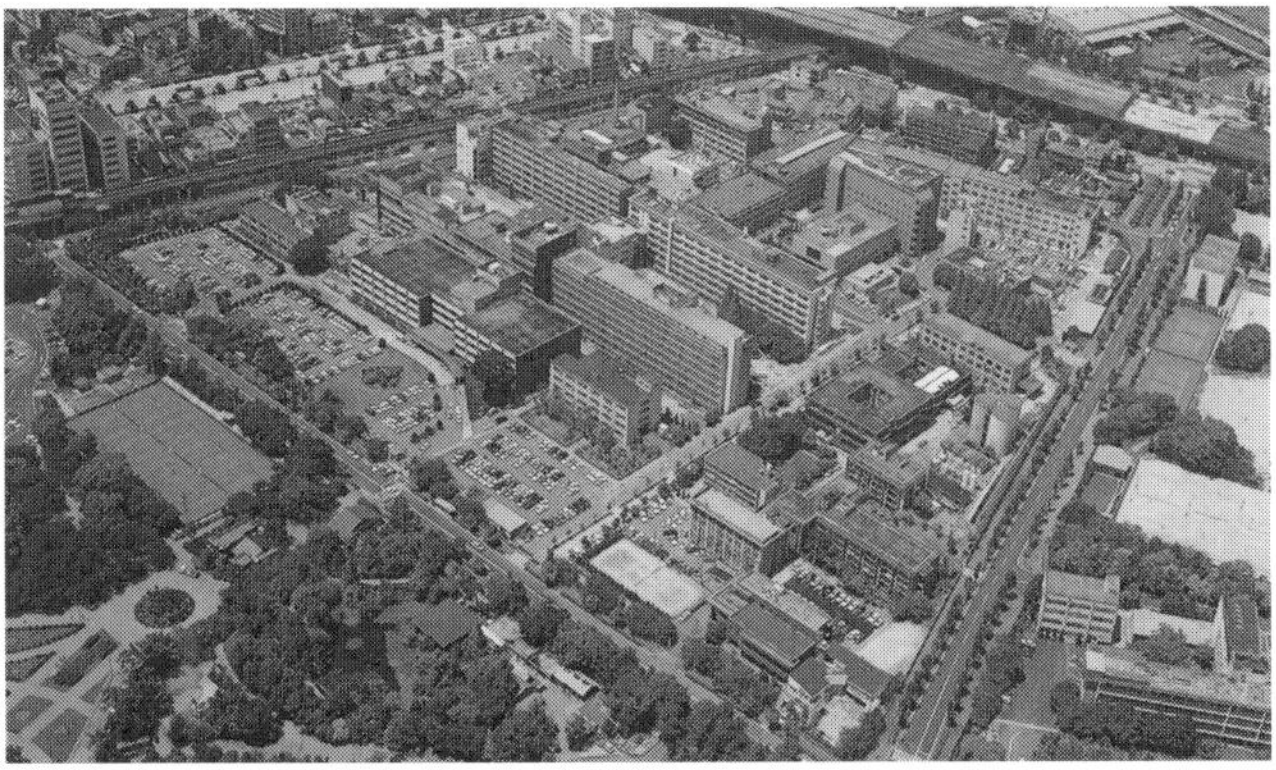

図 5–9　鶴舞キャンパス（1987年頃）

七一年に土圧研究施設が、七六年に電子光学実験施設が設置された。

医学部でも講座は大きく増えてはいない。一九七七年まで三三講座体制が続き、九〇年までに四講座だけ増えて三七講座となった。増設されたのは、老年科学（七八年）・免疫学（八〇年）・胸部外科学（八三年）・臨床検査医学（八五年）だった。附設学校については、七二年に臨床検査技師学校を開設した。これに伴い衛生検査技師学校は七三年三月をもって廃止された。さらに八三年に無菌動物研究施設と癌研究施設、医真菌研究施設を統合して、病態制御研究施設を設置した。八四年には動物実験施設が置かれた。

農学部では、一九七一年から九〇年までに生物反応工学・生体機構学・食糧生産管理学・資源生物環境学の四講座が増設されるにとどまった。附属施設としては七九年に草地研究施設をもとにして山地畜産実験実習施設が設置された。

一九四九年に設置された空電研究所は、その後、理学部附属宇宙線望遠鏡研究施設を統合し、九〇年に太陽地球環境の構造と動態の研究を目的とする全国共同利用研究所として太陽地球環境研究所（名古屋大学附置・全学共同利用研究所）に改組・転換した。またプラズマ研究所は、八九年に全国大学共同利用機関の核融合科学研究所に改組・転換され、学内にはプラズマ科学センターが設置されることになる。七三年には水圏科学研究所が開設された。

文系学部における大講座への移行――一九七〇年代初め～九〇年――

一九七〇年代に入っても文系学部の整備は相変わらず緩やかだった。だが、この時期、従来の講座制（小講座制）にみられた硬直性や閉鎖性を克服し、より柔軟で開かれ

図 5-10　設置当時の大型計算機センター棟

た教員組織を目指すためとして、大講座制への移行という新たな動きが出てくる。

まずは各学部の状況からみていくと、文学部では一九七一（昭和四十六）年から九〇（平成二）年までに三講座が増設され二五講座になった。教育学部では一講座が増えただけだった。

法学部では一九七三年度に一講座増えて二〇講座となったが、学問の細分化や多様化、国際化などに対応するため開講授業科目が増加して専任教員の負担が増え、さらに非常勤講師への依存が強まった。こうした状況に対処するために大講座制が検討され、八三年度の民事法を皮切りに大講座制への移行が始まった。そして、九〇年までに公法・商事法・刑事法・基礎法学・民事法・基礎政治学・動態政治学の七大講座制となった。

経済学部は一九八七年までに四講座が増設されて二〇講座となった。八八年からは、法学部に続いて大講座化が始まり、九一年までに経済学科で理論経済学、経営学科には経営管理科学・経営情報科学・企業経営科学といった大講座が置かれた。また附属施設としては、名古屋高等商業学校以来の設備と資料を継承する経済調査室と経営実験室を統合した経済構造分析資料センターが七三年に開設された。同センターは八六年に経済構造研究センターに改組された。

各種センターの設置

一九七〇年代前半には、全国的な学術研究体制の整備の動きをうけた施設の整備と、学内的な教育改革とを契機とする組織再編が進められた。前者は一九七一（昭和四十六）

図 5–11　総合保健体育科学センター棟（1976年竣工）

年に設置された大型計算機センターである。同センター設置の端緒は、六三年に日本学術会議が学術研究用大型高速計算機の設置と共同利用体制の確立に関する勧告を政府に対して行ったことだった。さらに日本学術会議が六五年に出した勧告で大型計算機の地方分散計画を示したことをうけて、六六年から各地の大学に全国共同利用施設として大型計算機センターが設置されることになり、名大の大型計算機センターはこのうち七番目の施設として開設された（図5–10）。

一方、大学紛争をきっかけに動き始めた教養部改革（第8章1節参照）の一環として、一九七五年に総合保健体育科学センターが、七九年には総合言語センターが新設された。総合保健体育科学センターは、教養部の保健体育科目の担当教員と、七一年設置の保健管理センターとを統合して設置された（図5–11）。従来、学生が保健体育の授業を履修する機会は、教養部在籍中に限られていたが、センターの設置により、学部及び大学院に所属する学生に対しても保健や体育に関する授業を提供する体制を確立することとし、また保健管理業務の充実、心身障害学生のリハビリテーションを含む指導助言や運動部員の健康管理などの保健サービス、学内の体育施設の整備・利用調整の一元化などの特色を持つものとされた。

総合言語センターの源流は、外国語を聞き話す能力の向上に資することを目指して一九六五年に教養部に開設された視聴覚教室（ＬＬ教室）だった。七四年には、ＬＬ教室の更新拡充を進め、語学の教育研究とともに学生や教員の語学学修の共同利用に供することを目的に語学センターが設置された。発足時には、英語・ドイツ語・フランス語の三部門だったが、七六年にロシア語部門と中国語部門が設けられた。七七年からは、増

図 5–12　アイソトープ総合センター棟（1977 年竣工）

加しつつあった外国人留学生への日本語教育も担当するようになった。併行して教養部改革に関する議論も進み、教養部の組織改革及び、語学センターと教養部の外国語系列とを統合して総合言語センターを設立する構想が具体化した。概算要求の結果、総合言語センターだけが認められ、七九年に設置された。

一九七〇年代半ば以降の特徴は、国立大学への国の予算が抑えられたこともあって、組織や施設の整備の重点が学部から学内共同教育研究施設としてのセンター等に移ったことである。まず七六年にアイソトープ総合センターが設置された（図 5–12）。同センターは、放射線管理・教育訓練・共同利用・研究開発を目的としていた。七九年には、化学測定機器センターが設置された。これは、化学測定機器による分析とその利用に関する教育研究を進めるとともに、化学測定機器を利用して教育研究を行う名大の教員、その他これに準ずる者の共同利用に供することを目的としていた。

一九八〇年代に入っても学内共同利用施設としてのセンターの増設は続いた。八〇年には、名古屋大学総合計算室を学生の教育用に使用することになったのが発端となり、情報処理教育センターが設置された。八二年には省資源エネルギー研究センターが一〇年間の期限付で開設された。同センターは、名大の省エネルギー技術による資源回収と再利用に関する教育研究を行うとともに、実験廃液などの教育研究を行う名大の教員とこれに準ずる者の共同利用に供することを目的とした。九二（平成四）年には、その廃止に伴って高温エネルギー変換研究センターが設置された。

その後、一九八四年に遺伝子実験施設が設置され、八八年には先端技術共同研究センターが民間との共同研究実施の窓口として開設された。九〇年には年代測定資料研究セ

図 5–13　医療技術短期大学部の校舎

ンターが設置された。同センターは、タンデトロン加速器を用いて放射性炭素（^{14}C）年代を測定する年代測定部門と古川総合研究資料館部門（第11章2節参照）からなっていた。

医療技術短期大学部と独立専攻の設置

一九七〇年代後半には、従来の学部や大学院とは異なる教育研究組織の設立・整備もなされるようになった。

一つは、一九七七（昭和五十二）年の医療技術短期大学部（三年制）の併設である（図5–13）。この背景には、六〇年代半ば頃から始まった看護師や診療放射線技師、助産師などに求められる知識や技能の高度化を反映した医療従事者養成の短大レベル化の動きがあった。医療技術短期大学部には、その設置時に看護学科が設けられ、七九年には衛生技術学科、八〇年には診療放射線技術学科、八四年に理学療法学科と作業療法学科が開設された。これに伴って従来から医学部に附設されてきた看護学校・助産婦学校・臨床検査技師学校・診療放射線技師学校が廃止された。

もう一つは大学院の独立専攻である。大学院は、それまで学部を基礎として整備されてきたが、一九七四年の大学院基準によって、学部に基礎を持たない独立研究科・独立専攻が設置されるようになった。名大での最初のものは、七六年に理学研究科に設置された大気水圏科学専攻だった。翌年には工学研究科に結晶材料工学専攻が、七八年には理学研究科に宇宙理学専攻、農学研究科に生化学制御専攻が、七九年には工学研究科に地盤工学専攻が設けられた。八八年には文系学部で最初の独立専攻として文学研究科に

図 5-14　中央図書館
（1981 年竣工）

日本言語文化専攻が設置され、九〇（平成二）年には教育学研究科に発達臨床学専攻が開設された。

附属図書館の整備

名古屋帝国大学は設置が遅く、文系学部がなかったこともあり、附属図書館の蔵書は他の帝国大学に比べてかなり貧弱だった。新制大学発足時には全学で一〇万冊ほどしか所蔵されていなかったうえ、その四分の一は戦後廃止された神宮皇學館大学から譲り受けた図書だった。そこで、東京大学から農学系図書約二万五〇〇〇冊を移管し、ほかにも愛知県や名古屋市などの地元自治体、ロックフェラー財団、アメリカ文化センターなど各種団体から寄贈を受けた。書籍の量的な集積がこの時期の第一の課題だったが、一方で一九四九（昭和二十四）年には、木曽三川の治水事業で知られる旧旗本の「高木家文書（交代寄合西高木家関係資料）」の第一次購入がなされるなど、特色ある蔵書の形成も始まりつつあった。

一九六四年十二月、豊田講堂前庭西南の敷地に独立建物の中央図書館として古川図書館が開館した。古川図書館の蔵書数は、翌六五年度時点では約七万九〇〇〇冊だったが、七〇年度には一一万七〇〇〇冊余りに達した。蔵書の充実に伴い、次第に書庫の不足への対応が課題となっていく。

一九七〇年代後半になって、手狭となった古川図書館に代わる新たな総合図書館の建設計画を立案する作業が始まった。七七年の図書館商議会で、新図書館は、学習・研究・保存・総合の四機能を柱とすること、総面積は一万五〇〇〇㎡とすること、位置はキャンパスの中央とすることなどが決定された。だが、面積は縮小を余儀なくされ、一万㎡と、構想の三分の二にとどまることとなった。なお、古川図書館の方は、学内措置として総合研究資料館に転用されることになった。

新中央図書館は一九八一年九月に開館した（図5-14）。自動入退館方式、全面開架、無断持ち出し防止装置、貸出返却の電算処理が設備・運用面での特徴だった。その後、八九二年度に学生数がピークとなること、収蔵スペースの不足が見込まれたことから、八四年に増築検討委員会が立ち上がり、九四（平成六）年に増築工事が完成した。これにより、総面積は当初の構想通り約一万五六〇〇㎡となった。

2　入試制度の変遷

新制大学入試の開始

一九四九（昭和二十四）年五月三十一日に発足した新制名大での最初の入学試験は、六月八日から十二日にかけて行われた。事前に提出させた「進学適性検査」（後述）の成績と出身校の校長が作成した調査書に基づく第一次試験が行われ、これに合格した者を対象に学力検査と身体検査が第八高等学校、名古屋経済専門学校及び瑞陵高等学校を会場として実施された。志願者は一九三九名、受験者一七二二名、合格者七四二名（法経学部二四六名、文学部九八名、教育学部四四名、医学部〔医学進学課程〕八三名、工学部二〇一名、理学部七〇名）だった。定員に対する志願倍率は全体で二・六倍となった。

昭和三十年度　数学　受験番号　解析Ⅰ

（1）放物線 $y=x^2$ 上に四点 A, B, C, D を，直線 AB, BC, CD の方向がそれぞれ一定になるようにとるならば，直線 DA の方向もまた一定になることを証明せよ。

図 5–15　名大の 1955 年度入試問題（数学の問 1）

初めて行われた学力検査の教科（科目）は、全学部共通で、国語、社会（一般社会・東洋史・西洋史・人文地理・時事問題・国史）、数学（解析Ⅰ・解析Ⅱ・幾何）、理科（物理・化学・生物・地学）、外国語（英語・ドイツ語・フランス語）だった。受験生は、国語以外の教科では一科目ずつ選択して受験することになっていた。これは、大学が教科や科目を指定すると、高校教育がその教科・科目だけを重視するようになり、幅広い学習の妨げになってしまうこと、受験科目を複数にすると、カリキュラムの制約上、複数科目の履修が難しい職業学科の高校生が不利になってしまうことなどを危惧した文部省の方針に即したものだった。

しかし、こうした方針に多くの大学が不満を募らせた。大学で学ぶ専門分野の基礎となる科目を高校で履修しないまま学生が入学してくることになったからである。そこで文部省は、一九五〇年三月、社会・数学・理科の三教科について、受験生の選択する科目を二科目に増やすことを容認することにした。ただし、代わりに、農・工・商（経済）・水産・家政など、職業と結びつきの強い学部での入試には、社会・数学・理科のなかに、職業または家庭に関する科目を加えるよう通達した。これは、大学に対して受験科目の増加を認める一方、高校の職業学科の出身者が入試で不利にならないようにするための措置だった。

これをうけて名大は一九五一年度入試において、社会・数学・理科については各教科から二科目ずつを受験生に選択させることとし、職業科目からも出題して、そこから選ぶこともできるようにした。具体的には、経済学部では社会のなかの科目に商業経済を加え、工学部では数学において幾何の代わりに図学を、理科については化学の代わりに工業化学を、物理の代わりに電気工学を受験生が選択して解答してもよいことにした。しかし、受験生による職業科目の選択を可能とする方式が採用されたのは、名大では一九五一年度だけだった。五二年度入試では、職業科目の出題は取りやめとなり、国語、社会（一般社会・日本史・世界史・人文地理・時事問題から二科目を選択）、数学（解析Ⅰ・解析Ⅱ・幾何から二科目を選択）、理科（物理・化学・生物・地学から二科目を選択）、外国語（英語・ドイツ語・フランス語から一科目を選択）となった。こうした措置について県内の高校からは、職業高校からの受験生に不利になるので考慮してほしいとの声も上がった。だが、これに対して、名大は職業高校から進学できる大学はほかにあるなどと述べて難色を示し、進学希望者は普通教育を学ぶよう指導してほしいと高校に求めた。

新制大学発足期の入学志願者は、学力検査に先立って、全国一斉に実施される「進学適性検査」を受験しなければならなかった。これは集団知能検査としての役割を期待されたもので、受験競争の緩和を目的としていた。適性検査の問題は文部省が作成し、都道府県ごとに設置された進学適性検査監理委員会が実施した。検査結果の使い方（換算方法）は各大学に任されており、名大では一つの教科と同じ重み（配点）を持たせるという、他の多くの大学と同じ方式が採用された。しかし、進学適性検査の使用は一九五五年度以降、各大学の任意となり、名大を含む多くの大学が利用を見送ったことで事実上廃止となった。なお、名大ではこの年度の入試から二段階選抜方式を取りやめている。

図5–16　白線の入った学帽を被る旧制第八高等学校の生徒たち

「白線浪人」対策

学校教育法の施行により新学制が始まったが、大学令や高等学校令などの旧制度に基づく大学や学校の多くはすぐに廃止されたわけではなく、しばらくは移行期間が設けられていた。旧制大学への最後の入試は、旧制高校やその他の旧制学校の卒業者、さらには「白線浪人」を対象として一九五〇（昭和二十五）年三月に実施された。「白線浪人」とは旧制高校を卒業して直に大学に進学しなかった「浪人生」のことである。旧制高校の制帽に白線が入っていたことからこのように呼ばれていた（図5–16）。

この一九五〇年三月の入試は、旧制大学に入る最後のチャンスであり、また新制大学も受験できたが試験科目の関係で不利になることから、志願者が殺到した。そこで旧制大学は試験の期日を一期と二期の二回に分けることになり、旧制名大は医学部と工学部が二回とも、理学部・文学部・法経学部は二期のみで実施した。また受け入れ人数を増やすために入学定員を増加させることが求められ、旧制名大は文学部と法経学部が各一二〇名の予定を三六〇名とした。一方、理系学部は実験設備の関係から、三一五名から三四六名へと小幅な増加にとどまった。

旧制大学への最後の入試が終わってもなお、全国で七〇〇〇名の「白線浪人」が残った。この「救済」のため、今度は新制大学の第二学年もしくは第三学年への編入試験が行われることになった。志願者は、会場となった東京大学・東北大学・京都大学・広島大学・九州大学に集められ、全国一律の総合試験が一九五一年一月十二日と十三日に実施された。この結果をうけて、新制名大は志願者一〇六一名のうち一四二名の編入を認めた。

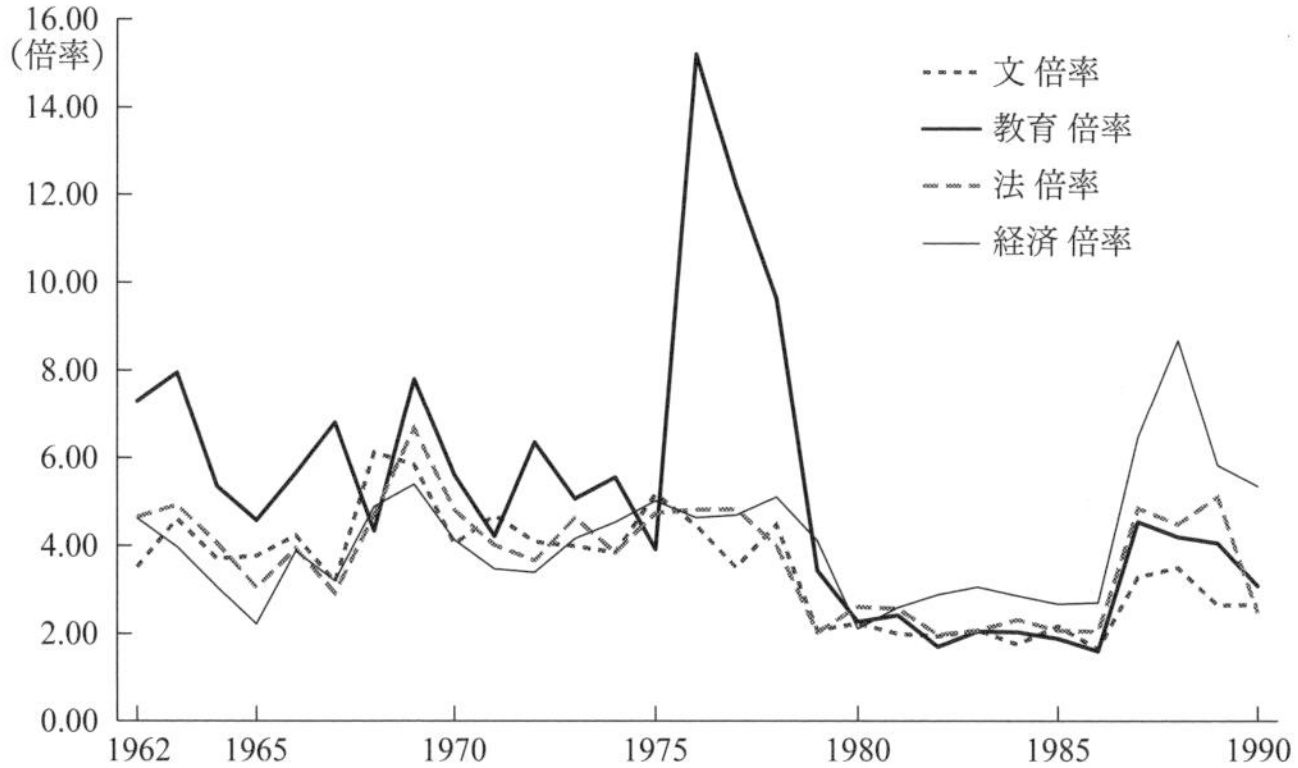

図 5-17　文系学部の入試倍率（志願者数／定員）

入試倍率と受験科目の変遷

新制国立大学は、一九七八（昭和五十三）年度に共通一次試験が導入されるまでの間、試験期日によって第Ⅰ期校と第Ⅱ期校とに分けられ、それぞれ別の日に入試を行っていた。このため二回の受験機会があり、両方に合格した者はその後で、入学する大学を決めることができた。名大を含むすべての旧帝国大学は一貫して第Ⅰ期校だった。名大の入学倍率は学部により差はあったが、六〇年代以降、文系学部で二倍から八倍程度、理系学部で一・五倍から五倍、医学部で三倍から七・五倍の間にあり、名大全体の平均倍率は例年二・五倍から五倍程度だった（図5-17・18）。

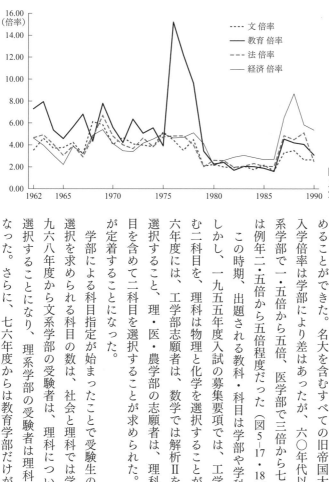

この時期、出題される教科・科目は学部や学科に関係なく基本的に全学共通だった。しかし、一九五五年度入試の募集要項では、工学部志願者においては数学は解析Ⅱを含む二科目を、理科は物理と化学を選択することが「望ましい」と記載された。また、五六年度には、工学部志願者は、数学では解析Ⅱを含む二科目を、理科では物理と化学を選択すること、理・医・農学部の志願者は、理科では物理と化学のうち少なくとも一科目を含めて二科目を選択することが求められた。これ以降、学部ごとに独自の科目指定が定着することになった。

学部による科目指定が始まったことで受験生の科目選択の幅は狭まったが、受験生が選択を求められる科目の数は、社会と理科では学部を問わず二科目だった。しかし、一九六八年度から文系学部の受験者は、理科については一科目、社会については二科目を選択することになり、理系学部の受験者は理科二科目、社会一科目を選択することになった。さらに、七六年度からは教育学部だけが理科一科目、社会一科目と選択科目数

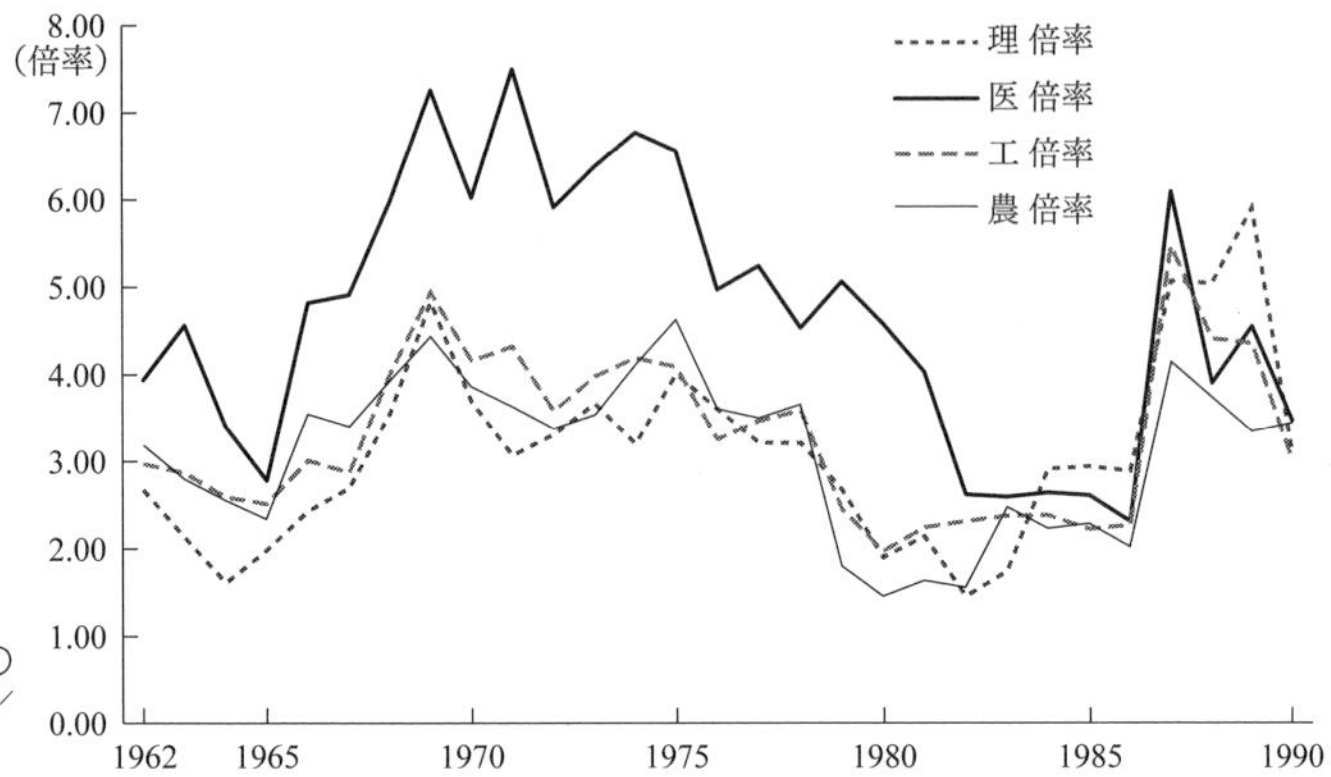

図 5–18　理系学部の入試倍率（志願者数／定員）

を削減した。このためか、前年度三・九倍だった教育学部の入学倍率は、この年度には一五・二倍に跳ね上がり、七七年度も一二・二倍、七八年度も九・六倍と、共通一次試験導入まで高倍率を維持した。

共通一次試験の導入と展開

文部省の中央教育審議会では、大学入試合同委員会が一九六九（昭和四十四）年の大学入試制度改革論議のなかで「共通学力テスト」に言及し、七〇年に「高等教育の改善に関する基本構想試案（中間報告）」を公表した。これが「国公立大学共通第一次学力試験」（共通一次試験）の起源になったとされる。他方、国立大学が実施してきた第Ⅰ期校・第Ⅱ期校入試方式は、第Ⅰ期校と第Ⅱ期校の区別が両者間に格差を生み出しているとの批判が早くからなされていた。そこで国立大学協会を中心に制度の見直しが行われ、その結果、七四年の国立大学協会総会で入試期日の一本化が承認された。そして国立大学協会は七六年の総会で、共通第一次試験が大学の入試改善に資すると判断する、との内容の「大学入試改善に関する意見」を可決し、共通一次試験の導入が事実上確定した。その実施のため、七七年五月には大学入試センターが設置された。

第一回の共通一次試験は、一九七九年一月に実施された（図5–19）。当初は、国語（現代国語及び古典Ⅰ甲）、数学（数学一般・数学Ⅰから一科目選択）、理科（基礎理科一科目、または物理Ⅰ・生物Ⅰ・化学Ⅰ・地学Ⅰから二科目選択）、社会（「倫理・社会」・「政治・経済」・日本史・世界史・地理A・地理Bから二科目選択）、外国語（英語A・英語B・ドイツ語・フランス語から一科目選択）の五教科七科目（ただし数学一般・基礎理科・英語Aは当

図 5-19　名大で行われた第1回共通一次試験（1979年1月）

該科目を高等学校で履修した者に限る）について、各教科二〇〇点満点の合計一〇〇〇点で採点がなされた。その後、高等学校学習指導要領が改訂されると、それに伴って試験科目も変更されていくことになる。

共通一次試験の導入により、国立大学は原則的に一校しか受験できないことになった。このため、名大の二次試験の倍率は、年度と学部による若干の差はあるものの、全体として二倍前後に落ち着いた。しかし、一方で共通一次試験の点数が合否の目安となるとともに、入学難易度による大学間の序列化が明瞭になった。こうした序列化への批判や受験機会の複数化を求める声が高まり、一九八七年度から二次試験に「連続方式」が導入された（九六年度まで）。これは、二次試験の日程をA・B二つの日程に分けることで、受験生に二回の受験機会を提供するものだった（複数大学の合格後に入学する大学を決めることができた）。名大では全学部がA日程で入試を実施したが、経済学部だけが翌年度からB日程での入試も行った。この時期、経済学部の入学倍率は八倍ほどに上昇した。他の文系学部は三倍から五倍、理系学部（医学部を含む）では三倍から四倍程度となった。

一九八九（平成元）年度からは「連続方式」と併行して「分離・分割方式」も導入された。「分離・分割方式」は、前期日程と後期日程の計二回の受験機会がある点で「連続方式」と同じだったが、複数の大学に合格した後に入学大学を選ぶことはできないという点で異なっていた。共通一次試験は、八九年一月まで一一回にわたって実施され、九〇年度から大学入試センター試験となった。これに伴って私立大学による利用が始まり、また大学ごとにセンター試験の教科数・利用の仕方を決定できる「アラカルト方

図 5–20　名大の第二次学力試験（1985 年 3 月）

式」が採用されることになった。

学部入試の改革

共通一次試験の導入によって二次試験が大学ごとに実施されることになり、各大学が一次と二次の配点比率や二次試験の教科・科目を定めることになった。名大の一九八〇（昭和五十五）年度入試における一次と二次の配点比率は、文・教育・理・工・農の各学部が一〇対六、法学部が一〇対五、経済学部が一〇対七、医学部は一〇対一〇とした が、その後しばしば変更された。二次試験では、文系の全学部で外国語（英語B・ドイツ語・フランス語から一科目）と数学（数学ⅡB）が課され、ほかに文学部は国語（現代国語と古典Ⅰ乙の二科目）、教育学部は国語（現代国語のみ）、法学部と経済学部は国語に代えて小論文を課した。法学部の小論文は、高校での社会科の学習を前提とした出題とし、六〇〇〜八〇〇字以内で解答するものだった。経済学部の小論文は、一般的な設問とし八〇〇字以内での記述を求めるものだった（八〇年度入試）。

理系学部では、全学部で外国語（英語B・ドイツ語・フランス語から一科目）と数学（数学ⅡBと数学Ⅲ）が課された。理科については、理学部は物理・化学・生物・地学から、医学部と農学部は物理・化学・生物から、工学部は物理と化学の各科目から一科目（各科目ともⅠとⅡの両方）を受験生が選択して解答するものとした。

共通一次試験では、設問に対して複数の選択肢から正答を選ぶ「マークシート方式」が採用されたため、受験生の思考力や表現力をみるのが困難だと考えられた。そこで右のような小論文が採用されたほか、推薦入試も導入されるようになった。名大で初めて推薦入試を採用したのは一九七九年度の理学部だった。初年度は、定員（二二〇名）の約一割について、共通一次試験を受験し、出身高校の校長からの推薦を受けた者に対して、筆記試験による二次試験の代わりに、書類選考と面接によって入学者を選抜した。その後、段階的に推薦入学者の枠を増やし、八八年度には定員二八〇名のうち約六〇名（書類選考のみ約三〇名、書類選考と面接選考によるもの約三〇名）とした。

一九八四年度には工学部が推薦入試を導入した。これは、各学科に割り当てられた入学定員の二〇％以内について、共通一次試験を受験し、高校の校長の推薦を受けた者に対して、入学後の勉学について明確な志向と熱意を持ち、それにふさわしい適性と学力を備えていることを検査するため書類選考により選抜するものだった。

さらに一九八五年度には農学部も推薦入試を始めた。各学科定員の一〇％以内について、推薦書・志願理由書・調査書・共通一次試験の成績によって総合的に選考するもので、面接試験は実施しなかった。

医学部は、一九八四年の春から入試改革に着手し、八六年度入試から面接試験制度を、八七年度には推薦入試制度を導入した。この改革は、従来の学力試験だけの選抜の結果、入学後に意欲を失う学生や、医学を学ぶのに適さないと考えられる学生、卒業できない学生が相当数入学してきていることなどへの対応策としてなされたものだった。共通一次試験の成績・調査書・推薦書・志願理由書により絞り込まれた志願者に対し口頭試問を行って約二〇名の合格者を判定するものだった。

このように推薦入試の実施は名大では理系学部が先行したが、一九八七年度からは法学部が、八八年度からは経済学部が推薦入試を始めた。法学部では初年度、募集人員

図 5–21　名大の入試合格発表（1983 年 3 月）

（一九〇名）の二五％以内について、志願理由書・推薦書・調査書・共通一次試験の成績により総合的に判定するとし、一部の者については必要に応じて面接試験を行うことになっていた。経済学部は共通一次試験を課さない推薦入試を導入した。初年度（八七年十月に実施）は約三〇名募集のところに三八八名の応募があり、書類による一次選考で七〇名に絞ったうえで小論文と面接試験を実施し合格者を決定した。

一九八〇年代には、推薦入試に加えて、各学部で特色ある入試の導入が進められた。文学部では八五年度入試から、二次試験で外国語に代えて「総合問題」を課すことにした。これは、高等学校の国語・社会・外国語の学習を前提とした、思考の枠組みにとらわれない、課題への柔軟な対処能力を評価することで、共通一次試験を補完し、文学部にふさわしい入学者を多面的に選抜することを目的としていた。

教育学部でも同年度から、国語に代えて「論述的学力検査」を実施した。これは国語と社会の学習を前提としたもので、ある程度の長さの説明文や図表などの素材を見て、それに対する設問に論述によって答えるものだった。

法学部は、大講座制への移行（第5章1節参照）を検討するなかで、社会人と帰国子女を対象とする特別選抜制度の導入を決めた。どちらも一年次もしくは三年次への入学希望者を対象に一九八三年度から実施された。社会人特別選抜は、国立大学の昼間部としては全国初とされ、一年次選抜への出願資格は、名大への入学までに社会に出てから五年以上を経過している者で、三年次への出願資格は、大学もしくは短大を卒業してから五年以上経過している二十五歳以上の者とした。書類により第一次選抜を行ったうえで一つの外国語と小論文による第二次選抜を行い、面接による第三次選抜で合否を判定した。初年度は一年次（定員約五名）に一二一名の応募があり、三年次（定員約一〇名）には六一名の応募があった。帰国子女の特別選抜は、書類による第一次選抜を実施したうえで、一年次への入学試験は小論文と面接による第二次選抜を行い、三年次への編入学の場合は一つの外国語と小論文の試験及び面接を行うものだった。八三年度には五名、八四年度には一名、八五年度には四名が入学した。

3　カリキュラムの変遷

「大学基準」とカリキュラム

新制大学のカリキュラムは、一九五六（昭和三十一）年に文部省が大学設置基準を省令として出すまでは、大学基準協会の定める「大学基準」によってその大枠が定められていた（第4章1節参照）。

一九四七年七月に決定された初めての「大学基準」では、大学は一般教養科目（今日の教養教育科目にほぼ相当する）と専門科目（専門教育科目）とを開設するものとされた。各大学は、一般教養科目については、人文科学（外国語を含む）・社会科学・自然科学の三系列それぞれ三科目以上、文系の大学・学部では合計一五科目以上、理系では計一二科目以上の授業を必ず用意しなければならなかった。他方、学生が卒業するのに必要な単位数は一二〇単位と定められた。文系の学生は、一般教養科目について、外国語一科目を含め三系列それぞれ二科目以上合計一〇科目以上計四〇単位以上、専門科目は八〇

図 5–22　豊川分校（教養部）の教養部生たち（1949–52 年頃）

単位以上を取得するものとした。理系の学生は、一般教養科目に外国語一科目を含め三系列各二科目以上合計九科目以上計三六単位以上、専門科目は八四単位以上を取得しなければならないとした。さらに同年十二月の「大学基準」の改訂で一二〇単位のほかに「一般体育」四単位の履修が加わった。

「大学基準」は一九五〇年六月に大幅な改訂がなされた。大学は一般教育科目（「一般教養科目」を改称）として、文系・理系共通に三系列それぞれ五科目以上計一五科目以上を提供するものとし、一科目四単位を原則とした。それまで一般教養科目に含まれていた外国語はそこから分離され、大学は二つ以上の外国語について各八単位以上の科目を用意すべきとした。学生は卒業までに一般教育科目を各系列三科目以上計三六単位以上、専門科目（専攻科目・それに関連する科目・自由選択科目）を八四単位以上、合計一二〇単位を修得するものとし、ほかに体育に関する科目（講義二単位と実技二単位）四単位を履修するものとした。履修した外国語の単位は専門科目の単位に含まれることになった。

新制大学のカリキュラムを設計する際の最大の課題は、教養教育（一般教育）と専門教育との関係をどう調整するかということだった。旧制の大学や専門学校では三年（医学は四年）の専門教育が行われたのに対し、新制大学では、教養教育と専門教育とで四年間を分け合わねばならなくなっていたからである。名大では専門教育を重視する傾向が強かった。右の「大学基準」改訂を協議した一九五〇年六月の大学基準協会総会で、名大からの出席者は学術水準の低下を懸念する立場から、専攻科目の履修単位が圧縮されることへの不満を表明した。しかし、「旧制大学の観念」を捨てるよう説諭され、「大

図 5–23　教養部授業の化学実験（1960年頃）

学基準」の改訂は賛成多数で承認された（大学基準協会『会報』第六号、一九五〇年十月）。

だが名大は、一九五一年、一般教育について、文系学生のための人文・社会科学の系列の講義と、理系学生のための自然科学の系列の講義を、それぞれ一週二時間一期で一単位とし、反対に文系学生の自然科学と、理系学生の人文・社会科学の講義は一週一時間一期で一単位とする独自の内容を教養部規程に盛り込んだ。専門教育の基礎にあたる内容の科目について単位数を半分に見積もることで、実際の学修時間を二倍にするようにしたわけである。しかし、この措置も「大学基準」に違反するとの大学基準協会からの指摘を受け、五四年に改められた。

大学設置基準の制定

一九五六（昭和三十一）年、文部省が省令として大学設置基準を制定した。以後、大学のカリキュラムは、これに基づくことになった。大学設置基準は、「大学基準」と同様に、大学は一般教育科目として、人文・社会・自然の各系列三科目以上で計一二科目以上の授業を開設するものとした。ただし、外国語科目は一か国語だけの開設も容認した。また学部や学科の種類によっては八単位までを、新たに設定した「学部の専攻分野に関連」する「基礎教育科目」で置き換えることを認めた。これは、専門教育（「専門教育科目」と呼ばれた）の基礎教育の部分を一般教育科目に位置づけることで、専門教育を強化する措置だった。学生が卒業するのに必要な単位数は一二四単位以上とし、そのうち一般教育科目は各系列それぞれ三科目以上一二単位、合計九科目以上三六単位を、「専門教育科目」は七六単位以上を修得するものとした。また、一つの外国語の科

図 5–24　芦田淳学長
(1969 年 7 月–75 年 7 月)

目八単位、保健体育科目四単位を履修するものとした。

大学設置基準の一九七〇年改正では、一般教育科目の扱いが弾力化された。従来、学生は系列ごとに三科目以上一二単位を修得しなければならなかったが、改正後は人文・社会・自然の三分野で計三六単位を修得すればよいこととなった。また、大学は複数の分野にまたがる内容を持つ「総合科目」の開設ができることになった。さらに三六単位のうち一二単位まで外国語科目、基礎教育科目もしくは専門教育科目に振り替えることができるように制限が緩和された。

「四年一貫教育」理念の誕生

一九六〇年代以降、全国的に国立大学の入学定員が急激に拡大し、一・二年生の教育を一手に引き受ける教養部の授業はマンモス化していた。また、六〇年代終わりの大学紛争を背景に教養部のカリキュラムの改革が求められるようになった。名大では大学紛争の最中に篠原卯吉学長に替わった芦田淳学長が、大学のあり方そのものを根本的に考える場として、大学問題検討委員会(仮称)を設置しようとした。そこで、まずは評議会のなかに準備会を設置し、教員組合や大学院学生組織、学生組織など各層の意見を聴取することにした。しかし、異論が多く出され、結局、準備会は廃止された。次に芦田学長は、一九六九(昭和四十四)年十一月に学長の私的諮問機関として名古屋大学改革試案研究委員会(続有恒教育学部教授が委員長に就任)を発足させ、議論のたたき台として「大学改革についての学長私案」を示した。

同委員会は、「学長私案」を踏まえて検討を進め、一九七〇年一月に中間報告の形で

「名古屋大学改革のための討議資料（第一回）」を公表した。そこでは、従来の一般教育について、①大学の前期二年を教養部として制度化したことで形骸化した、②「教養」と「専門」が対比的に扱われ、前者が後者の下位に位置づけられた、③その結果、教養部教官の意欲を失わせ、また一般教育が特殊専門的内容あるいは入門的・概説的内容となったことで専門教育との関連が見えなくなり学生の勉学の熱意を喪失させた、と「一般教育に対する反省」を列挙した。そして改革の基本方針として、一般教育の強化と、「一般教育が定着するよう、在学中の全期間（四年ないし六年）、むしろ、後半に重点をおいて行なわれることが望ましい」という、「四年一貫教育」（医学部は六年）の考えを提示した。

そのうえで、同委員会は、一般教育の内容について、高度化、内容の豊富化、主題化、学生意見の反映などの課題を示し、実施のために全学の教員が責任を負うこと、セミナー方式の導入、学生の自習のための時間的・設備的配慮、単位数の削減、学生による選択の自由の尊重、ガイダンスの充実、全学的な一般教育委員会の設置、さらには教養部制度の廃止（第8章1節参照）などを提言した（『名大ニュース』特集号、一九七〇年一月）。この提言は、学長の私的諮問機関による中間報告という形ではあったが、一般教育の問題を教養部だけに負わせるのではなく、全学的に考えていくための重要な契機となった。

「四六カリ」の導入

こうした議論を背景に、教養部で四十六年度カリキュラム作成委員会が設置された。

図 5–25　教養部の授業風景（1967 年頃）

そこでは学生たちの要求や意見を聴きながら検討が進められ、一九七一（昭和四十六）年一月の教官会議で新しいカリキュラム（通称「四六カリ」）が決定された。このカリキュラムのもとで教養部在籍中に修得が求められた単位数とそのなかで履修の必要な外国語について、六九年度入学生用のものと対比させると次のようにまとめられる。

	一九六九年度入学生	「四六カリ」
文学部	六〇単位、三外国語	五六単位、二外国語
教育学部	六〇単位、二外国語	四八単位、一外国語
法学部	六〇単位、二外国語	四八単位、一外国語
経済学部	六二単位、二外国語	五六単位、二外国語
理学部	七一・五単位、二外国語	六〇単位、一外国語
工学部	六五・五単位、二外国語	六〇単位、一外国語
農学部	六八単位、二外国語	六〇単位、一外国語
医学進学課程	七九単位、二外国語	七六単位、二外国語

このように「四六カリ」では、学生の自発的学修を期待して、教養部在籍中に修得すべき科目・単位数を大学設置基準に準拠し、それ以外の必修科目の単位数はできるだけ少なくした。たとえば、教育学部と法学部の学生に課された四八単位とは、一般教育科目三六単位＋外国語一科目八単位、保健体育四単位という、大学設置基準の定める最低単位数と同じだった。加えて「四六カリ」の実施にあたって、クラスが学生の活動基盤となるよう、未修外国語（初修外国語や第二外国語ともいう）と理系学生の数学に基づく

開講時間とクラスの指定、開講時間の系列（人文・社会・自然・外国語・保健体育）ごとの整理、教養部在籍中に修得すべき学部専門科目の削減、少人数の演習（セミナー）の開設、ガイダンスの強化といった工夫がなされた。さらに一九七二年度後期には、特定の主題を取り上げて複数の学問分野の内容にわたる「総合科目」を試行的に開講し、翌年度から正式に導入した。

「五九カリ」へ

「四六カリ」の実施後も一般教育の諸問題を検討するため、大学としての検討が重ねられた。一九七二（昭和四十七）年十一月、学長の下に「研究と教育に関する大学問題検討委員会」が設置された。同委員会は、七四年九月に「一般教育課程の改革について」を答申し、「一般教育と専門教育とは、前者が後者の背景をなし、後者は前者の重要性の認識を助長するという有機的相補関係にあるべき」として「四年一貫教育」という考え方を明確に提示した（『名大ニュース』第三九号、一九七四年九月）。この答申は、四年一貫教育の導入を初めて全学的なレベルで承認したもので、この後、名大で四年一貫教育の検討がなされるたびに繰り返し言及される画期的なものとなった。

答申をうけて、一九七四年十二月の評議会で四年一貫教育検討委員会の設置が承認された。同委員会は七七年七月に、①科目の多様化を図るために非専攻の専門科目のうちふさわしいものを一般教育の単位として認める、②専門科目の一つとして「プレ・セミナー」を開設する、③一外国語八単位を卒業要件としている学部でも二外国語が履修できるよう時間割を編成する、などの具体的な内容を含む答申をまとめた。

名古屋大学新聞

大幅な教養部改組へ

名大改革委員会で一致

教養学部を設立

学生不参加の下、改革進む

一般教育を四年一貫に

カリキュラム面で学部と詰めへ

図 5-26　教養部改革を報じる『名古屋大学新聞』(1975年4月)

一方で、学生の自発性や主体性に多くを期待した「四六カリ」をめぐって、基礎学力の低下、学修意欲の減退、実利主義的風潮の広がりが指摘されるようになった。たとえば、学部進学に必要な最低限の単位しか修得しなかったり、既修外国語しか履修せず、あるいは未修外国語を履修しても途中で投げ出してしまったり、工学部の学生でありながら数学を履修しない者や、文系学生向けの自然科学系列の科目を理系の学生が安易に履修するケースなどが出てきた、演習や実験・実習といった学修負担の重い授業が敬遠され、単位認定が容易だとみられる教官の授業に学生が集中し科目ごとの受講者数の不均等が目立つようになった、などと学生の履修態度を嘆く声が次第に多く聞かれるようになってきたのである。

こうした状況のなか、先の四年一貫教育検討委員会答申を踏まえた試行が必要ではないかとの考えが支持され、教養部内に四年一貫教育実施準備委員会が設置された。同委員会は、①一部通年制授業の導入、②少人数教育の充実、③専門科目の一部を他学部の学生に一般教育科目として開放することなどによる授業科目の多様化、④農学部と理学部でのプレ・セミナーの試行などを提案し、全学的にも了承された。そして一九八一年六月の教養部教授会で「四六カリ」の根本的見直しなどを目的に、新カリキュラム案準備委員会を設置することが決まった。同委員会はさらに審議を重ね、八三年二月の教授会で新カリキュラム案が承認された。

こうして一九八四年度から新しいカリキュラム(通称「五九カリ」)を導入することが決定した。その特徴は、①必修または選択必修の導入、②文科・理科別の指定の明確化、③人文科学・社会科学セミナーの新設と文系学生への必修化、④理系学生へのセミナーの選択必修化、⑤演習・実習の重視、⑥総合科目を含む授業科目の多様化、⑦一年次・二年次の履修単位数の適当な配置、⑧通年制講義の拡充、⑨外国語の二か国語必修化などである。教養部在籍中に修得すべき単位数は、文系学部で五六単位、理系学部で六七・五単位、医学進学課程で七八単位となった。

「五九カリ」の一つの目玉は、人文科学・社会科学セミナーだった。これは、原則的に一クラス二〇名を限度とする少人数のセミナー形式の授業を通じて、読む・書く・討論するという学問的基礎能力を養い、人間関係を確立し、かつ学問研究への動機づけをも目指すものだった。セミナーには大学院学生が学生指導を補助するチューター制度も導入された。文系一年生向け、通年四単位の選択科目として開設され、人文もしくは社会科学の取得単位として充当されることになっていた。初年度は人文六コマ・社会七コマ、一九八五年度は人文八コマ・社会八コマ、八六年度から八八年度は毎年人文一〇コマ・社会一〇コマが開講された。五年間の受講者数は延べ一六七三名となり、履修した学生からの評価も高かった。

もう一つの新たな試みは一九八七年度から始まった主題別授業だった。これは、総合科目とは異なり一人の教官が授業を担当するが、個別の授業を一定の主題・副主題のもとで開講することにより、現代に学ぶ者が身に付けるべき中心テーマについて積極的に議論を提起し、学生に個別科学の相互連関や位置づけを理解させ、学習意欲を高めようとしたものだった。初年度には次のような授業が開講された（『教養部改革調査報告書』一九八八年三月）。

図 5–27　教養部の教授会・教官会議議事録

主題	副主題	授業科目
世界と日本	アジアにおける日本	日本史／東洋史
	異文化の接触と交流	東洋文学
	日本の近代化	社会経済史／社会思想史
	国際化と日本	経済学
環境と人間	地域社会と人間	心理学／社会学
	東海地方の人間・社会・自然	社会学
	自然環境の構造と動態	地学／生物学
自然の認識	物質の成り立ち	化学
	現象と数理	数学
	自然科学と社会	物理学

4　先端研究の進展

科学研究活動の戦後復興

第二次世界大戦が一九四五（昭和二十）年八月に終結したのち、日本の科学研究においては旧帝国大学の役割が増すこととなった。軍関係の研究機関が解体され、財閥系の研究機関も解体や活動中止となり、組織としては存続していても経営の立ちゆかない公益法人もあったためである。国立大学に基礎研究の期待がかかったが、四九年に新制大

図 5–28　1967年1月まで使われた環境医学研究所校舎（東山キャンパス）

学に昇格した大学はどちらかといえば教育重視であり、旧帝国大学の研究活動が重要だったのである。

文部行政においては、研究に専念できる部局である大学附置研究所の整理拡充がなされた。前述のように名大では、戦時中の一九四三年にその緊要さがいよいよ痛感されるとして設置された航空医学研究所を四五年末に廃止し、四六年に環境医学研究所を設置した（第3章2・3節参照）。その目的は環境医学に関する学理及びその応用の研究を推進することで、名大で最も歴史ある附置研究所の誕生であった。四九年には、空電、すなわち自然界に存在する電波の研究に従事する空電研究所を設置した。航空機無線に影響を与える空電については、当時国内のみならず国外からも注目されるところであった。

とはいえ、名古屋帝国大学は一九三九年に創設されたばかりであり、しかも、終戦直後の名古屋市は空襲で壊滅状態である。研究活動の復興は、ようやく研究に集中できる喜びを噛み締めながら、それぞれの部局、各々の研究室において、教員と学生の精力的な取り組みによってなされたのであった。

このうち医学部は、空襲によって施設の大半を焼失していた一方、愛知医学校からの流れを汲み、教授の陣容は整っていた。戦前から研究成果をあげていた教官、たとえば一九一七（大正六）年に愛知県立医学専門学校に着任した脳神経外科学の齋藤眞や、一九年に同校に着任し、後に名大学長となった血液学の勝沼精蔵らに続き、名古屋医科大学出身で実験動物の無菌飼育により純粋な生体反応研究の道を切り拓いた宮川正澄が四六年に、X線廻転撮影法からCTの基盤づくりに進んだ高橋信次が五四年に着任するな

図 5–29　齋藤眞（1949 年撮影）

どして、医学に新展開をもたらす研究が続けられた。

一方、理学部と工学部は、ようやく教官人事が整い、研究が始動しつつあるなかで名古屋大空襲を受けて、実験器具とともに疎開することを余儀なくされていた。したがって研究活動の立ち上げが疎開先の各地で行われていたようなものであり、一九四五年十月以降に順次名古屋市内に戻って本格的な研究活動の準備と開始がなされた。疎開先で寝食をともにし、空腹に耐えつつも暗がりで輪読をした経験が忘れられないと回想する名誉教授もおり、こうした状況により研究室に一体感が醸成されて、復興の活力となったことが想像される。名古屋大学物理学教室憲章（第3章3節参照）も、こうした背景を持って誕生したのである。

これらに対して農学部は、一九五一年、名大が新制大学へと移行するなかで最後に設置された学部であった（第4章1節）。安城キャンパスを他大学と共有するという状況のなか、事務室は名城キャンパスに、教官室にいたっては東山の理学部、高蔵の工学部、安城の農事試験場などに分散しており、間借りするなかで研究が始まったのである。しかし、同居する他学部の研究室で実験装置を借り、実験技術も伝承してもらうなど、この時期にも着実に研究基盤を整えていたことがうかがえる。わずか四講座で始まった農学部であったが、四年後には一二講座となり、安城キャンパスを専有するとともに、農場や演習林、蔵書等が整備されて、研究環境が整っていった。

医学部を除くいずれの部局にもいえることだが、名帝大設置の際に既設の旧帝大から教官として集められた人々のなかには、若手から中堅世代が多く含まれていた。これが自由闊達な名大の学風を下支えした可能性は高いであろう。また、新たな人事をこれら

図5-30　名大に着任した当時の野依良治当時准教授（1968年，前列中央）

の教官が行うことになり、新進気鋭の若手を登用することへの障壁が低かったものと考えられる。のちにノーベル賞を受賞することになる若き日の野依良治（第9章4節参照）をはじめ、錚々たる面々が三十代で教授となっている（図5-30）。しかも、こうした目利きができる教官のなかには、国内外に優秀な弟子を輩出する者もおり、スクール（学派）と呼ばれるにふさわしい学者集団を形成していくことになった。次項からは、まず理系部局について、名大のなかでも特に有名なスクールを紹介することで、新制名古屋大学における研究と人材育成の発展の様子を見ていこう。

坂田スクール

名大のスクール（学派）としてまず名前が挙がるのは坂田スクールであろう。坂田昌一が率いた素粒子理論の研究室、通称E研は、坂田の考えた民主的な研究室運営が実際に適用された場であった（口絵5、図5-32）。

一九一一（明治四十四）年に東京で生まれた坂田昌一は、旧制甲南高等学校を経て、三三（昭和八）年に京都帝国大学理学部物理学科を卒業し、理化学研究所仁科研究室の研究員となった。仁科芳雄、朝永振一郎と共同研究を行ったのち、三四年に大阪帝国大学理学部に採用されて湯川秀樹と中間子論の研究を進めることとなり、三九年には湯川とともに京都帝国大学理学部へ移った。「二中間子論」を提唱した四二年、坂田は名古屋帝国大学理学部の教授となり、戦時疎開を経て名古屋に戻ってからは、名古屋大学物理学教室憲章の作成を主導した。坂田は、素粒子理論の研究において、朝日賞（四八年）、中日文化賞（四八年）、学士院恩賜賞（五〇年）などの数々の評価を得るとともに、

図 5–31　坂田昌一
（1966 年頃）

ストックホルム世界平和評議会やパグウォッシュ会議に出席し、科学者としての平和活動にも注力した。六二年には、日本版パグウォッシュ会議として第一回科学者京都会議の開催にこぎつけている。名大在任中の七〇年に永眠した。

民主的な研究室運営という坂田の構想（第3章3節参照）は、疎開先で読みこんだバーナルの『科学の社会的機能』や、武谷三男の三段階論、すなわち、われわれの認識は、現象論、実体論、本質論という三段階を何度も繰り返して深化するという言説に基づくものだった。この頃の坂田のノートには、バーナルからの研究組織論の抜き書きや、疎開先に武谷を招いて研究計画と方法論を検討した跡が見られる。一九四六年一月、キャンパスの焼け残ったバラックで第一回研究室会議が開催され、研究者組織の民主化に関する坂田の主張が初めて披露された。その際に坂田が根本原則として示したのは、「第一に研究者の思索に完全な自由が与えられること、第二に研究室においてなされた仕事が、研究室に属する個々の研究者の仕事の単なる和であってはならない」というものであった。ここで研究室メンバーの承認を得て、研究室会議を研究室の最高統御機関とする民主的な研究室運営が始められることになったのである。こうして、研究室メンバー間に職位や学年による上下関係はないとし、対等な関係のもとで徹底的に議論をするという気風が作られた。坂田からの指示らしい発言はまったくなく、いつも研究室会議でとことん議論するスタイルだったため「みんな、自分で勝手に研究していると思っていた」らしいが、不思議と「いつのまにか大きな影響を受けている」状態だったと、卒業生は述懐している。これがE研の伝統になるとともに、他大学の物理系教室や研究室にも影響を与えていくこととなった。

図 5–32　理学部物理学科 E 研（1966 年頃）

それから十数年後、一九五八年から五九年にかけて、E研では素粒子論の研究が転換点にあるという認識のもと、研究室の研究方針や体制について、徹底的に議論がなされた。この頃には、坂田が前に出ることはもはやなく、後ろから若い教員たちを押しているような状態だったという。議論の結果、指導者を決めずとも研究の過程でおのずと決まってくるという認識に立ち、そのためには失敗も厭わないという姿勢で、大胆な研究室運営に実験的に乗り出した。そのほか、日本の素粒子研究について、科学と社会の問題についてなど、幅広い内容が取り上げられたことが、研究室会議の議事録に残っている。

このような研究室環境のなかでの徹底した研究討論の末に、坂田模型や名古屋模型などの独創的な成果が提案された。のちにノーベル賞を受賞する、若き日の小林誠と益川敏英も坂田スクールの出身である。現在の標準模型に至る素粒子理論の発展のなかで、坂田スクールの果たした役割の大きさに、異論はないであろう。海外との交流が比較的少なかったという背景も含めて、その独自性、先見性は特筆に値するものがある。

平田スクール

坂田スクールと並び称されるのが、有機化学の平田義正とその研究室に集った面々、通称平田スクールである。東山キャンパスの理学南館には、この両者の名を冠した坂田・平田ホールが設置されている。平田は、戦中戦後の混乱期にウミボタルやフグ毒の研究を開始して成果をあげるとともに、自由な雰囲気のもとに数多くの独特な有機化学者を育てて国内外に輩出し、日本の天然物有機化学を世界最高水準へ導くうえできわめ

図 5–33　平田義正（ITbM「平田アワード」ウェブサイトより）

て重要な役割を果たした教官であった。

一九一五（大正四）年に生まれ、東京帝国大学を卒業した平田が名古屋に赴任したのは一九四四（昭和十九）年一月のことである。名帝大理学部講師として江上不二夫の研究室に配属され、同年六月に助教授に昇任した。研究室が名古屋から長野県上田市へ疎開し、終戦後もアルコールやアセトンの入手すら困難というような状況での研究活動であった。しかし、そのなかにあっても、江上から生化学の研究手法を学びつつ、東京大学伝染病研究所の細谷省吾教授と抗生物質などの研究を、また当時蚕糸試験所所長の吉川秀男博士と蚕の変異株の卵から3−オキシキヌレニンを抽出分離し、その構造決定と合成を行っている。後者の成果に対しては一九五一年に中日文化賞が授与された。五二年から五三年にかけて米国ハーバード大学のフィーザー教授のもとでステロイドの研究を行い、帰国翌年の五四年四月に名大教授に昇任して、理学部化学科第三講座（有機化学）を担当することとなった。黎明期にあった物理化学的分析法をいち早く天然有機化合物の構造決定に導入し、動植物や微生物からの特異な生理活性を呈する微量な有機化合物の単離、構造決定、化学反応性解明の研究に一貫して取り組んだ。特にフグ毒テトロドトキシンを大量抽出することに成功し、その構造決定を国際会議で発表した出来事は、国内の研究が世界の学問レベルに到達したことを証明するものとなり、若い研究者に勇気と希望を与えたといわれている。その後も、生物発光物質や腔腸動物毒パリトキシンの構造解明など、多くの世界的成果をあげた。六四年に朝日賞を受賞し、七七年には文化功労者に選ばれたことからも、こうした業績を高く評価されていたことがうかがえる。

図 5–34 中西香爾

平田は教育者としても優れ、門下から多数の著名な研究者が巣立った。先進的技術で天然物質の構造を次々と明らかにしたコロンビア大学名誉教授の中西香爾、平田研究室でのフグ毒研究で活躍し、イソギンチャク類の猛毒パリトキシンの人工合成などで知られるハーバード大学名誉教授の岸義人の二人は、たびたびノーベル賞候補に名前が挙がる。名大名誉教授の後藤俊夫、上村大輔らも平田門下であるし、のちにノーベル化学賞を受賞することになる野依良治を京都大学の助手から名大助教授に引き抜き、有機化学の第一人者として育てたのも平田である。

いまあらためて脚光を浴びている名大の有機化学研究の伝統は、名伯楽の「いい意味の放任主義」なくしては語れないとされる。学部生も教員も対等な研究者として付き合う雰囲気や、いったん学生にテーマを与えたら以降はあまり干渉しないところは、坂田スクールと相通じるところである。さらに平田は、朝一番に研究室に来て、会議や講義がないときはいつも大部屋で実験していた。「何を教えてもらったというよりも、環境がいいと、学生たちは自然に習うんだ」とは、門下生でノーベル化学賞に輝いた下村脩（ボストン大学名誉教授）の弁である。ただし、新しく研究室に配属された学生に与えるテーマがびっしりと書かれたノートがあったというエピソードもあり、平田研究室で助教授を務めたこともある中西香爾が「テーマが面白かったから、学生も全力を尽くして伸びたんでしょう」「人を見る目は鋭かった」と語っているように、周到な放任主義だったといえそうである。

日本オリジナルの研究テーマを世界最先端の実験手法を駆使して解明することをポリシーにしていた平田には、研究を通じた人材育成においても独特の見解があったとい

図 5-35　岸義人

う。たとえば、研究課題の設定は絶えず一〇年先を見て、人のやれないことに着目すること、優秀な人材から外部に出すこと、世界一の研究者を外部から連れてくる必要はなく、みずからなればよいといったことである。世界的な業績をあげる平田研究室には海外からの訪問者も多く、また多くの門下生が留学したり、海外に職を見つけたりと、国際的な活躍をしてきたことには、当時としては目を見張るものがある。その背景には、先に述べたような師の教えがあったのである。

このような教育者としての平田の功績は、停年退官に際しての名誉教授推薦文においても紙幅を費やされていたほどで、これは当時としてはかなり珍しいことである。専門分野外の人にはあまりこの功績は知られていなかったのだが、下村のノーベル化学賞受賞によって大きく報道され、広く認知されることになった。

上田門下

坂田の同僚でもあった上田良二は、坂田・平田スクールとは異なる形で、名大に大きな財産を遺している。電子回折と電子顕微鏡の研究に従事し、超微粒子を世界で最初に人工的に作りだしたことで知られる上田は、名大を電子顕微鏡学の一大拠点に押しあげた立役者であると同時に、専門分野によらず若い研究者たちを励ます存在でもあった。

上田は、儒学者の上田章を祖父に、経済学者の上田貞次郎を父に持つ、学者一家の生まれである。東京帝国大学理学部物理学科を一九三四（昭和九）年に卒業し、四二年に名帝大理学部助教授として赴任した。二年後に教授に昇進し、理学部と工学部を長らく兼任したのち、六八年に工学部専任となった。電子回折と電子顕微鏡の研究において開

図5–36　電子回析装置で研究する上田良二（1943年3月）

拓者的な仕事をしたことで知られ、五六年に朝日文化賞、五九年に瀬藤賞（電子顕微鏡学会）、六二年に機械学会賞、六五年に東レ科学技術賞を受賞するなど、その業績は高く評価されている。七三年には紫綬褒章を受章した。

上田は、オリジナルな研究にはオリジナルな装置が必要であるという考えを持っていた。実際、上田は、第二次世界大戦前に電子回折装置に真空蒸着装置を組み入れて「その場観察」を世界に先駆けて行い、日本の電子回折研究のレベルの高さを世界に知らしめた（図5–36）。こうした研究には大学の工作室が必要不可欠であるとして、上田は理学部や工学部応用物理学教室の工作室の充実にも努めた。装置開発において「技術者は研究者と対等に議論をして第一級の装置を製作する」という名大の工作室の方針は、上田との連携のなかで生まれたものである。

上田の研究室では、これも戦時中に、ガス中蒸発法を用いて超微粒子を作りだすことに世界で初めて成功した。これにより、上田の研究は現在のナノサイエンスの源流の一つとされている。ガス中蒸発法を用いて一九九〇（平成二）年にドイツで大量合成されたのがフラーレン（炭素原子がサッカーボールのような形状を構成したもの）であり、これが、ナノサイエンスの主翼を担っているのである。飯島澄男（名大特別招へい教授）によるナノチューブ発見もこの延長線上にある。名大退官後の一九八一年には、新技術開発事業団（現在の科学技術振興機構）のＥＲＡＴＯ第一号基礎研究として、林超微粒子プロジェクト発足に尽力し、顧問として後進の育成を続けた。このときに参画した研究者たちがのちに日本のナノサイエンスを牽引している。また、上田研究室出身ではないにもかかわらず上田を師と仰ぐ者も多い。

図 5–37　1947 年の上田研究室
（中央にスーツ姿で写るのが上田）

このように上田は、研究室内や電子顕微鏡学分野内で後進を育てるだけでなく、関連する様々な場面で、教育者としての顔を見せた。さらに、「運のよい人は偉い人」「若手は賭けをする勇気を持て」といった印象的なメッセージで多くの若い研究者を励まし、導いたことでも知られる（図 5–37）。名大ゆかりのノーベル賞受賞者たちも、専門分野を異にしながら、上田のことを次のように述べている（口絵 5・6 も参照）。

基礎研究とはいわゆる役に立たない研究を意味しません。また、基礎研究を応用研究と二元論で対比させるのはよくない。……この考えは昔、上田良二先生に教わったことをもとにしています。（野依良治）

学部三年生のときに輪読で朝永振一郎先生の量子力学の本を読んだんですけれども、その時の先生が上田良二先生で、それが楽しかったですね。いろいろな解釈を話して下さったし、議論できて、今でも記憶に残っています。（小林誠）

大学院の入試で僕が苦手のドイツ語を白紙で出して問題にされたときも、入試委員長の上田良二先生が「語学は入ってからやればいい。後から何とでもなる」と言って通してくれた。今だったらこんな判定はできないでしょうね。（益川敏英）

一回目の名古屋大学時代が私の研究の原点。そこで初めて目覚めました。野田稲吉先生、上田良二先生、榊米一郎先生、山本賢三先生、早川幸男先生などの大先達をよくお訪ねし、御専門の分野はもとより、ものの見方などを学びました。（赤﨑勇）

図 5-38　1964年頃の大沢文夫（中央）

こうした背景には、「科学に国境はない、しかし科学者には祖国がある」というパスツールの言葉に感銘を受け、世界中の人々への贈り物となるような基礎研究が日本から続々と輸出される時代を夢みていた、上田の思いを指摘することができる。上田本人の予想によれば、その時代がやってくるのは「明治一八〇年」（西暦二〇四七年）とのことである。

大沢「牧場」

最後に、日本に生物物理学を興した大沢（澤）文夫を紹介しよう。大沢は、科学商業誌『ネイチャー』によるメンター賞を二〇〇九（平成二十一）年に受賞した名大教員である。

大阪に生まれ、転居した名古屋で第八高等学校を卒業した大沢は、一九四二（昭和十七）年に東京帝国大学理学部物理学科に進んだ。工学部ではなく理学部を選んだのは、体力に自信がなかったための「消去法」であった。下宿先の先輩に勧められた書物を読むなかでギブスの統計力学のわからなさに惹かれて、統計力学の小谷正雄ゼミを選んだという。戦時中のためにたった二年半で大学を卒業した四四年に、名帝大理学部で宮部直巳研究室の助手に採用され、五〇年には助教授に昇進して研究室を主宰する立場となった。六八年からは、大阪大学基礎工学部と併任し、八六年の退官まで両大学で研究と後進の育成にあたった。生物の自発性の源を探求した数々の成果は、六三年に中日文化賞、七五年に朝日賞、八五年に紫綬褒章、藤原賞などを授けられたとおり、高く評価されている。

図 5–39　1967 年度理学部物理学科卒業アルバムの K 研（高分子研究室）の写真（前列左から 3 番目が大沢文夫）

大沢の名古屋での初仕事は、一九四四年十二月の東南海大地震後の調査だったという。その後、研究対象は、泥、コロイド、合成高分子、高分子電解質と移り変わっていった。ゲルの伸縮を人工筋肉と見たてたことがきっかけとなり、筋収縮の研究に足を踏みいれた大沢は、筋収縮に関わるたんぱく質であるアクチンの機能解明に研究室をあげて取り組むようになった。アクチンがモノマーとポリマーの状態を可逆的に変換し、二つの状態の平衡が環境に依存することを実証したことで、大沢の研究室は脚光を浴びるようになる。大沢らは当時、研究室は自分で作るものである、研究装置は自分で製作するものである、研究とはお金がなくてもできるものである、という三点を旨としており、この考えを後々まで大切にしていたという。

一九六〇年に生物物理学会を立ち上げたのちも、大沢は生物物理学のパイオニアとして、生物現象の曖昧さや「ゆらぎ」などを対象に、分子の見地からの研究を重ねた。その過程では、アクチンを「柔らかい機械」と見なすようになるなかでバクテリアの鞭毛モータに着目し、ルースカップリングという独自の説を提唱している。このような柔軟な研究活動について、大沢自身は次のように語っている。

後になって自覚するのですが、僕は宮部さんの影響で、非正統的物理学も面白いと思うようになっていたのです。宮部さんは寺田寅彦の弟子ですから、僕は孫弟子として寺田物理学の影響を受けたということになりますね。

大沢は研究室を運営するにあたり、「第一に常に自分自身がオリジナルな考え方によっておもしろい研究を自分で楽しく続ける。第二に、若い学生や研究者たちのオリジ

図 5-40　理学部郷通子研究室の卒業記念写真（1995年，前列左から2人目が郷）

ナルな考え方や提案を大切にする」ことを心がけたという。そのような大沢の指導スタイルはかねて「放牧」に喩えられており、研究室内外の人材は、伸び伸びと研究に打ちこみ、状況に応じて助言を与えられた。これができたのは、大沢がいわゆる教授室をもたず、長い黒板と大きな机が中央に置かれた大部屋の片隅の机に向かうこともほとんどなく、実験室で誰かを捕まえて話をしていることが多かったためらしい。大沢はまた、研究の面白さを重視した。その面白さとは「時の話題になっている研究というよりは、わかる人にはわかるというたぐいの、粋なもの」なのだと弟子はいう。

大沢研究室も名大物理学教室の例にもれず、大学院学生を含めた皆が「さん」づけで大沢を呼び、対等な議論が日常的に行われていた。さらに大沢は、仕事の速さで能力の評価に差をつけない主義であった。そんな大沢の研究室は、一九六〇年代から海外の研究者が長期滞在するなど、世界に開かれていた。また、当時としては驚くべきことに、女性研究者が研究グループの三分の一を占めていた。名大教授からお茶の水女子大学学長になった郷通子も、その一人である（図5-40）。郷は、子どもが小学校に上がったら皆よい仕事ができるという大沢の言葉に励まされて、キャリアを紡いできたのだという。

直接に指導を受けた人以外にも、大沢ファンは国内外に数多いとされる。大沢について、『ネイチャー』メンター賞の審査パネルは「ユニークな思想のもとに既存の延長線でないものを切り開いていく姿勢と、弟子たちがバラエティに富んでいること」を高く評価したのであった。

人文学での展開

もともと名古屋帝国大学には理系学部だけしか設置されなかったこともあり、名大の先端研究といえば理系分野の研究に注目が集まるが、文系の学問分野で高い評価を受ける取り組みも数多くある。ここでは日本学士院賞（前身の帝国学士院賞を含む）の受賞者を中心に代表的研究者の一部を取り上げよう（受賞者一覧は下巻巻末資料4）。

すでに戦前において、愛知医科大学予科教授を務めた石田元季《もとすえ》が一九四〇（昭和十五）年に『俳文学考説』（至文堂、一九三八年）により第三〇回帝国学士院賞を受賞している。石田は、一八七七（明治十）年に京都で生まれた。小学校を卒業後、私塾平安義黌で学んだ。その後、京都で小学校教員として勤務したが、九九年に文部省の検定試験（文検）に合格して中等学校教員免許状を取得し、愛知県第一中学校、明倫中学校の教員を務めた。そして一九二〇（大正九）年、愛知医科大学開学に伴い予科の教授に就任した。

一九二六年からは月刊の郷土研究誌『紙魚《しみ》』を主宰したほか、二八年には『校定注釈郭衣《うずらごろも》』『江戸時代文学考説』『草雙紙のいろいろ』の三冊を刊行するなど、二〇年代には旺盛な研究活動を展開した。この時期、同じ愛知医大の医学部教授で俳人の木下杢太郎（太田正雄）や、探偵小説の草分けとして知られる小酒井不木《ふぼく》（小酒井光次）らとの連句を通しての交流も伝えられている。だが、名古屋医科大学への官立移管により予科の廃止が決まり、三一年に退職した。『俳文学考説』はその五年後に脱稿したもので、石田のそれまでの俳文学論を集大成したものだった。

戦後にも、学界に大きく貢献し、高い評価を受ける研究成果が産み出されている。

一九五八年、当時、名大文学部の助教授だった松村博司が『栄花物語の研究』（刀江

図 5–41　中村榮孝
（日本学士院提供）

書院、一九五六年）により第四八回日本学士院賞を受賞した。同書において、『栄花物語』の現存諸本を詳細に検討し、相互の異同と関係を解明して成立順序の確定に貢献した点が高く評価された。松村は、一九〇九年に静岡県で生まれ、静岡高等学校から東京帝国大学文学部に進学した。大学卒業後、山形高等学校教授、第八高等学校教授などを経て、旧制名大での文学部の創設に伴い助教授として着任した。五九年に教授となり、文学部長などを務めた後、七三年に停年退職を迎えた。『栄花物語』研究を始めたのは、学生時代、当時国文学科の副手を務めていた池田亀鑑から慫慂され、「反射的にそれは私がやってみましょう」と引き受けたのがきっかけだったという（松村博司「研究生活の回顧」『国語国文学論集―松村博司先生喜寿記念―』右文書院、一九八六年）。以来、五十年間、『栄花物語』一つに「かかりきり」で通し、八一年に『栄花物語全注釈』八冊（角川書店）を完成させた。

一九七〇年には『日朝関係史の研究』全三巻（吉川弘文館、一九六五～六九年）により、中村榮孝《ひでたか》が第六〇回日本学士院賞恩賜賞を受賞した。同書は、十三世紀から十九世紀半ばまでの長期にわたる朝鮮の国内情勢の変動と、それに伴う対日貿易政策の推移を綿密に解明したことが評価された。中村は、一九〇二年に千葉県で誕生した。東京帝国大学文学部を卒業し、朝鮮総督府朝鮮史編修会嘱託などを経て、旧制名大における文学部の創設に際して講師となり、十二月に教授となった。特に注目されるのは「高木家文書」の購入に尽力したことである。翌年からは地理学・考古学・社会学・農業経済学・建築学などの研究者を糾合して総合研究「濃尾平野農村発展史の基礎的研究」を主導した。文学部長、評議員などを務め、六六年に停年退職した。

図 5–42　塩野谷九十九

社会科学での展開

名古屋高等商業学校教授を務め、戦後、旧制名大発足に伴い法経学部教授となった塩野谷九十九《つくも》は、戦前から先駆的にケインズ経済学に注目し、すでに一九四一（昭和十六）年に『雇傭・利子及び貨幣の一般理論』（東洋経済新報社）を翻訳・出版していた。「ケインズ理論の伝道師」を自称する塩野谷は、一九〇五（明治三十八）年に愛知県で生まれ、名古屋高等商業学校を卒業後、東京商科大学（現一橋大学）に進んだ。その後、横浜市立横浜商業専門学校（現横浜市立大学）助教授などを経て、四三年二月に名古屋高等商業学校に教授として着任した。しかし、まともに講義ができたのは一年だけで、すぐに軍需工場に送り込まれ、学徒動員された生徒の監督にあたることになった。戦後旧制名大法経学部が創設されると同時に経済原論の講義を担当することになり、それを契機にケインズ理解を一層深め、それを乗り越えることに努力しようと決意したという。新制名大の経済学部では学部長などを務めた後、六九年に停年退職した。

一九五〇年代から七〇年代にかけて文学部で助教授、そして教授を務めた阿閉《あとじ》吉男は『ジンメル社会学の方法』（御茶の水書房、一九七九年）によって八〇年に第七〇回日本学士院賞を受賞した。同書は、社会学史上に一時期を画したとされるジンメルの社会学の方法をその社会学理論との関連において総括的に再検討し、その特徴と現代的意義を解明したものと評価された。阿閉は、一九一三（大正二）年に東京府で生まれた。東京帝国大学文学部を卒業後、静岡大学助教授などを経て、社会学講座が設置されたばかりの名大に赴任した。当時、フランス社会学の本田喜代治が教授を務めており、研究室に所属する学生からみると、本田が「父親」、阿閉は「兄貴」という感じが強かったという。

図5-43　水田洋（名大経済学部教官時代）

名城キャンパスに近い名古屋市役所の食堂まで、ときに学生たちを引き連れて昼食に出かけるような面倒見のよさとともに、その徹底した指導ぶりも伝えられている。阿閉は六〇年に教授となり、七七年に停年退職した。この間、七〇年から七三年まで日本社会学会会長を務めた。

経済学部教授だった水田洋は、近代的個人の成立を焦点化する社会思想史を構想し、西洋近代思想史研究、とりわけアダム・スミス研究で世界的に知られている。一九一九年に東京府で生まれた水田は、東京商科大学を卒業後、東亜研究所に就職したが、四二年末から籍を置いたまま、軍属としてジャワやセレベスで捕虜生活を含め三年半を過ごした。戦後、戦時中に作られた大学院特別研究生（第4章2節参照）に採用され、その後、旧制名大の法経学部に助教授として着任した。経済学部の分離に伴い同助教授に配置換えとなり、五八年に教授となった。経済学部長や評議員などを務め、八三年に停年退職した。この間、五〇年の経済学史学会の創設に参加し、七七年には社会思想史学会の創立・発展を主導した。二〇〇一（平成十三）年には十八世紀スコットランド国際研究学会（ＥＣＳＳＳ）の生涯業績賞（ECSSS Lifetime Achievement Award）を受賞した。その学識は幅広く、政治学や教育学など隣接する学問領域にも多大な影響を与えてきた。

水田の功績は研究面にとどまらない。安藤隆穂（第13章2節参照）や二〇一六年に『戦後日本公害史論』で第一〇六回日本学士院賞を受賞する宮本憲一をはじめ、多くの研究者を育てた。また、長年にわたり収集した多数の体系的な近代西洋思想史関係の図書を名大に寄贈した。このコレクションは「水田文庫」として、現在、附属図書館に収蔵されている。さらにまた、水田からの寄附に基づき、人文・社会科学（思想史）の分野で将来の研究能力の発展が期待される優れた若手研究者を顕彰し、その研究を支援することを目的とした「水田賞」が二〇一二年から設けられている。

草創期の法学部で助教授・教授を務めた長谷川正安は、早くから史的唯物論を方法的基礎として戦後法学において「科学としての法学」の潮流を導いたことで知られている。その守備範囲は広く、法思想史研究・法学方法論・マルクス主義法学・日本憲法史・比較憲法史・日本国憲法解釈論・主権論・司法権論・基本的人権論にまで及んだ。長谷川の打ち立てた憲法学体系は「長谷川憲法学」とも称される。長谷川は、一九二三年に茨城県で誕生し、四二年に東京商科大学に進学したが、在学中に召集された。戦後に復学し、四六年に卒業した。その際、水田と同じく大学院特別研究生に採用されている。四九年に名大の法経学部に助教授として着任した。翌年、法学部の分離に伴って異動し、五六年に教授となった。法学部長などを務めた後、八六年に停年退職した。

第6章　名大生とキャンパス

1　名大生の諸相

入学者の動向

本章では、名大生の諸相と、名大生が集う場であるキャンパスの変遷について述べる。まず本節では、入学状況、調査からわかる生活の状況、課外活動、卒業後の進路などについてみていく。

一九五二（昭和二十七）年度から八九（平成元）年度までの、学部の入学者数の動向は表6−1の通りである。五七年度までは定員が増えなかったため八〇〇人弱で推移したが、五八年度から急増し、六七年度には一六〇〇人を突破して一〇年前の二倍になり、八七年度には二〇〇〇人に達した。この増加分の最も多くを占めるのは工学部で、高度経済成長下の科学教育振興政策を背景に、五七年度の二〇一人（全学部の二五・五％）が、六七年度には六一七人（同三八・一％）となった。その後、八三年度までは横這いが続くが、八四年度から再び増加に転じ、八九年度には八四六人（同四〇・九％）となった。これに次ぐのが理学部（五七年度六四人から八九年度二八五人）、農学部（同八四人か

多（1952–89 年度）

70	1971	1972	1973	1974	1975	1976	1977	1978	1979	1980	1981	1982	1983	1984	1985	1986	1987	1988	1989
50	1,561	1,590	1,582	1,605	1,641	1,636	1,643	1,636	1,622	1,668	1,632	1,649	1,673	1,705	1,729	1,826	2,051	2,166	2,068
15	113	116	117	127	130	126	130	127	133	128	134	125	129	134	135	144	152	150	151
56	59	60	59	63	63	62	62	60	62	62	62	59	60	63	60	71	70	72	72
60	158	157	157	160	161	157	159	157	158	158	157	153	170	169	176	186	193	264	188
01	202	199	207	202	207	203	210	208	187	214	206	206	212	194	214	234	232	260	231
00	206	211	209	212	218	216	217	214	218	225	220	221	217	223	218	224	281	297	285
98	103	99	100	103	108	100	102	108	104	103	104	106	100	109	98	106	100	100	99
77	582	595	584	589	606	612	604	603	599	611	584	617	616	639	655	675	828	828	846
43	138	153	149	149	148	160	159	159	161	167	165	162	169	174	173	186	195	195	196

ら同一九六人）、法学部（同八二人から同一八八名）である。

女子学生は、一九四九年度には、全学部（新制）でわずか一二人に過ぎなかった。その後、入学者数に占める女子の割合は、七二年度に一〇%に達し（一〇・二%、一六二人）、九〇年度には二〇%を超えた（二一・五%、四五六人）。それでも、全国の四年制大学の女子学生比率（七二年度二一・〇%、九〇年度三〇・二%）に比べると依然として低い。その理由としては、学部生の多くを占める工学部に女子が少ないことが大きい。名大工学部の女子比率は、七八年度にようやく一%、八九年度に至って五%に達した（同年度の理学部一三・六%、医学部一七・〇%、農学部三五・二%）。逆に女子比率が一貫して高いのが文学部と教育学部で、いずれも七一年度には五〇%を超え、八九年度までには七〇%を超える年もあった。

新制名大の学部入学者の出身都道府県は、それ以前とはまったく異なる特徴が見られる。戦前の名帝大時代は、東海四県出身者が多くはあるが三〇%に満たなかった（第3章2節）。それが一九五三年度には、東海四県が九三・九%を占めた。その理由としては、旧制時代は国立総合大学が帝国大学しか存在しなかったが、新制になって一都道府県に一つずつ置かれるようになったことが考えられる。その後も、六五年度くらいまでは同じような状況が続く。この時期は、名古屋市出身者だけで全学部の約半数を占めていた。七〇年代以降は、比較的上下動はあるものの、愛知県が五五〜六〇%程度、東海三県（愛知・岐阜・三重）が七五%前後の状態がしばらく続いた。同時に、名古屋市の比率がそれまでよりは低下していった。

一九五三年度から八九年度までの、大学院博士課程前期課程（修士課程）への入学者

表 6–1　学部入学者数

学部＼年度	1952	1953	1954	1955	1956	1957	1958	1959	1960
総数	782	787	772	759	784	788	891	924	980
文学部	97	106	105	92	108	109	109	102	101
教育学部	30	21	32	33	34	26	32	38	31
法学部	74	85	81	79	77	82	82	82	79
経済学部	182	157	152	144	142	137	137	139	140
理学部	76	80	60	68	67	64	86	85	101
医学部	74	77	73	75	75	85	84	83	84
工学部	204	200	202	202	204	201	268	298	346
農学部	45	61	67	66	77	84	93	97	98

学部＼年度	1961	1962	1963	1964	1965	1966	1967	1968	19
総数	1,010	1,037	1,102	1,195	1,303	1,414	1,620	1,620	1,6
文学部	104	101	108	112	113	120	123	118	1
教育学部	39	38	35	41	40	39	41	59	
法学部	79	79	77	77	78	81	178	178	1
経済学部	134	131	137	136	202	205	203	203	2
理学部	99	95	127	154	173	208	221	206	2
医学部	87	85	84	96	91	99	104	99	1
工学部	375	425	457	497	490	556	617	611	5
農学部	93	83	77	82	116	106	133	146	1

数（医学研究科は除く）の動向は表6–2の通りである。六一年度までは一〇〇人前後であったが、六二年度から増加を始め、六九年度に四〇〇人を超えた。その後八一年まで四〇〇人台前半で推移するが、八二年から再び増加に転じて、八九年度には六八九人になっている。この間の増加分の多くは工学研究科によるものであり、その増加時期も軌を一にしている。同研究科への入学者数は、六一年度は一六人であったが、八九年度には四一七人となり、全研究科の六〇・五％を占めるまでになった。

名大生の一年

新制の名大生の一学年は、現在と同様に四月一日に始まり三月三十一日に終わる。旧制時代は三学期制（四月〜八月、九月〜十二月、一月〜三月）であったが、新制では二学期制となった。一九五二（昭和二十七）年度から、第一学期は四月一日から十月十五日まで（五一年度以前は十月三十一日まで）、第二学期は十月十六日から（五一年度以前は十一月一日から）三月三十一日までとされた。夏季休業が七月一日から八月三十一日までと現在より一か月以上も早く（ただし教養部は開始と終了が一週間ほど遅い）、第一学期の講義が夏季休業後も続くことが現在と大きく異なっている。

休業日は、日曜日、国民の休日、四季の休業、名古屋大学記念日とされた。土曜日は午前に講義があった。四季の休業には、春季（四月一日〜七日）・夏季（前述）・冬季（十二月二十五日〜一月七日）のほか、第二学期の開始日から一週間の秋季休業（十月十六日〜二十二日、ただし教養部はやや時期が早い）があった。名古屋大学記念日（五月一日）は、前述のように、名古屋医科大学が設置されて初めて国立大学となった日が、一九三

士課程）入学者数の推移（1953–89 年度）

970	1971	1972	1973	1974	1975	1976	1977	1978	1979	1980	1981	1982	1983	1984	1985	1986	1987	1988	1989
445	423	429	433	383	416	445	435	436	421	425	421	490	477	551	521	603	628	653	689
30	34	32	36	30	24	30	30	37	33	37	29	30	28	43	36	34	31	49	46
7	10	7	14	16	14	19	8	9	7	12	5	13	10	12	8	16	15	8	13
14	15	13	14	12	11	7	13	12	9	3	9	6	7	9	4	19	8	11	13
10	14	16	14	8	9	11	10	6	6	3	4	10	4	4	8	5	5	9	8
	67	54	67	48	64	66	66	62	64	66	59	72	74	77	83	100	101	106	106
	241	255	250	237	247	256	266	266	260	271	267	304	303	330	325	357	386	393	417
	42	52	38	32	47	56	42	44	42	33	48	55	51	76	57	72	82	77	86

一年五月一日であったことに由来している（第1章2節）。

学生生活

ここでは、名大の学生部が行った全学生を対象とする調査（ただし調査票の提出は強制ではない）から、名大生の生活状況の変遷をみる。

住居の面から見ると、新制名大は愛知県、特に当初は名古屋市出身者の割合がきわめて高いため、自宅居住者が多い。一九五〇（昭和二十五）年五月の調査によると、自宅六〇%、学生寮二六%、下宿一四%であった。寮生が比較的多いのは、四九～五一年度の三年間、教養部の学生の一部が豊川分校に通ったが、近辺で下宿先を見つけるのが難しく、豊川の学生寮（振風寮）に入ったためである。その後、自宅生は六三年に七四・九%まで増加したが、七二年度には名古屋市出身者がやや減少したためか五八・七%にまで下がった。それ以降はおおむね横這い状態となる。男女別では、女子の自宅生が多く、八六年度でも八〇・七%であった。特に文系の女子に多く、同年度の教養部の文系女子学生は、九〇・五%が自宅生であった。

下宿先を見つけるのは容易ではなく、一九六三年度の『学生便覧』には、「下宿難はかなり深刻な状況」と書かれている。下宿代は、六〇年頃から物価高騰もあって値上がり傾向が著しくなった。七〇年代以降も値上がりは続くが、さらに礼金・保証金（敷金）を条件とする物件が増え、七五年にはそれが半数を占めるようになる。また、当初の下宿代は相場がおおむね決まっていたが、七〇年代半ば以降は物件ごとの金額差が広がり始め、八八年度には大きな格差が見られるようになった。下宿の部屋の広さは、統計の

表 6–2　大学院（博士課程前期課

研究科＼年度	1953	1954	1955	1956	1957	1958	1959	1960	1961	1962	1963	1964	1965	1966	1967	1968
総数	76	94	117	78	69	81	81	76	99	142	189	267	334	389	378	391
文学研究科	4	5	6	9	8	10	7	11	20	15	19	20	21	22	27	30
教育学研究科	9	11	11	6	10	8	9	5	5	8	4	9	13	9	14	13
法学研究科	10	9	14	14	4	3	5	4	2	2	6	7	13	12	15	17
経済学研究科	7	7	13	5	6	4	5	2	4	7	2	7	7	14	12	13
理学研究科	27	42	36	26	19	24	25	25	36	40	45	59	68	65	60	74
工学研究科	19	20	29	12	17	19	20	20	16	60	98	131	168	215	202	202
農学研究科	0	0	8	6	5	13	10	9	16	10	15	34	44	52	48	42

ある六三年度以降、四・五畳が六畳より多く、平均で五・三〜五・四畳で大きな変化がなく推移したが、八二年度のデータでは四・五畳と六畳の割合が接近して平均で五・九畳となり、八八年度では六畳以上八畳未満が五〇・八％と半数を超えた。下宿・アパートに風呂の設備がある割合は、七二年度から八二年度までの平均は二七・二％と低かったが、八八年度には五一・六％になった。炊事の設備については、七二年度は五三・一％であったが、八二年度には八一・二％、八八年度には九〇・一％まで上がっている。

学生寮は、豊川分校の廃止以降は、名古屋市内の嚶鳴寮と、農学部学生を対象とした安城市安城町の碧明寮であった。嚶鳴寮は、当初は旧名古屋経済専門学校の嚶鳴寮（桜山キャンパス内）の建物を継承したが、一九六一年に昭和区高峯町の新学生寮に移転し、ここでも嚶鳴寮と通称した。そのほか、名大が設置したものではないが、四九年から七三年まで、財団法人学徒援護会による学生寮として「名古屋学生会館」があった。これは名古屋城内の名大名城キャンパスに隣接する場所にあり、名大生が他大学の学生とともに、徹底した自治運営を行いながら生活していた。

学部の年間授業料は、一九五五年度までは六〇〇〇円であったが、翌五六年度に九〇〇〇円、六四年度に一万二〇〇〇円、七二年度に三万六〇〇〇円となった。特に七六年度に九万六〇〇〇円に値上げされた後は、一〜二年ごとに上がり、八九年度には三三万九六〇〇〇円になっている（現在は五三万五八〇〇円）。これは政府の政策によるもので、物価の上昇に伴う値上げ分のほか、国立と私立の授業料の格差を縮小する方針があった。

名大には生活費の負担が相対的に軽い自宅生が多いとはいえ、当初は多くの学生が奨

図 6–1　入学記念のクラス写真（1984 年）

学金やアルバイトを必要としていた。日本育英会をはじめとする奨学金は、一九五〇年代前半においては、新入学者の七割から八割が受給を希望していたが、実際に受給していたのは四割程度であった。五〇年代後半以降になると、希望者の割合はやや低下したとみられるが、引き続き全学生の四割程度が受給している。六〇年代後半は減少し、八八年度には何らかの奨学金を得ている割合が二一・七%となった。

アルバイトは、高度経済成長期に入る前の一九五〇年代前半までは、希望をしても仕事に就くことが容易ではなかった。特に豊川分校に通う学生たちは、アルバイト先がほとんどなかった。五一年の学生部による全学生の約二割を抽出した調査では、二八・八%の学生が学生生活にアルバイトが必須と答えている。五三年度の調査では、学生部厚生掛に求職学生登録をしている一〇〇三名（全学生の四四%）のうち、生活費をアルバイトで稼ぐ必要がある者が約九割を占めていた。高度経済成長期に入るとアルバイト求人が増え、賃金も良くなってきたが、大学生に人気のある家庭教師は希望者の半数ほどしか求人がなく、雇い主側に敬遠される第一学年の学生にとっては特に困難であった。

定期的なアルバイトに従事する学生は、一九六三年度には六八・八%であり、その後低下して六七年度には五一・四%になるが、そこで下げ止まって七二年度以降は五〇%台後半で推移するようになった。これに臨時的なアルバイトの従事者を加えると、七四年度に六〇%を超え、八四年度には七〇%に達した。しかし、アルバイト収入を生活費や勉学費に充てる学生は減少傾向にあり、八二年度には、生活・勉学以外（娯楽や課外活動）のためにアルバイトを行う者が初めて五〇%を超えた。その一方で八八年度に

図6–2 「35円ライス」の値上げを報じる『名大生協ニュース』（1974年1月）

なっても、六・〇%の学生が、すべての生活・勉学費をアルバイトで賄っていた。

学生生活を支える消費生活協同組合（生協）は、一九四八年十一月に名古屋大学学生協同組合として発足した。その後、組織強化やキャンパスごとの支部の設置、事業部門の拡充、出資制度の回復、組合利用度の向上等によって業績を伸ばし、五三年度には組合員が一五〇〇名（加入率五〇%）になった。以後順調に組合員が増加し、事業部門を拡充して、六〇年には消費生活協同組合法上の法人となり、名古屋大学消費生活協同組合（名大生協）が成立した。六三年度には、食堂、喫茶、売店（書籍、学用品、日用品、衣料品、電気器具、切手、煙草等）、理容室、クリーニング、時計修理等の供給高として約一億三〇〇〇万円を計上した。六五年度には、組合員が約五〇〇〇名となった。

名大祭の誕生とその変容

戦後の名大の大学祭は、全学的なものとしては、一九五六（昭和三十一）年までは「開学記念祭」、五七年からは「大学祭」として行われていた。しかし、キャンパスが各地に分散していたこの時期、いわゆる大学祭の役割を担っていたのは学部・教養部ごとの文化祭であった。ただ、現在も名大祭の恒例行事として続いている仮装行列は、すでに開学記念祭の時代から始まっていた。

一九六〇年、第一回名大祭が六月三日（金）から六日（月）にかけて開催された。名大祭は、キャンパスの東山への集結が進みつつあることを背景に、安保闘争や伊勢湾台風被災者救援活動（いずれも第7章1節）などを契機に盛り上がりを見せた学生運動の一つの発露の場として始まった。そのため、六〇年代の名大祭は、主題と副題からなる

築こう平和と真理のとりでを
嵐の中のアジア・祖国日本　深まりゆく大学の危機をついて　僕ら連帯の輪を更に広げよう
—大学が真に民族の課題に応えるために—
名大祭ニュース
発行 第7回名大祭 情宣部
三日半休講は
名大祭成功のカギ
7日(火) 前夜祭
(講堂内)
3:00 名阪戦報告会
ダークグリーンの集い
6:30 「わかれ道」
(野外ステージ)
3:00 フォークダンス
うたおう会
5:00 大盆おどり会
盆踊りを 踊ろう
名阪戦報告会
映画 「わかれ道」
8日(水)
AM 9:00 学部シンポジウム
PM 3:30 テーマ講演会(上)

図 6–3　3.5 休講を主張する『名大祭ニュース』(1966 年)

メッセージ性の強い文章調のテーマが毎年設定され、パンフレットではかなりの長文でテーマアピールが行われた。企画の内容も、その年のテーマによる統一が重視され、それに沿った講演会や「全学シンポジウム」、「全学フェスティバル」等の多くの催しが行われた。また、「民族の心を呼ぶもの」「若者の集い」「子供大会」など、学外の幅広い市民との交流・連帯を意識した企画も登場した。学生たちは、大学に開催期間の延長を要求し（図6–3）、六九年には三・五休講（水曜日から土曜日の午前までの三日半の休講）による五日開催を実現した。

一九七〇年代になると、大学紛争（第7章2節）が沈静化し、学生運動が退潮に向かうなかで、テーマの内容に変化が見られた。副題には抽象的ながら大学のあり方を問う比較的長い文章調を残しつつも、主題は六〇年代より明らかに短くなり一フレーズのものが多くなった。内容は、「青春」という言葉や歌や音楽に関するものが目立つ。高度経済成長が終わり、いわゆる受験戦争が激化するなかで、閉塞感を打破して人間としてどのように生きるかを問う、学生の意識が表れている。青春ドラマやフォークソング全盛期の世相も反映していよう。七〇年代後半からは、模擬店やサークル企画の増加、「グリーン（ベルト）フェスティバル」（第二グリーンベルトで行う野外コンサート）の登場など、全体に娯楽色が強まり始めた。

一九八〇年代に入ると、八〇年を最後にテーマから副題が消え、主題もさらに短く一単語のみの年も見られるようになった。テーマのメッセージ性が弱まったことで、テーマに真正面から取り組む講演会やシンポジウムなどの企画が次第に行われなくなり、名大祭におけるテーマの重要性が低下した。初期からのメインイベントであった「全学シ

図6–4　1977年の名大祭

ンポジウム」や「全学フェスティバル」も見られなくなった。これらに代わって、テーマにとらわれない個別的な企画が増え、八五年にはパンフレットに「オムニバス企画」「有志企画」というカテゴリーが登場した。娯楽色もますます強まり、八〇年に豊田講堂前庭からグリーンベルトに進出した模擬店は、八九（平成元）年には一二三団体が参加した。八〇年代後半になると、名大祭に参加しない名大生が増えていることが問題とされるようになった。八八年には名大祭本部実行委員会が、開催期間短縮の危機を訴える緊急提言を発表したが、結局八九年から半日短縮され、三・〇休講（水曜日の午後から土曜日の午前までの休講）の四日半開催となった。

体育会とスポーツ

新制名大の運動部には、当初は全国でも通用する強豪が多かった。硬式野球部は、愛知大学野球リーグの主導的な役割を担い、同リーグ開幕と同時に優勝を果たし、東京六大学や関西六大学にも引けを取らない実力を持っていた。サッカー部は、一九六〇（昭和三十五）年の朝日招待サッカーにおいて、大学選手権を制した早稲田大学に勝利した。硬式テニス部は、六四年まで一部リーグで優勝し、全国大学王座決定戦で連続第三位の成績をおさめた。ヨット部は、六六年のインターカレッジで準優勝している。

名古屋大学体育会（以下、体育会）は、一九五六年五月に結成され、六一年には大学公認の団体となった（この年の所属運動部は三〇、八九年には四〇）。六三年三月には機関誌『濃緑』を創刊し（図6–5）、これ以降ダークグリーンが名大のスクールカラーとして定着していった。当初の体育会は、一部の運動部員だけで構成される委員会で物事が

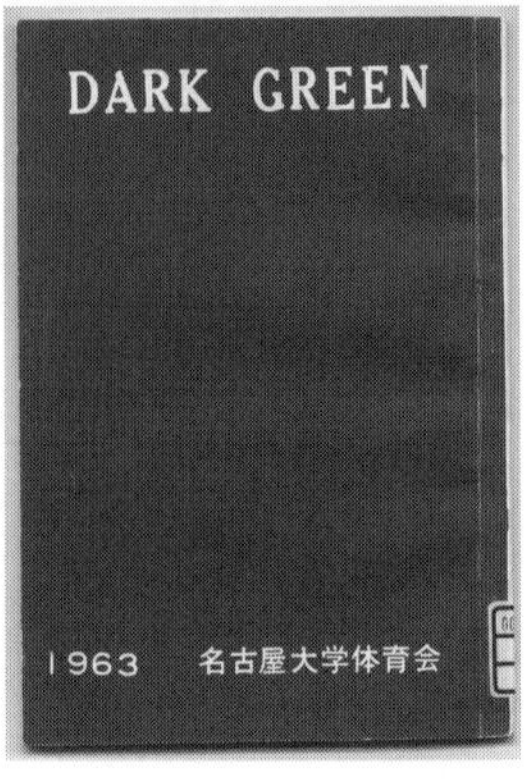

図 6–5　『濃緑』創刊号の表紙

決められることや、スポーツに熱を入れる運動部員と学生運動に参加する学生の乖離という問題を抱えていた。そこで六〇年代後半には、運動部に所属しない一般会員へスポーツを普及する試みを行ったが、大学紛争などの影響もあり上手くいかなかった。

一九六四年には、第一回須賀杯争奪駅伝競走大会が開催された。この須賀杯は、名大で体育会の発展やスポーツによる教員学生間の交流に尽力した須賀太郎名誉教授が、豊田工業高等専門学校（豊田高専）の初代校長に就任した際に創設した。豊田高専から名大東山キャンパスまでの一般道路を六区に分けて競う駅伝レースで、両校の学生が合わせて一〇〇を超えるチームを結成して参加した。

一九七〇年代になると、中部地方の私立大学運動部の実力が向上し、名大が強豪の座を追われ始め、地域の二部リーグに落ちる種目が増加していった。運動部員の数も減少し、六〇年代後半には一五〇〇名以上いた運動部員が、七一年には一〇〇〇名を割り、七二年には八八三名となっている。その背景の一つには、学生のスポーツに対する意識の変化に応じた、勝負のためだけではない、スポーツを楽しむための同好会・サークルの増加があった。その一方で、女子学生のスポーツ参加が進んだ。

一九八〇年代に入ると、個別の部や選手の活躍がなかったわけではないが、全体としては運動部の低迷期に入り、部員もますます減少した。七五年には、教養部棟内に運動部や文化サークル等の説明・勧誘ブースを集め、入学手続きに来学した新入学生にそこを通らせる「夢の細道」が始まったが、新入部員争奪戦の激化を背景に、八〇年からは「地獄の細道」と呼ばれるようになった（図6–6）。こうした状況をうけて、体育会は八八年に組織改革を行い、より多くの学生が常任委員として会務に携わることができる

図6–6　1988年の「地獄の細道」（教養部棟）

ようにした。八九（平成元）年には、優秀な個人・団体及び指導者を毎年表彰する、名古屋大学体育会会長賞を創設した。

他大学との対抗戦としては、帝国大学時代からの歴史を持つ大阪大学との対抗戦が、一九四七年に第一回名古屋大学大阪大学対抗競技大会（名阪戦）として始まった。五二年からは、東海地区大学体育大会が行われるようになった。当初は公・私立大学も参加していたが、五八年からは国立大学だけの行事となって東海地区国立大学体育大会（東国体）と改称された。六二年には、種目ごとに当番校を決めて行っていた「旧七帝戦」を、全種目を一括して行うことになり、これが第一回国立七大学総合体育大会（七大戦）となった。名大は、自校開催の八九年度に待望の七大戦初優勝を果たした。

そのほか、南京大学と陸上競技を通じたスポーツ交流があった。南京大と名大は、一九八二年に学術交流協定を締結したが（第7章3節）、最初の招聘教授として南京大で集中講義を行った理学部教授の水谷伸治郎が陸上競技部の部長であったことが縁となり、八八年から一〇年以上にわたる交流が行われた。両校の学生が相手校の学生との合同練習や相手国の競技会に参加し、さらにはそれをきっかけに相手校以外の大学を含めた幅広い交流に発展することもあった。

学部・キャンパスの垣根をこえて

一九六〇年代前半までにおける名大の大きな課題の一つは、各地に分散した学部等が東山キャンパスに集結することであったが、それと同時に、学生が学部やキャンパスの垣根をこえて、名大生としてのアイデンティティを確立することが求められた。

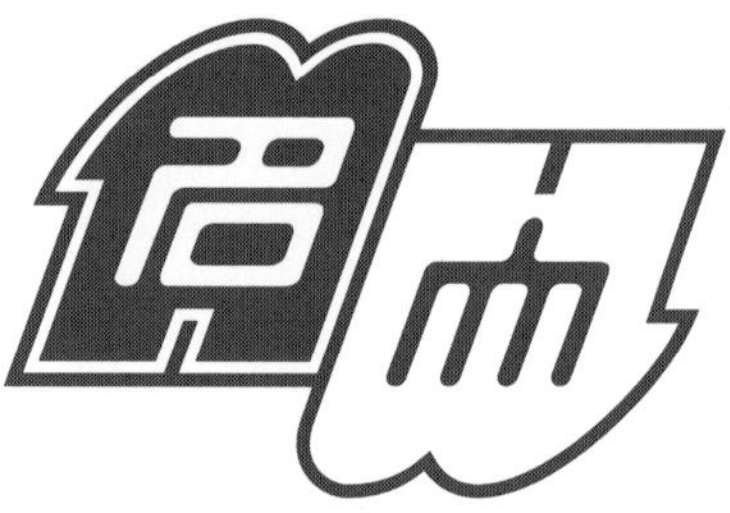

図 6–7　NU マーク

一九四九（昭和二十四）年から毎年開催された学部対抗競技大会は、そうした目的を持ったものと思われるが、それを証明するかのように、六〇年代に入って学部等の東山への集結が進むと行われなくなった。六〇年に名大祭という全学的な一大行事が始まったこともその一因と考えられる。五四年には名古屋大学学生歌選定委員会が設置され、それ以降学内募集によって大学の歌を選定するようになった。最初の選定歌は五四年度選定の「若草もゆる」で、五五年度には応援歌「大空に光はみてり」、五六年度には学生歌「若き我等」が選定された。とりわけこの三つの歌は、現在でも入学式や卒業式、運動部の応援等の場面で歌い継がれている。五八年には名古屋大学学生バッジ選定委員会が設置され、名大を象徴し学生が身に付けるにふさわしい学生バッジの図案募集を行った。その結果、六八点の応募のなかから、教養部二年生の北川英之の作品をもとにした通称「エヌ・ユー・バッジ」が選ばれ、そのデザイン（図6－7）が非公式ながら名大の学章的な役割を果たすことになった。

一九六一年には、文化サークル連盟（文サ連、それまでは文化サークル協議会）が大学公認団体となった。この時、文サ連に加盟したのは一八団体であったが、そのほかに学部・教養部単位の文化サークル等が六四団体も存在しており、この段階では学生の文化活動の基礎は学部・教養部であった。しかしその後、七〇年度には三六団体、八〇年度には五〇団体と、全学的な文化サークルが急増し、分野も多様になった。

「本山原人」のイメージ

一九八〇年代を中心に、名大生の外見的なイメージを「本山原人」と称した時代が

図 6-8　南山大のミニコミ誌が掲載した「本山原人」

あった。この言葉が初めて使われたのは、八二（昭和五十七）年に発行された南山大学の学生によるミニコミ誌『Campus Life 南山』第一二号の、「私は本山原人を見た!!　衝撃の名大潜入ルポ」というユーモラスな一頁の記事である。

ただ実際には、本文の半分以上は、同誌の記者（南山大生）が南山大に対するイメージを名大生に聞いて回った様子が描かれ、名大生は頭が良いというイメージも強調されている。おしゃれな名大生もいること、キャンパスの学食が充実していることにもふれている。強い印象を与えるのは、「これが本山原人だ!!」と題した、名大生に典型的とされる垢抜けない流行遅れの身なりを皮肉も込めて示した絵である（図6-8）。キャンパスがほぼ隣接しており、何かと比較される名大生への南山大生の複雑な意識も見て取れる。

これに対し『名古屋大学新聞』は、同年十一月十一日付の第五八八号を「文化特集号」と銘打って発行した。同号では、一面から三面を「文化特集　名大生気質」とし、一面冒頭の大見出しで「名大生＝〝本山原人〟!?　あなたはどう思いますか？」と呼びかけている（図6-9）。ただ、この特集の意図は、当時の名大生の「まじめ」「素朴」「おとなしい」「暗い」「どんくさい」、つまり総じて積極性に欠けるというイメージを問うところにあった。この特集に寄せられた学内外の論者による文章も、名大生に積極性、自己主張、リーダーシップなどを求める論調が強い。

一九七九年の第二〇回名大祭では、教養部実行委員会が初めて『名大生白書』を作成した（以後、恒例企画となる）。これは、名大生及び他大学生にアンケートを行い、その結果を五〇頁ほどにまとめて名大祭で配布するものである。その冒頭の「名大生気質

名古屋大学新聞

名大生＝"本山原人"!?
あなたはどう思いますか？

名大生自己分析
積極性に欠ける名大生
流行より価値観に合った服

文化特集

Campus Life

私は本山原人を見た!!

図 6–9　『名古屋大学新聞』第 588 号の一面

名大生らしさの発見」では、この白書の意義を、なかなか見えてこない名大生の特質を明らかにすることに求めている。大学紛争から一〇年が経過し、名大生自身もアイデンティティを見失いつつあった。そのようななかで、他者から、しかも隣の南山大生からイメージを提起されたため、前述の『名古屋大学新聞』第五八八号も即座に反応したのだろう。

一九八三年の『名大生白書』では、さっそく「本山原人」やファッションに関する問いがいくつか登場した。そのなかで、名大生が「本山原人」と呼ばれていることをどう思うか、との問いに対し、「あたっている」、「ややあたっている」との回答が六〇％を超えた。同時に、その言葉自体を知らないとの回答は五％以下であった。多くの名大生にその自覚があり、名大生のほとんどにその言葉が普及していたのである。

ただその一方で、どの程度ファッションに気を配るか、との問いの結果を見ると、確かに名大生の方が他大学生より、気を配る学生が少ないようだが、決定的に大きな差とはいえない。前述の『名古屋大学新聞』第五八八号の特集では、非常勤講師として南山大へ行っても男子学生は名大生と区別できないという名大教員の意見や、生協のクリーニング店員や近辺の喫茶店長の、名大生も他大学生と変わらなくなったというコメントが見られた。むしろ女子学生の外見の方が、流行に走らない名大は南山大と明らかに違うという名大教員の指摘もあった。

すでに名大生の身なりも変わり始めていたが、前述の南山大生による記事やそれに対する『名古屋大学新聞』の反応、その後の『日本経済新聞』の記事（名古屋版一九八四年九月二十三日付朝刊）等により、少し前の典型的イメージがやや誇大に強調され、名

図 6–10　1969 年の卒業式

大生自身もそれにとらわれていた側面があるように思われる。

卒業生の進路

一九五三（昭和二十八）年七月現在の調査によると、同年三月に学部を卒業した新制第一回卒業者五一七名（調査対象者）のうち、七八％が就職し、一八％が大学院に進学している（残りの四％は無業者及び不詳）。

就職先を業種別に見ると、製造業三八％、専門的サービス業（教員はここに入る）二〇％、金融保険及び不動産業一三％、卸売及び小売業一〇％、公務員八％、運輸通信七％などとなっている。学部別の特徴としては、文学部・教育学部・理学部は教員が七〇〜九〇％ときわめて高く、法学部・経済学部はいずれも製造業と金融保険業が合わせて五〇％台を占めている。また法学部は公務員が二六％と多い。工学部は製造業が圧倒的で六八％を占める。就職先の地域は、愛知県が五二・二％と最も多く、東京都の一七・七％、大阪府の一一・八％がこれに次ぐ。愛知・岐阜・三重の三県を合わせると六一・一％となり、この傾向は高度経済成長期に入っても続く。就職状況は、新制名大設置当初においては、就職難といえる時期が、特に戦後に設置された新しい学部の卒業生にあったようだが、高度経済成長期に入った一九五〇年代中盤以降はおおむね好調となった。

大学院への進学率を学部別に見ると、理学部が六八％と飛び抜けて高い。やや高いのが文学部（二四％）と教育学部（二二％）で、現在最も進学率の高い工学部は、一四％と低い数字にとどまっていた。

一九六五年度から八八年度までの学部卒業者の進路は、『学園だより』(名古屋大学学園だより編集委員会編)により長期的な傾向を知ることができる。

それによると、この期間、学部卒業者の六〇〜七〇%が就職を希望しており、そのうちの九八〜九九%の者が何らかの職業に就いている。就職先の業種は、製造業が最も多いが、一九七〇年度の五六・三%、七七年度の三五・五%、八二年度の五一・六%を三か所の屈折点とするM字型の推移を示している。このM字の中央にあたる時期には、教育関係と公務員(教員以外の公務員、以下同じ)の若干の上昇が見られる。学部別の特徴としては、文学部・教育学部は教育関係、次いで公務員が多く、年度が新しくなるにつれ公務員が減少したのち教育関係も減少、代わって教育以外のサービス業が増える傾向を示した。法学部・経済学部は、金融・保険・不動産関係が共通して多く、次いで法学部は公務員が、経済学部は製造業が多い。医学部以外の理系学部は全体的に製造業、特に機械、電気機械・器具、化学工業等が多くを占め、農学部では食品・たばこ関係にも多く就職した。理系のなかで大きな特徴を示すのは理学部で、教育関係が七五年前後には約五〇%もあり、それ以後も二〇%台が続いている。

この時期の初め、女子学生の就職先は男子学生と著しく異なる傾向を示し、教育関係の職に就く割合が三〇〜五〇%程度ときわめて高く、製造業は一〇〜二〇%程度にとどまる状況がしばらく続く。この状況は一九八〇年前後から変化し、製造業が三〇〜四〇%に増加する一方、教育関係は減少を続けて八八年度には一一・三%となっている。また全体的に、公務員に就く割合は男子より女子が高い。

大学院への進学率は、一九八〇年度までは二〇%から二五%の間を、多少の増減を繰

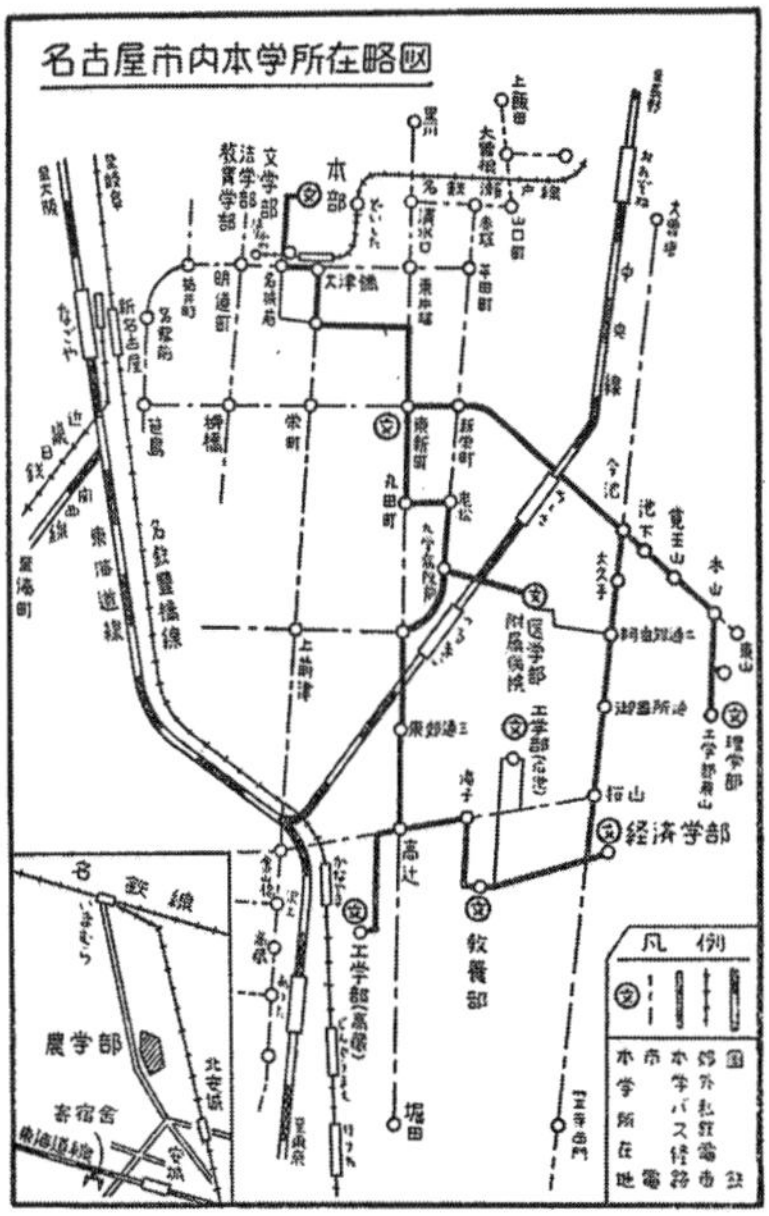

図 6–11　名古屋大学のキャンパス分散状況図（1954 年）

り返しながら推移した。それ以降やや増加傾向に入り、八五年度には三〇・五%となった。文系学部の進学率はおおむね一〇%以下で大きな変化はなく、この増加は理系学部によるものだが、八八年度までは再び横這い状態となった。

2　キャンパスの整備

東山キャンパスへの集結に向けて

本節では、各地に分散していた医学部以外の学部が東山キャンパスへと集まるまでの経緯、空襲により激甚な被害を被った鶴舞の復興、新キャンパスである大幸の取得、そしてそれら三キャンパスのその後の整備の様相について述べる。

前述のように一九四三（昭和十八）年五月、名古屋帝国大学が東山地区で開学式を挙行したが、終戦後の新制大学発足後も、戦災復興のための応急復旧と新学部の創設の取り組みが重なり、部局及び施設はそれぞれの出自や被災状況にしたがい一〇余地に分散することを余儀なくされた。その一〇余地区とは、名古屋城内の旧陸軍歩兵第六連隊跡（文学部、教育学部、法学部、本部及び附属図書館）、東山地区（工学部実験室、理学部及び環境医学研究所）、鶴舞地区（医学部及び附属病院）、中区東

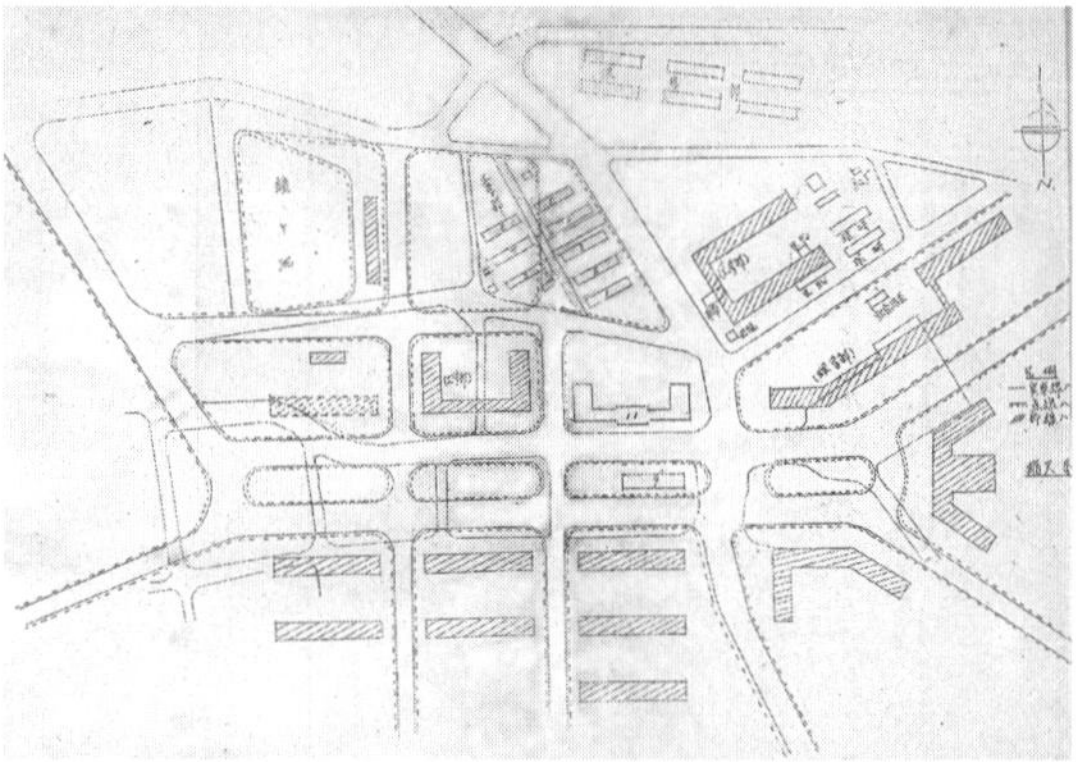

図 6–12　東山地区第一期整備計画図（1952 年）

新町（附属医院分院）、熱田区六ツ野町の旧陸軍高蔵工廠跡（工学部）、瑞穂区川澄（桜山）の旧名古屋経済専門学校（経済学部）、瑞穂区瑞穂町の旧第八高等学校（教養部）、安城市（農学部）、豊川市の旧海軍工廠跡（空電研究所）等である。この点で名古屋大学も「タコの足大学」の誹りをまぬがれず、総合大学としての機能を発揮するうえで大きな障害となった。

終戦後の昭和二十年代当初から、具体的な将来計画を作る必要性は認識されていたが、応急の措置として借用した土地・建物の移管の見通しが不明確であったなどの理由から、具体的な将来計画の策定は見送られてきた。しかし、一九五〇（昭和二十五）年になって全国の国立大学の整備に関してＧＨＱの示唆を受けた文部省から、各大学に整備計画を提出することが求められた。また、土地・建物の移管の目途がついたこともあり、同年十月に、学長及び部局長から構成される整備計画委員会が発足し、名大の整備計画の策定が開始された。

一九五一年一月に開催された第二回整備計画委員会では、医学部のうち基礎系教室を東山地区、附属病院を鶴舞地区に置くことなどは検討課題として残されるものの、他の部局についてはすべてを東山地区に集結させ整備するという「整備計画の基本方針」が打ち出された。ただし、農学部については、東山地区での整備が理想であるが、学部創設時の後援者であった安城市等との関係のため、発表を控えることとされた。しかし、このような計画を実現させるためには、当時所有していた東山地区の敷地一六万一〇〇〇坪（約五三万㎡）では不足するため、隣接する民有地一二万坪を取得する必要があった（のちに七万余坪に変更）。同委員会に出席していた須川義弘事務局長は、「委員会で

図6-13　終戦直後の東山キャンパス（1946年アメリカ軍撮影，国土地理院蔵）

は広大な東山地区拡張予想図面をもとに、各部局や講堂等の粘土細工を作って配置を審議し、「大学百年の将来をも考えての理想案」として一応の配置が決定された」と述べている。

一九五二年に決定された第一期整備計画の内容は、①医学部及び附属病院は鶴舞地区、農学部は安城市、空電研究所は豊川市という当時の所在地において整備する、②その他の部局は東山地区に集結させ整備する、③附属図書館及び講堂は名古屋帝国大学創設時の約束通り地元からの建設寄附を仰ぐ、④校地の拡張は国費による、というものであった。また、計画完成までの予定年数を東山地区と鶴舞地区は一〇年、附属病院は五年とし、最初の三年に、戦災による被害が大きかった工学部、医学部、附属病院、理学部の一部から整備を始めることを決定した。第一期整備計画図（図6-12）を戦前期の計画（前掲図3-16）と比べてみると、現在の文系地区の敷地拡張を想定しており、講堂から西に伸びるメインストリートが中央に庭園を持つ幅一〇〇mほどの通りに大きく広がり、現在のグリーンベルトの姿が現れている。また、当初の西端部の正門は姿を消し、四谷山手通りから広がる正門のないキャンパスへと変貌している。またグリーンベルトの北側に工学部、南側に文系部局という現在につながる配置が定められている。

建築交換方式による整備

工学部一号館は戦前期に建設が開始されたが、工事中途で戦災により基礎のみを残し焼失、終戦後の一九五一（昭和二十六）年に完成した。その後、策定された整備計画に基づき五四年には工学部二号館の一部が完成した。しかし、一号館も二号館も南側建物

図 6–14　1964–65 年頃の東山キャンパス

だけで、工学部が高蔵キャンパスから移転集結するにはほど遠い状況にあった。名大は戦争被害も大きかったことなどから他大学に比べ予算配分が相当考慮されていたが、当時の文部省の施設整備に充てられる毎年の国費二〇億円に対し、全国七二の国立大学の施設計画整備費用が計五〇〇億円であったことからもわかるように、文部省の財源のみでは限界があり、整備計画通りに施設整備は進展しなかった。

そこで考えられたのが建築交換という方式であった。これは工学部が所在する高蔵キャンパスの取得を希望する民間企業に、工学部の建物を東山キャンパスに建ててもらい、これを名大が譲り受ける代わりに高蔵キャンパスを譲渡するというものである。これには法的解釈から、文部省や大蔵省と種々の折衝を要したが、当時の事務局長であった須川義弘ほかの努力により、実現に漕ぎ着けることができた。この建築交換方式によって工学部二号館の未完部分が一九五六年に完成し、工学部は東山に集結することができた。この名大が考え出した建築交換方式は、以後他の国立大学や諸官庁でも行われるようになる。

また、一九五四年からの六年間で、愛知県や名古屋市の協力と文部省からの手厚い財源の提供により、整備計画に示された隣接する民有地約一四万六〇〇〇㎡の土地を取得、当初計画には達しなかったものの、東山キャンパス全体で現在に近い六九万七五〇〇㎡となり、グラウンドの東側地区への移転や、文系地区の建設が可能となった（後掲図6–25、左二つ目の図）。

名古屋市との間で建築交換方式の覚書が交わされた一九五七年七月、この覚書を前提にして第二期整備五カ年計画が策定された。文系地区の敷地取得に伴い、工学部と同様

図6–15　完成直後の東山キャンパス農学部棟（1966年）

に建築交換方式により文系施設の建設が進められた。経済学部があった桜山キャンパスの土地・建物を名古屋市に譲渡する代わりに、名古屋市の負担で東山キャンパスに経済学部・法学部の建物を建設してもらい、五九年三月に経済学部が、同年七月には法学部がそれぞれ旧キャンパスからの移転を完了した。さらに、教養部のある瑞穂キャンパスの土地・建物を名古屋市に譲渡する代わりに、名古屋市に教養部（六四年）と文学部・教育学部（六三年）の一部（愛知県・名古屋市・商工会議所による後援会からも寄附を得ている）を建設してもらい、文系地区の集結を完了した。なお、名古屋市に譲渡した桜山キャンパスと瑞穂（滝子）キャンパスは、現在それぞれ名古屋市立大学の医学部・附属病院と経済学部・人文社会学部等となっている。

農学部については、名帝大創設時から設置構想はあったものの、様々な事情により実現は叶わず、新制名大創設後の一九五一年になって、ようやく安城町（五二年五月より安城市）に設置された。設置にあたって尽力した愛知県や安城市との関係もあり、五二年の第一期整備計画では、農学部は安城キャンパスでの完成となった。しかし、教養課程を終えた農学部の学生は名古屋を離れ、教職員も他学部との交流や協力をしにくいことから、当初から東山移転の要望が出されていた。五九年の伊勢湾台風で農学部施設が甚大な被害を受けると、翌年には農学部の東山移転が正式に公表されることとなった。しかし、安城市から国に寄附された土地を財源代替とすることは認められず、豊川にあった農場を国に差し出せば農場のない農学部になってしまうことから、農場の確保が問題となった。その後、愛知郡東郷村にあった東海近畿農業試験場の土地を農林省から名大へ管理替えすることが認められ、六二年に東郷農場が誕生し、農場問題を克服した

図 6-16　完成直後の豊田講堂

ことから、六六年、農学部は東山移転を完了した。

名古屋市東区東芳野町にあった教育学部附属中学校・高等学校については、伊勢湾台風による被害も甚大であり、名古屋市立工芸高校が隣接地を使用するという事情のため名古屋市から返還を求められていた。第二期整備計画には附属学校の移転は組み込まれていなかったが、全国的な附属学校施設費による予算の目途が立ったことから、一九六〇年の整備計画委員会にて、鏡ヶ池の西側に建設することを計画に組み入れることとなった。六一年、附属学校建設の予算が認められ、六三年にまず高等学校が移転、六四年一月には全校舎が完成し中学校も移転した。また、同年十一月には中央棟九二二㎡が附属学校後援会によって寄附された。

豊田講堂の建設

一九三九（昭和十四）年の名古屋帝国大学創設時に、愛知県は土地の現物と総額九〇〇万円の創設費用を国に寄附しているが、これとは別に図書館と講堂を現物寄附する方針を示している。さらに、愛知県知事からの依頼に応じて、名古屋商工会議所会頭が会長を務める名古屋帝国大学設置期成同盟会が図書館と講堂の建設費として約一〇〇万円の寄附を集めた。しかし、戦時体制下での物資不足と物価高騰により、建物建設に着手することはできず、集められた寄附金は名古屋商工会議所の預かりとされた。

終戦後も、名帝大創設時の「約束」に基づいて図書館と講堂は現物寄附を受けるという方針が堅持されてきたが、さらなる物価高騰もあり実現できない状況が続いていた。しかし、新制大学として「名古屋大学整備計画」を進める過程で、東山地区における図

図 6-17　豊田講堂完成直後の東山キャンパス

書館と講堂建設の具体化が求められるようになった。終戦後間もない状況で億を超える資金を集めることは容易ではなく、一九五〇年代後半、図書館と講堂一体ではなく、まずは講堂の建設を優先させるという考え方に変わった。当時の事務局長・須川義弘は、資金集めについて次のように記している（須川義弘『半生を顧みる』）。

> 寄付金集めも、歴史の古い大学でならば卒業生を中心に募金するという方法もあるが、若い名古屋大学にはその手はない。地元の財界人から数万円ずつを集めるにしても、創設時と違って今日では億という金はとても見込みはない。むしろ東京大学の安田講堂のように、寄贈者の名が付くような個人寄付による方が可能性がある、そんな篤志家はないものかと、勝沼総長とよりより話し合っていた。

その後、勝沼精蔵学長が各方面に奔走し、ついに一九五八年十一月二十四日にトヨタ自動車工業株式会社・石田退三取締役社長から寄附了承の第一報を受けた。しかも大学からの要請額一億円に対して、「折角寄附するのだから恥ずかしくないものを」と倍額の二億円の寄附を得ることができた。五九年三月に開催された評議会では、勝沼学長から、①講堂の建設は株式会社竹中組（現竹中工務店）が請け負うこと、②設計は竹中組の設計嘱託の槇文彦（ワシントン大学準教授）が担当すること、③名称は豊田講堂とすること、の三点について提案があり、了承された。講堂の名称を寄贈者名の「トヨタ講堂」ではなく「豊田《とよだ》講堂」としたことについては、「本講堂は寄附者が会社の創設者であり豊田織機の発明者である豊田佐吉翁の記念として寄附されたものであるので本学受領の上は寄附者の意志を尊重して豊田講堂と呼称することとしたい」とある。五九年三

図 6-18　落成式当日の古川図書館

月に起工し、六〇年三月に竣工する予定であったが、伊勢湾台風の影響によって工事が遅延し、同年五月九日に晴れて竣工し、完成式典が盛大に執り行われた。

設計者の槇文彦は、その後、建築界のノーベル賞とも言われるプリッカー賞を受賞するなど日本を代表する建築家となる。豊田講堂は、槇が弱冠三十歳で設計した処女作であり、一九六二年には日本建築学会賞（作品）を受賞している。

豊田講堂の最も重要な建築的な特徴は、正門のない開かれた大学においてランドスケープとしての建築を実現したことにある。グリーンベルトの東端の小高い丘の上に、しっかりとその軸線を受け止め、南北両端の柱と大屋根による門型のフレームを構成し、建物の背後の緑地との連続性を保つ。軸線を受け止めながらも、旧帝大等の歴史ある大学の講堂でみられる時計塔が正面中央に聳える様式的な建築ではなく、左右非対称なコンクリート打ち放しで表される巨大な架構（メガストラクチャ）による力強い造形が、新しい時代の大学のシンボルにふさわしいモダニズムのデザインを実現している（口絵9、図6-16）。

古川図書館の建設

附属図書館は名帝大創設当初から重要な一機関として位置づけられていた。鶴舞の医学部の名古屋医科大学時代からの図書館や、名城地区の旧歩兵第六連隊の兵舎（現在は明治村に移築保存）を利用していたが、あくまで暫定的なものであった。一九六〇（昭和三十五）年には図書館職員による建築委員会が発足し、翌年には「中央図書館建築計画案」が策定された。同じ頃、名城地区を愛知県体育館の建設用地としたいという申し

図 6–19　古川図書館大閲覧室（1970 年）

入れがあり、図書館をはじめ文系組織の東山移転が促進された。

その後、関係者が地元経済界に資金援助を要請したところ、当時の杉戸清名古屋市長の斡旋などによって、日本ヘラルド映画株式会社の古川為三郎会長及び志ま夫人の篤志を得られることとなった。古川会長は当初、約二億円の寄附依頼のうち一億円を寄附し残りは財界から寄附してもらうようにと返答していたが、志ま夫人の強い後押しで二億円全額寄附が実現した。古川夫妻の意向により、設計者は東京工業大学の谷口吉郎教授、施工者は大林組となった。

建設位置は、一九六一年十二月の整備計画委員会で「豊田講堂前庭の南面」と定められていた。総予算と坪単価から規模は一〇〇〇坪とされたため、従来の計画案が見直され設計者に伝えられた。以降、設計者から提示された設計案に何度も修正が加えられ、六三年十二月に工事着手、六四年十一月に落成式が行われた。

設計者である谷口吉郎は、東宮御所や国立近代美術館など数多くの建築作品を世に遺し、博物館明治村の初代館長も務めた戦後の日本を代表する建築家である。古川図書館（現名古屋大学博物館）は、土地の高低差を活かして建物エントランスを一階、二階双方に設けて建物を低く見せる層の構成や、最上階の張り出しによる伸びやかな水平性が建築的特徴である。また、打ち放しコンクリートの庇や梁の水平線を強調した繊細なディテール、閲覧室として計画された折版状の天井から光が差し込む伸びやかな吹抜空間（現在は博物館展示室）など、円熟期を迎えた谷口の技が冴える建築である（図6–18・19）。

こうしてみると名大は、名古屋帝国大学創設時と同様に、愛知県、名古屋市をはじめ

図 6–20　新病棟完成後の鶴舞キャンパス（1958 年頃）

とする地元の自治体や企業の協力があればこそ、念願であった東山地区統合ならびに講堂や図書館の建設を実現できたといえよう。

鶴舞キャンパスの整備

前述のように一九四六（昭和二十一）年五月頃の復興計画では、医学部は東山キャンパスに移転し、附属病院は分院として鶴舞に残すこととしていた。これは、名古屋帝国大学創設時から構想されていたものである。しかし、同年七月の復興計画では医学部の応急建物を鶴舞に新設するとあり、事実上、医学部・病院とも鶴舞での復興計画が実施に移され、五〇年には戦災により各地に分散していた医学部の各教室は、手狭ながらも鶴舞キャンパスに集結した。

しかし、東山キャンパスへの移転構想が消えたわけではなく、名古屋大学整備計画立案に向けて開催された一九五一年の整備計画委員会においても、医学部のうち基礎系教室を東山キャンパスに置き、附属病院はそのまま鶴舞に置くことが検討課題として残された。結果的に、五二年の整備計画では、医学部は鶴舞地区に建設し、医学部は十年計画、附属病院は五年計画とすることに決した。特に戦火で大被害を受けた医学部、附属病院及び工学部は他学部に優先して復興に着手することとした。

この整備計画によると、病院外来棟、臨床研究棟（臨床一五教室）、大病棟（七〇〇床）の三棟が南向きに並び、地上三階の中央診療施設が三棟の中央を貫く形で計画されていた（後掲図 6–25、右三つ目の図）。一方医学部は、基礎医学の各教室が大病棟北側の建物に収まる計画であった。基礎教室と大病棟の間には、看護学校、大講堂、臨床講義室、

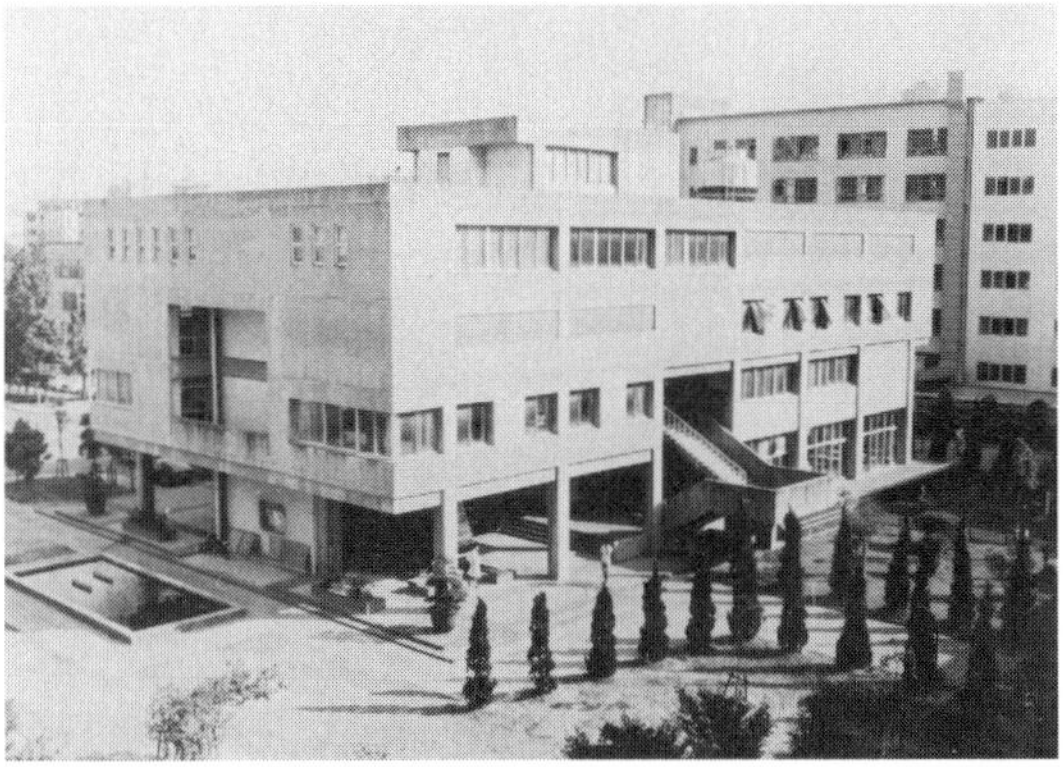

図 6–21　鶴舞キャンパス新図書館
（1973 年度から附属図書館医学部分館，
1978 年撮影）

総合標本室が配置された。病院の正門は南側の鶴舞公園に、医学部の正門は東の名古屋工業大学側に面しており、戦前期の西に医学部、東に病院という配置に対して、医学部が北側、病院は南側と入れ替わったような形となった。なお、現在は東に医学部、西に病院とさらに入れ替わった配置となっている。

一九五三年に着工した病棟は五六年に落成した。この病棟は延べ二七八五坪、地上六階、地下一階、耐震耐火の鉄筋コンクリート造で、四七六床を収容し、当時、全国屈指の新設備を誇るモデル病棟であった（図6–20）。五七年には基礎医学棟第一期工事が、五八年には同第二期工事が竣工をみた。その後増築を重ね、基礎医学研究棟、講義・実習室、医学部管理棟が完成した。六三年には外来棟が完成、六四年五月から運用が開始された新病棟は、各界からの寄附金を上級病室フロアに充当する建設寄附として受納し、一階から五階までは国費により建築し、六六年三月に完成した。一方、臨床医学研究棟は六四年に外来棟と病棟との間に竣工し、六九年にかけて増築された。また、七〇年にはアイソトープセンターが基礎医学棟の南側に新築された。

一九七一年に医学部は創立一〇〇周年を迎え、その記念事業として学友会員から浄財を募り、図書館が同年三月、東門の正面、病棟と基礎医学棟の間に新築された。この新図書館は、新設された工学部建築学科の柳澤忠教授が設計を担当し、一階が学生食堂となり、図書館は二階から四階に吹抜で連続する空間として計画された（図6–21）。

また、名大医学部創立一一〇周年を記念する事業として、学友会員の寄附による鶴友会館が一九八二年にキャンパス東南角に竣工し、一階は食堂、二階は事務室・会議室、三階は宿泊施設となり、会館完成後は二階会議室で教授会が開催されることとなった。

図 6-22　大幸キャンパス航空写真
(1977 年撮影，国土地理院蔵)

大幸キャンパスの取得とその後

一九五〇（昭和二十五）年四月、附属医学専門部が廃止され、分院は専門部臨床病院の性格を改め、医学部附属病院分院として、戦前期に寄附を受けた陸田ビル（現名古屋市中区新栄二丁目）で運営されてきた。六一年九月には、名古屋市の土地区画整理事業のため、東区東門前町に新病院を新築、移転した。

昭和四〇年代に入ると、患者数が増加し、外来や病室が手狭になり、診療施設及び研究室の老朽化も顕著となったため、分院の移転が本格的に検討されるようになった。そのような状況にあった一九七〇年四月、愛知教育大学名古屋校の大学部が刈谷市へ移転したため、現有地の二〇倍の規模があり立地も良いその跡地（名古屋市東区大幸町）を分院移転候補地として検討が開始された。

交渉の結果、同跡地の六万五二〇〇㎡を名大が利用することで同意が得られた。そして一九七五年七月、同地は正式に名大の所管となり、大幸キャンパスが第二のメディカルキャンパスとなった。翌年にまとめられた「大幸町地区の整備について」は、①医療短期大学部の設置、②歯学部・同附属病院の創設、③生体科学研究所・同附属病院の創設を柱とするものであった。

一九七七年には医療技術短期大学部が名大に併設され、看護学科、衛生技術学科、診療放射線技術学科等が相次いで設置された。これらの学科は愛知教育大学の旧校舎を改修して使用することとなった。八四年には理学療法学科と作業療法学科が増設され、翌年両学科の校舎が新築された。

また、一九七七年には分院の移転も認可されたが、その基礎となるべき生体科学研究

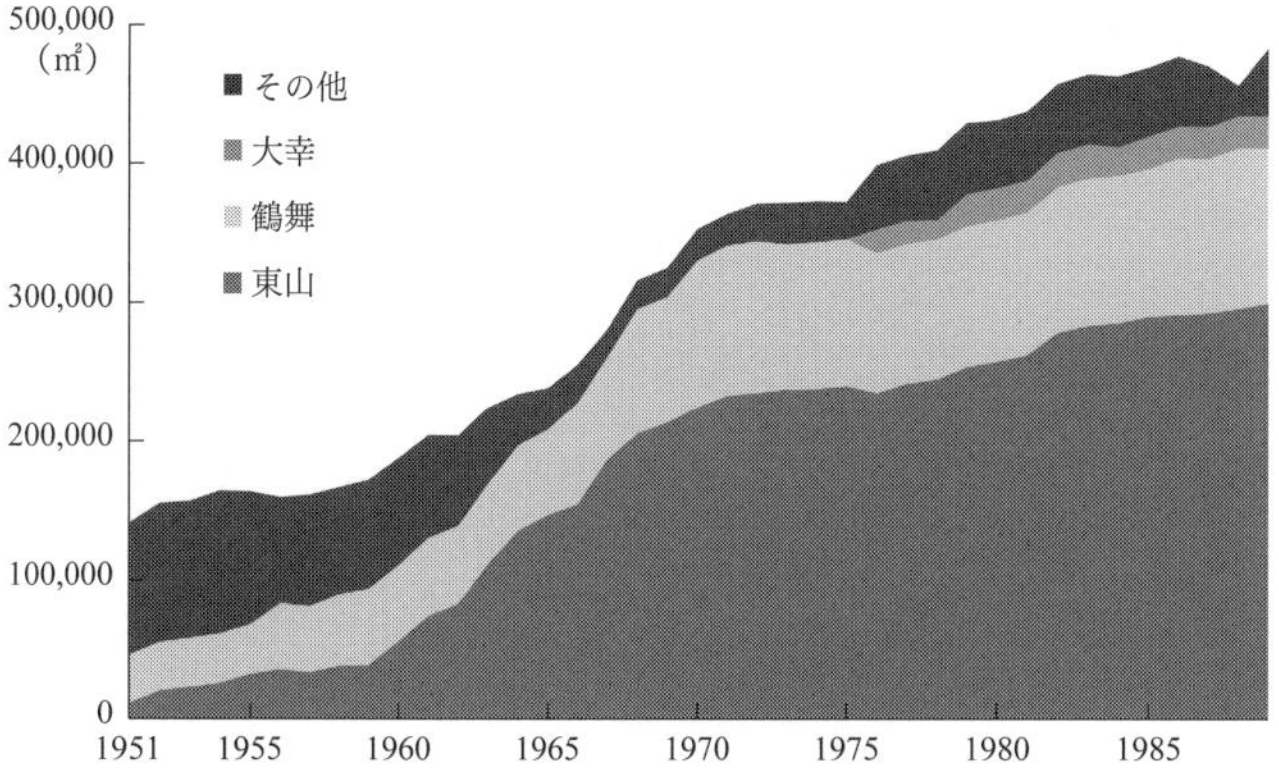

図 6–23　名大の建物面積の推移（1951–89 年）

所の設置は見送られ、分院は職員数・ベッド数とも現状のままの移転となった。しかし、七九年六月には、短期大学部の実習病院としての付加機能が実現するなど、旧病院の三倍強の規模となる新病院が完成、分院が移転して診療が開始され、外来患者数・入院患者数とも飛躍的に増大し、名古屋市北部での地域医療施設としての確固たる地位を築いた。一方、歯学部の設置については、十数年にわたり継続的に設置の概算要求が続けられたが、医師会の反対もあって、実現することなく終わった。

経済成長期の施設拡充

図6−23は、一九五一（昭和二十六）年度から八九（平成元）年度にかけての名大の建物面積の推移をキャンパス別に示したものである。第一期整備計画が始まった五二年には一五万五〇〇〇㎡（東山地区二万㎡）に過ぎなかった建物面積は、八九年には四八万三〇〇〇㎡（東山地区三〇万㎡）と、約四〇年間で三三万㎡、三倍以上に増加した。

一九六〇年頃までは、戦災からの復旧と分散していた部局の東山キャンパスへの集結が大きな整備目標であり、全体としての面積増加は大きくない。しかし、第三期整備計画が始まる六〇年代になると、企業や名古屋市との建築交換方式による部局施設の整備が次々と実行に移され、経済成長に伴い文部省の文教施設整備費も拡大されて、東山キャンパスでは毎年一万㎡を超える施設の建設が行われ、鶴舞キャンパスでも六〇年代後半以降大きな施設の拡充が実現した。

一九六二年に策定された第三期整備計画は、分散部局が東山に集結した後の各部局建物の配置を定めるものであったが、豊田講堂や古川図書館も完成し、施設整備委員会で

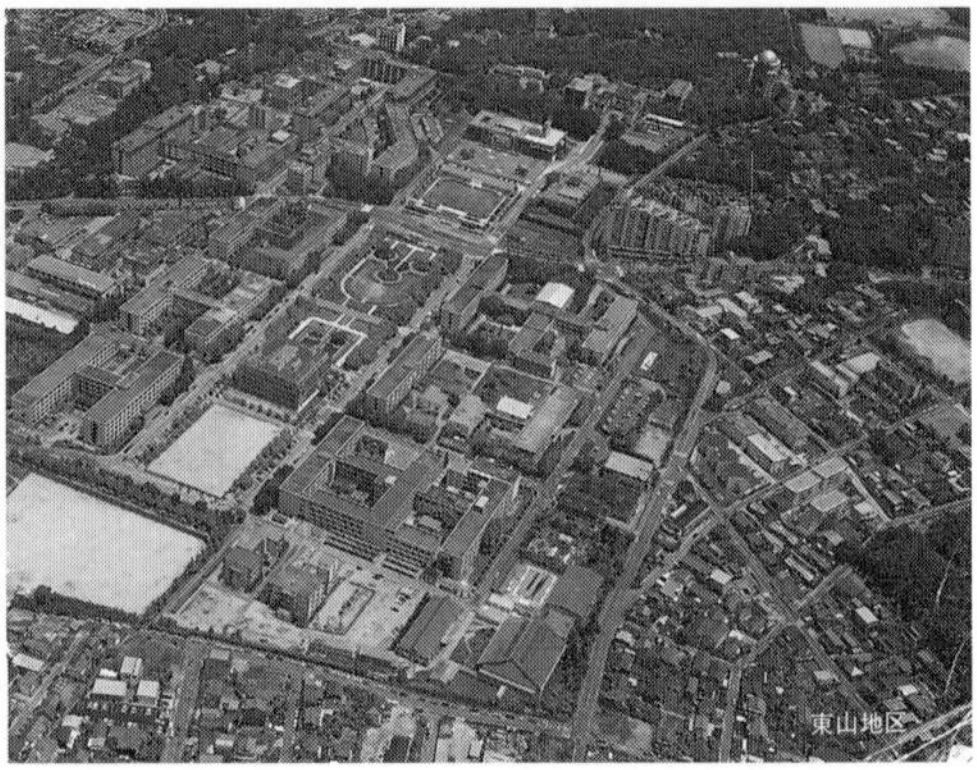

図 6–24　東山キャンパス航空写真（1987 年頃）

はキャンパス全体の環境形成についても議論されている。戦前期に本多静六により行われた「名古屋帝国大学敷地内植樹調査報告」を再び参照し、ケヤキとクスの四条並木により グリーンベルトを整備したことは、現在の東山キャンパスの景観につながっている。また、部局施設の拡充だけでなく、食堂、学生会館、体育施設、寄宿舎等の学生厚生施設の整備も行われた。食堂については、五九年に学生部より、文科系四学部地区、教養部地区、理・工学部地区、本部地区に各一か所設置することが提示されており、多少の変更はあったもののこれらが設置され、現在の食堂の配置に踏襲されている。

一九六六年に農学部が東山への移転を果たし、医学部を除く全部局が東山集結を果たす頃になると、学科や講座数が漸増を続ける理・工系部局施設の拡充とともに、学内研究所やセンター施設の新設が相次ぎ、施設の大幅な量的拡大が実現した。整備計画委員会は六五年に整備委員会へと改称し、審議の対象を東山地区に限定して、審議事項は個別施設の立地や共用空間の計画へと絞られた。また、六八年には医学部整備計画委員会が、鶴舞地区のすべての建物や環境に関する審議を行う組織として設置され、事実上医学部の東山キャンパス移転は断念されることとなった。

図6–25に、戦後から一九八九年度にかけての、東山キャンパスと鶴舞キャンパスの各年代での現況図と計画図を示す。東山キャンパスでは、現文系エリアの敷地拡張により、戦前期の計画案では講堂から西に伸びて北側にカーブしていたグリーンベルトは、講堂から約一〇〇ｍの幅でまっすぐ西に伸びる現在のグリーンベルトの位置へと変更され、キャンパスの中心軸として整備された。また、敷地北西の鏡ヶ池は、戦前期には遊興地として構想されていたが、西側の附属学校及び宿舎や東側の工学部建物の建設に合

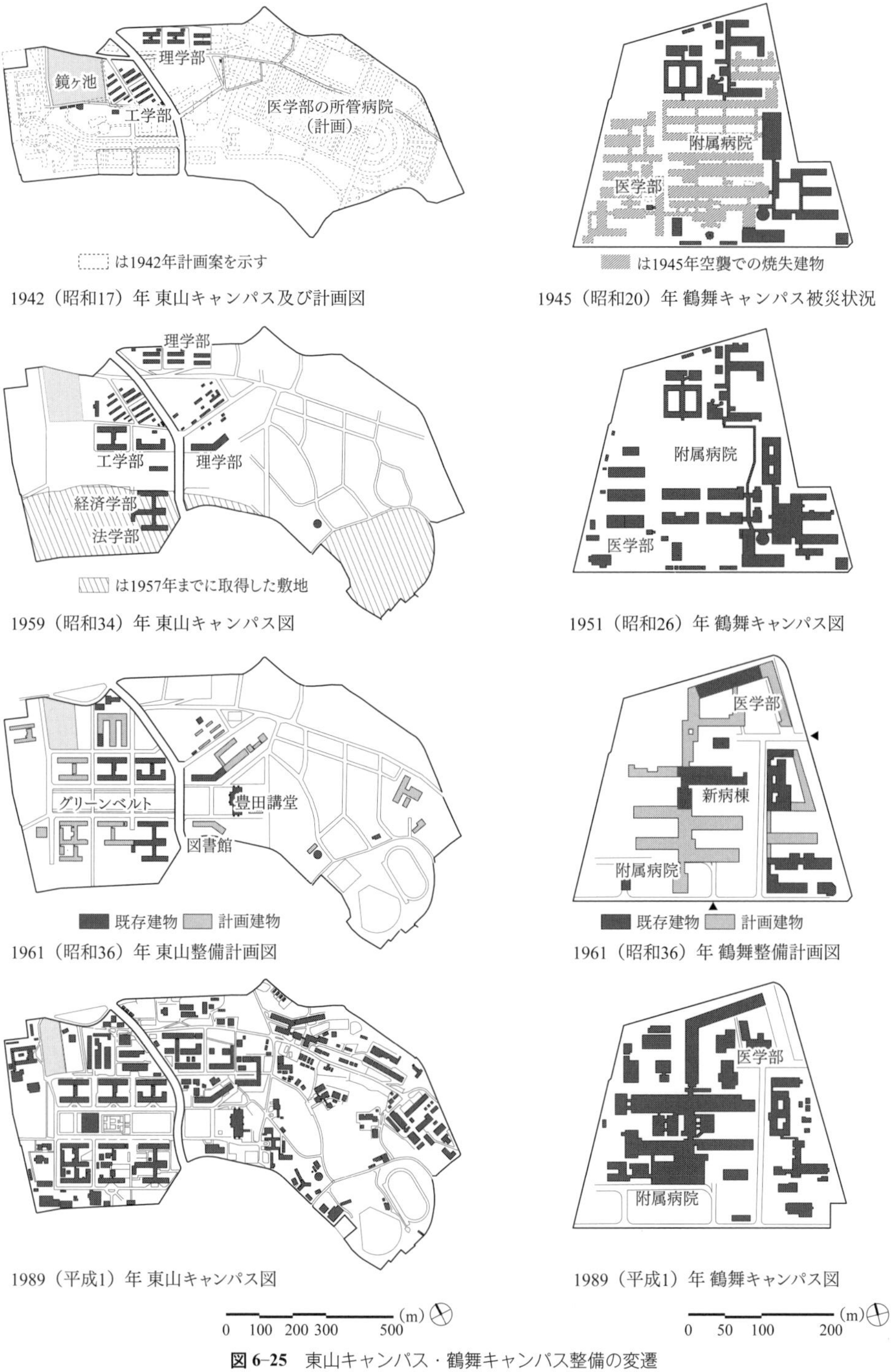

1942（昭和17）年 東山キャンパス及び計画図

1945（昭和20）年 鶴舞キャンパス被災状況

1959（昭和34）年 東山キャンパス図

1951（昭和26）年 鶴舞キャンパス図

1961（昭和36）年 東山整備計画図

1961（昭和36）年 鶴舞整備計画図
1989（平成1）年 東山キャンパス図

1989（平成1）年 鶴舞キャンパス図

図 6–25　東山キャンパス・鶴舞キャンパス整備の変遷

わせて埋め立てが行われ、当初の三分の一ほどに縮小された。また一九六一年に総合運動場（陸上競技場・野球場）が、敷地の拡張された「山の上」に整備されたことにより、現在ES総合館などが建っている当初のグラウンドの場所に工学部四号館・五号館が整備されるなど、理系の部局や研究所・センターの施設群が、ほぼ山林であったキャンパス東側の敷地を埋めるように建てられていったことがわかる。八一年には手狭になった古川図書館に替わり、グリーンベルト西側に豊田講堂と対峙するように新たな中央図書館が建設された（写真は前掲図5-14）。

鶴舞キャンパスにおいては、戦前期の施設は空襲によりほぼ焼失したが、戦後の整備計画にしたがい北側に医学部、南側に病院の整備が急速に進み、一九八〇年頃には早くもキャンパス内の建て詰まりと狭隘化が問題となり、さらなる再開発が求められるようになった。

第7章　名古屋大学像の模索

1　伊勢湾台風と安保闘争

戦後における大学紛争

本章では、戦後、名大やこの地域が経験した大きな事件や紛争、災害、社会情勢の変化のなかで、学生や教員たちが展開した様々な活動や思索の跡を描出していく。

はじめに、伊勢湾台風と安保闘争から述べる。大学紛争といえばまず想起されるのは一九六〇年代末の紛争だろう。しかしいうまでもなく学生たちの運動はそれ以前からみられた。とくに敗戦直後から、それまで弾圧の対象であった学生組織が公然と活動を開始した。そして四〇年代後半から五〇年代にかけて、激しいインフレ下での授業料値上げ、あるいは大学管理法案やレッドパージなどへの反対運動がみられた。さらに五〇年代末からいわゆる「安保闘争」と呼ばれる日米安保条約改定反対運動が広がりをみせる。

そのような全国的な動向に対応した動きは名大でもみられた。一九四九（昭和二十四）年の大学管理法案をめぐっては、大学自治の担い手として学生や職員を加えるための運

図 7–1　屋根を吹き飛ばされた教養部の体育館（瑞穂キャンパス，医分館蔵）

動がなされ、学長選挙で学生が意向投票を行うといった改革が文・教育・理などの学部で実現する。翌五〇年のレッドパージ反対運動についても、全学連が全国の大学学生自治会にストを指示したことに応え、名大では文・法・理の各学部と教養部でストが実施された。

しかし、より広く大学構成員を巻き込んだ運動となったのは、一九五九年以降の日米安保条約改定をめぐる動きである。そしてその際の名大生の活動に少なからぬ影響を及ぼしたのが、五九年秋の伊勢湾台風の来襲であり、まずはそのことからふれることにしよう。

伊勢湾台風の被害と救援活動

一九五九（昭和三十四）年九月二十六日、猛烈で超大型の台風が日本列島を襲い、死者・行方不明者は五〇〇〇人を超えた。昭和の三大台風の一つに数えられるこの伊勢湾台風は、勢力をほとんど衰えさせることなく紀伊半島の潮岬に上陸し、そのまま本州を北東に縦断するという、伊勢湾岸地域にとって最悪のコースをたどったうえに、通過が満潮に近い時間と重なった。このため、東海地域の被害が特に甚大であり、愛知・三重・岐阜の三県だけで死者・行方不明者四六三七人、全・半壊家屋及び流失家屋約一七万戸、被災者総数約一三〇〇万人に及んだ。

名大では、常滑市在住の理学部聴講生一人が高潮のため死亡したほか、多数の教職員や学生が家屋や家財に大きな被害を受けた。全教職員（非常勤職員を含む）のうち、家屋や家財が全壊あるいは半壊以上に被災した者は五九人、家屋が床上浸水の被害に遭っ

表7-1　伊勢湾台風による名大施設の被害

区　分	数　量	被害見積額（円）	復旧見込額（円）
樹　木	6,496本	171,820	〔記載なし〕
建　物	61,785㎡	12,753,957	44,440,916
工作物	〔記載なし〕	2,323,338	4,483,000
船　舶	13隻	865,616	220,000
計	—	16,114,731	49,143,916

た者は八八人を数えた。学生については全員を対象とする統計がないが、一九六〇年二月実施の名大生へのアンケート調査によれば、回答者一一六二人のうち七〇・六％にあたる八二〇人が「被災有」と答えている。

施設面でも、老朽化した木造建物や樹木が強風によって甚大な被害を受けた（図7-1）。経理部がまとめた『伊勢湾台風被害調書（一九六〇・二・一六）』によると、施設被害の概要は表7-1の通りである。特に厚生施設の被害が大きく、嚶鳴寮や東山キャンパスの食堂、安城市の碧明寮等は、かろうじて倒壊をまぬがれたという状態であった。そのほか、名古屋市の低湿地にあったヨット部及びボート部のヨット・ボートやその艇庫に大きな被害があった。

教育・研究等への影響も大きかった。校舎の被害、教職員の被災、教職員による救援活動等のため、授業や試験が半月以上中断・延期され、教養部の文化祭も中止となるなど、教育活動や課外活動に大きな障害が生じた。施設・器具の破損や研究資料の消失等によって、学会発表の取りやめや論文作成の中止など、研究の進展にも深刻な損害があった。被災学生に対しては、学部や教養部ごとに、救援委員会の設置、授業料減免措置や奨学金の前渡し、教職員による救援金の拠出、などの救済措置が取られた。そのほか、全国の大学・企業・報道機関から、来訪・文書・電報という形で多数の見舞いが寄せられ、多くの大学から義援金の寄贈を受けた。

伊勢湾台風に関して特筆すべきは、名大の学生・教職員による被災者救援活動である（図7-2）。特に被災した同僚や学友に対しては、被災直後の救出や救援物資の補給から、その後の経済的・心理的援助まで多面的・長期的に行われ、「一人の挫折者も出す

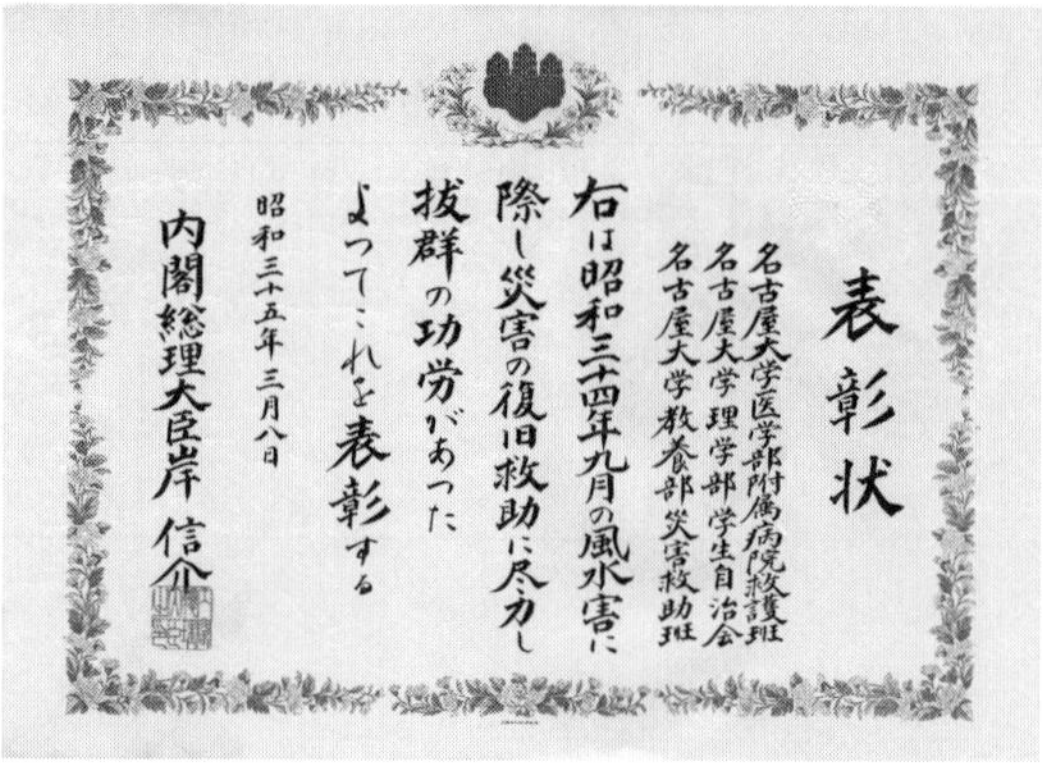

図 7-2　医学部附属病院救護班・理学部学生自治会・教養部災害救助班の活動への表彰状

な」の合言葉が着実に実践された。

名大では、九月二十八日に学生大会が救援活動への積極的な参加を議決し、その翌日には教養部学生災害対策本部が結成されて、この救援活動に参加した学生は延べ三〇〇〇人に上った。その活動は、運搬・連絡から遺体の収容といった過酷なものにまで及び、学生たちは連日、泥海と化した被災地で苦闘した。医学部の学生は、九月二十九日に学生災害対策本部を設置し、医療班を編成した。同班は名古屋市で最も被害が大きかった南区の各避難所で活動を行うとともに、附属病院の救護班や被災地の病院などの支援にあたった。毎日新聞社会事業団の診療班に参加した医学部学生会の学生たちには、同社から感謝状と記念品が贈呈されている。

名大生たちは、行政の救援活動に飽き足らず、十月初めに「泥の会」を組織し、南区道徳橋に現地センターを設置して独自の活動を展開した。十二月には、日本福祉大学の学生たちとともに、名古屋市南区弥次衛町に臨時保育所（ヤジエセツルメント）を設立して、貧しい被災家庭のための活動を行った。そのほか、十二月二十六日には、中止になった教養部文化祭の代替行事として、伊勢湾台風義援金募集を趣旨とする「名大音楽会」が名大及び名古屋大学文化サークル連盟の主催で行われ、名大の四つの音楽サークルが出演した。前述の名大生へのアンケート調査によると、七六％が何らかの救援活動に参加したと答え、その救助活動参加者の六七％が被災者であった。名大生の救援活動は大きな共感を呼び、多くの被災者から感謝の手紙が寄せられた。

教職員による救援活動としては、特に名大医学部の活動が大きな役割を果たした（図7-3）。医学部附属病院では、九月二十八日に風水害救護班が編成された。救護班は、

図 7–3　医学部の被災者救援活動（医分館蔵）

医師二名・看護師二名・看護学校生徒二名、事務員一名からなり、これが七班編成された。救護班は翌二十九日から愛知県や名古屋市からの要請に応じて活動を開始した。そのほか、ＮＨＫ・厚生省・愛知県・名古屋市が主催し、名古屋市南部や知多半島、三重県などの激甚被災地域に出動した「ＮＨＫ診療班」に、医学部及び同附属病院が後援者として協力した。

安保闘争の開始と伊勢湾台風

一九五七（昭和三十二）年二月に内閣を組織した岸信介首相は、国軍再建や憲法改正などを行って大国日本を復活することを目指し、これを実現する長期政権の土台を築くため、広く国民の支持を得られると考えられた、きわめて不平等な内容の日米安全保障条約（五二年締結）の改定を重要課題とした。しかし、敗戦から一〇年余りしか経過していないこの当時の日本では、二度と戦争に巻き込まれたくないという反戦意識が根強く、戦前への回帰を志向しているのではないかという、岸首相への不安感や警戒感が強まっていた。労働組合、知識人、革新政党等は広く連携し、五九年三月には一三四団体を結集して安保条約改定阻止国民会議（以下、国民会議）が結成されるなど、反対運動が高揚した。

名大では、こうした動きに対応しつつ、名古屋大学教養部学生自治会が中心になって反対運動を展開したが、当初はこうした運動に参加する者は自治会委員やその関係者に限られ、全体としては盛り上がりを欠いていた。

この状況が変わるきっかけになったのが伊勢湾台風であった。前述のように、伊勢湾

図 7-4　安保改定反対デモ（1960年，医分館蔵）

台風では多くの名大生たちが被災者救援活動に参加した。そのなかで名大生たちは、救援活動と安保改定反対運動のどちらを重視するかを議論すると同時に、この災害の人災的側面に注目し、その政治的背景に疑念を抱き、それを契機に政治・社会問題に自覚的な眼を向けるようになった者も少なくなかった。救援活動のリーダーたちの多くが、学生たちを率いて安保改定反対運動の先頭に立つことになったとされる。

一九五九年十月二十八日、教養部学生自治会は学生大会を開催し、同月三十日の「安保条約改定阻止全学連統一行動デー」を期して、全授業のストライキを決議した。『名古屋大学新聞』によれば、三十日の授業を受けたのは、第一限・第二限は五クラス七四人、第三限・第四限は八クラス七一人のみであったという。この日、教養部学生自治会は午前六時から行動を起こし、近隣の労働組合員や大学生、市民に向けてのビラ配布、午前十時からは街頭でのステッカー貼り、ビラ配布、署名カンパ活動、午後一時からは教養部学生大会、大会後は栄の名古屋テレビ塔（五三年完成）下での愛知県学生自治会連合会（以下、愛知県学連）大会に向けてのデモ行進を行った。

これに対して教養部教官会議は、学生たちが団体行動をとること自体は国民として当然の権利としながらも、学生の本分である授業のストライキという事態の発生は誠に遺憾であること、過半数の学生が自治会活動にきわめて消極的な態度をとっていることは決して健全な状態とはいえないことなどを声明した。教養部学生自治会は、安保改定は憲法を無視して日本の核武装、軍国主義への道を歩むものであり、改定を阻止し憲法を守るのは自分たちの義務であり責任であること、自分たちの本分は勉学にあるが、充実した授業、真の学問研究を切望するからこそ平和で民主的な学園を守ろうと行動を起こ

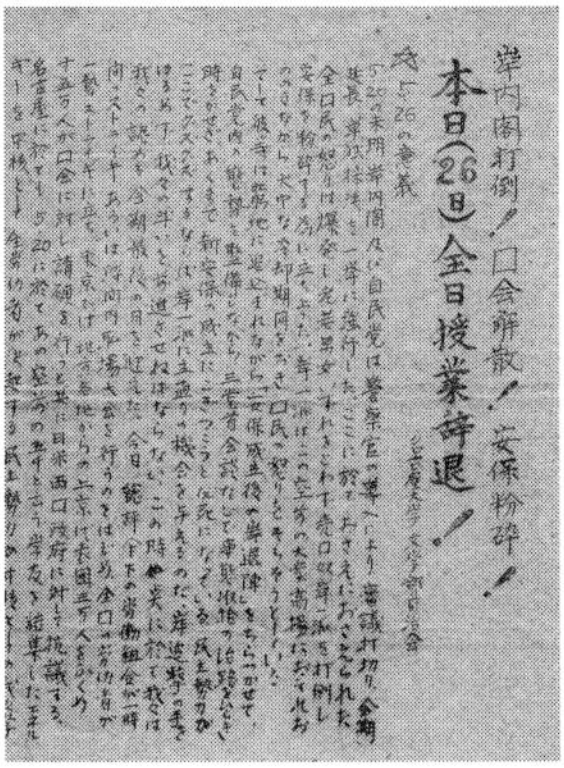

図 7–5　新安保条約等の強行採決をうけて，授業ボイコットを訴える文学部学生自治会のビラ（1960 年 5 月 26 日）

したのであり、代替授業も要求していること、などを声明してこれに応じた。

この後も名大では、繰り返される国民会議提唱の統一行動に呼応しつつ、教養部学生自治会、各学部の学生自治会、嚶鳴寮寮生自治会、東山共闘会議（理、工、法、経済学部の学生自治会、工学部職員組合、その他学生有志等により結成）、名古屋大学職員組合などが、愛知県学連の学生や諸団体と連携しつつ、決起集会・学生大会・講演会・シンポジウム等の開催、街頭に出てのビラ配布、そして「ジグザグデモ」や「サミダレデモ」などのデモを盛んに行った。

強行採決以後の展開

一九六〇（昭和三十五）年一月十九日、改定された日米安全保障条約（以下、新安保条約）及びこれに基づく日米地位協定が調印され、二月九日には新安保条約批准案が国会に提出された。五月十九日、新安保条約批准案と日米地位協定関連法案が、ついに衆議院本会議で警察官五〇〇人を導入したうえで強行採決された。ここに至り、安保改定反対運動は大きく変容し、それまで改定に必ずしも反対していなかった広範な人々が、民主主義の危機を懸念して反対運動や岸内閣打倒・衆議院解散運動に参加するようになった。

名大でも、学生たちがさらに激しい運動を展開するとともに、より多くの教職員が安保改定や民主主義の問題に関心を寄せ、幅広い人々と連帯しつつ運動に参加するようになった。また、それまでは学生の運動を規制する場面が多かった大学の対応にも変化が見られた。例えば、六月十六日に東京大学総長が学生のデモの原因は議会制の危機にあ

図 7-6　松坂佐一学長
(1959 年 7 月-63 年 7 月)

るとの趣旨の声明を発表し、これを文部大臣が非難するという事態になった際には、十八日に全学教官集会を開催し、東大総長を支持する声明を発した。六月二十一日の学部長会では、十九日に新安保条約が発効し、ますます学生の授業ストライキやデモ活動が激化したことをうけて、学生に対して過激な行動を自粛し大学の正常化を求める声明要望書を発表する提案がなされたが、審議の結果、学生の政治活動を規制するよりも学生の自治活動について検討する方がよいとの結論になった。ただその一方で、連日授業ストライキが続いた教養部では、六月十八日に教官一同が学生に対する声明を発し、大学が完全に「マヒ状態」に陥っているとして、学生の学力の低下及び社会からの期待と信頼の喪失を危惧する立場から、激情のあまりの過激な行動を憂い、理性を持って行動するよう求めた。

六月二十二日の愛知県学連総決起大会は、名大をはじめとする名古屋市内のほとんどの大学の学生自治会が授業を放棄して集まり、名古屋テレビ塔下において約二〇〇〇名で開催された。同日の安保改定阻止愛知県民会議の大会には、約一万五〇〇〇名が集まったとされる。しかし、六月二十五日から七月二日にかけての第二〇次統一行動以降は、運動の動員力が大きく減退した。愛知県学連は、七月二日にテレビ塔下で大会を開いたが、参加したのはわずか一〇〇名余りであった。

以上のような一連の安保改定反対運動において、教養部学生自治会は愛知県学連の先頭に立って激しい運動を展開した。ただ同自治会は、国会への乱入など学生前衛論に基づく過激な行動をとる全学連主流派の方針を批判し、それとは一線を画する考えの者が多かった。名大生が組織的に参加した運動が警官隊と衝突したり、検挙者を出したこと

図 7–7　名大の医学部紛争
（医分館蔵）

は少なかった。数少ない例としては、一九六〇年六月十一日の愛知県学連総決起大会と警察官との衝突事件（負傷者警察側四〇名・学生側一〇〇名）及び同日の自民党愛知県本部前座り込み事件（検挙された名大生あり）が挙げられる。

2　大学紛争と名古屋大学

医学部における紛争

前節で見たように、一九五〇年代末から日米安保条約改定反対運動をめぐり大学は揺れた。そしてその際の紛争の大きな特徴は、それが学外における政治問題を発端としたことである。しかし六〇年代の半ばからそうした様相は変化をみせ、紛争は大学の中の問題をきっかけとするようになる。すなわち、学生は大学のあり方に批判の矛先を向けたのである。

全国的に見ると、このような紛争の特徴は一九六五（昭和四十）年の慶應義塾大学での学費値上げ反対運動の頃から現れ、その翌年の早稲田大学での同じく学費値上げ反対闘争ではバリケードやゲバ棒スタイルなどの紛争の暴力化が進み、さらに六八年の日本大学、六九年の東京大学などでの大規模な紛争は社会の大きな関心を呼んだ。そして紛争は全国の大学に波及したのである。

それでは名大ではどうだったのか。名大での紛争の発生は首都圏や関西圏などの他の大都市圏に比べて時期的に遅かったとされる。しかしその例外だったのは医学部であ

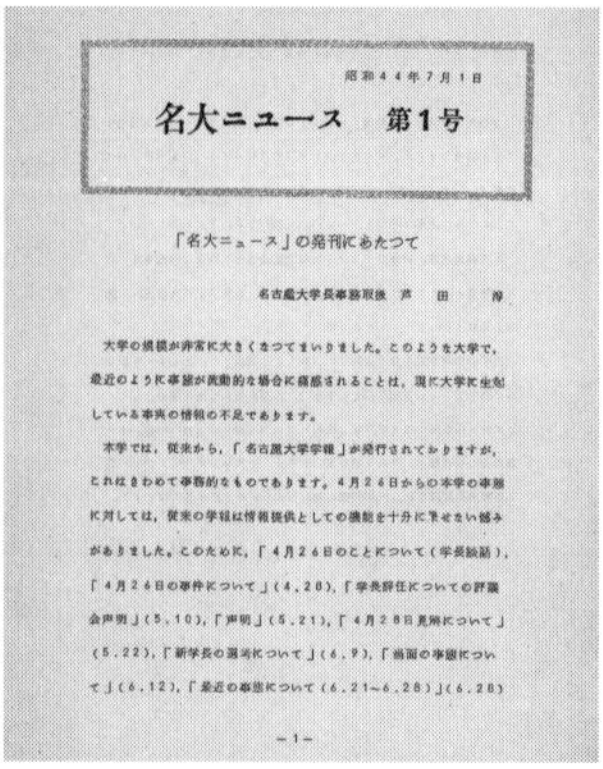
昭和44年7月1日

名大ニュース　第1号

「名大ニュース」の発刊にあたつて

名古屋大学長事務取扱　芦　田　淳

大学の規模が非常に大きくなつてまいりました。このような大学で，最近のように事態が流動的な場合に痛感されることは，現に大学に生起している事実の情報の不足であります。

本学では，従来から，「名古屋大学学報」が発行されておりますが，これはきわめて事務的なものであります。4月26日からの本学の事態に対しては，従来の学報は情報提供としての機能を十分に果せない憾みがありました。このために，「4月26日のことについて（学長談話），「4月26日の事件について」(4.28)，「学長辞任についての評議会声明」(5.10)，「声明」(5.21)，「4月28日見解について」(5.22)，「新学長の選考について」(6.9)，「当面の事態について」(6.12)，「最近の事態について(6.21～6.28)」(6.28)

－1－

図 7–8　大学紛争等の情報を学内に伝えるため名大が発刊した『名大ニュース』第 1 号（1969 年 7 月 1 日）

る。そこでは一九六〇年代初頭から無給医局員やインターン、さらには教授人事に関わる問題などをめぐる動きが存在していた。六一年には医学部での副手の学位取得基準厳格化への反発から全国に先駆けて副手会が組織化され、運動を呼びかけている。六五年の医師法改正法案についても、無給労働を強いる現状を合法化するものとして、医学部では新制大学移行以後初の全日ストライキが実施された。また同年には副手会が有給化など待遇改善を求めて診療拒否を行っている。しかし、それらの運動は、全日本医学生連合などが主導する全国的運動に必ずしも同調するものではなく、さほど過激化することはなかったとされる。

さらに一九六七年からは、小児科学講座教授選考問題に関わる紛争が発生した。この問題の背景は必ずしも明確ではないが、教授選考に影響を及ぼそうとした、学外者を含む勢力の存在が紛争をもたらしたと思われる。まず教授会での教授選考の最初の投票で選出された者が辞退し、次の投票では過半数を超える候補がおらず、かつ最高得票者の業績に水増し・詐称があるとの主張がなされた。そしてその決選投票では白票の扱いをめぐって合意ができず、専門家の意見を聴くことで結論が持ち越された。そしてあらためて行われた決選投票で選出された候補には、一部の教職員から学長への発令保留の要請がなされ、結局発令は保留とされる。加えてこの過程で、学部内の各層（第一職組、副手会、大学院学生自治会、学生会、研修生委員会——これらの関係者によって「五者協」が形成されていた）をも巻き込むこととなり、事態は学部全構成員の問題となっていった。

結局のところ五者協の要請により、教授会はこの紛争の原因となったとされる三人の教授に辞任勧告をなし、さらにそのうち辞任を拒否した二人の教授について評議会に分限免職を求めた。しかし評議会がそれを認めず、またこの二教授が不利益処分に対する行政措置要求を人事院へ提出したことで、事態の解決にはさらに時間がかかることとなった。そしてようやく一九七六年に、当時の学部長の説得により、その二教授が行政措置要求を取り下げ、自省の意向を表明することで紛争は終結を迎えた。

この紛争は、医局や教授会の運営の旧習的性格が露呈した事件であるとともに、折からのインターンと無給医をめぐる闘争や、さらには大学紛争の拡大のなかで先鋭化しつつあった学部内各層の動きがあいまって、複雑かつ長期化することになったといえるだろう。

東山キャンパスでの紛争

他方、東山キャンパスで本格的な紛争がみられたのは一九六九（昭和四十四）年になってからであった。その紛争は多様な形態を持ち、また学内の様々な場所で同時多発的に発生していた。ここでは、名大での紛争のなかでも六九年の四月から十二月までの約九か月間にわたり続いた、教養部を中心とする紛争を主に取り上げよう。それはおそらく学内で発生した紛争のなかでは最も規模が大きく、また当該部局のみならず全学的にも大きな影響を与えたと思われるからである。

教養部には当時二つの学生組織が存在していた。一つは教養部自治会であり、もう一つは一九六九年四月に結成されたという教養部ストライキ実行委員会（「Cスト実」と自称。以下この略称を用いる）である。前者ではいわゆる「代々木系」（日本共産党系）とされる学生が主導権を持ち、後者はいわゆる「反代々木系」学生の集団であったとされ

図 7–9　篠原卯吉学長
（1964 年 7 月–69 年 5 月）

る。したがって、両者は対立関係にあり、またCスト実はより活発な行動に走りがちであった。

当初は豊田講堂の自由使用問題をめぐる両学生組織間の対立があった。そして四月二十六日に当時の篠原卯吉学長がCスト実の要求する団交（団体交渉）に応じたこと、またそこにおいて学長の健康状態の悪化をまねくような学生の言動があったことが事態を緊迫させた。特に評議会は、そうした学生側の態度や、学生の総意を代表するとは必ずしもいえないCスト実と学長が団交したことを問題視し、当時「声明」や「見解」と呼ばれた文書（その後それらは合わせて「四・二八声明・見解」と呼ばれた）を発表したが、そのことがさらに学内での様々な批判や行動を呼ぶことにもなった。不適切な団交をしたとされた篠原学長はその責任を取って辞任し、学長事務取扱に芦田淳農学部評議員が選ばれ、七月には正式に学長に選任されることになる。

さらに評議会は、そのような反響を呼んだ「見解」についての文書（「五・二二説明書」と呼ばれた）を公表し、一部の内容や、文書の公表に至る手続きについて反省する姿勢を示したが、そのことを評価する立場と、批判する立場との対立が生じ、とりわけ学生たちの組織間での激しい論争を引き起こした。とはいえ、この時期までは内ゲバと言われたような暴力行為はほとんど見られなかったとされる。

五月二十三日にはCスト実は教養部のバリケード封鎖を行うが、この封鎖は一日で終わった。しかしCスト実が要求していた「四・二八声明・見解」や「五・二二説明書」の白紙撤回を評議会が拒否したことで、二十八日に今度は大学の本部建物をバリケード封鎖し（図7–10）、さらに六月末から七月初頭にかけて再び教養部封鎖を行った。事態

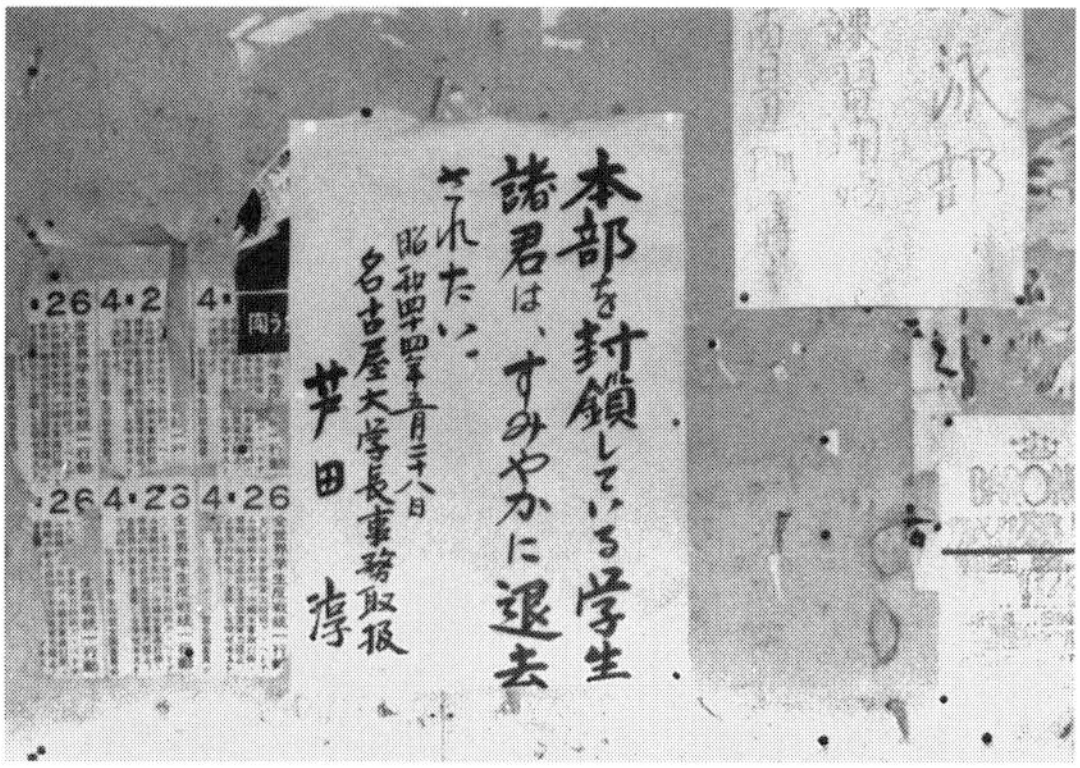

図 7–10　本部封鎖学生に退去を求める学長事務取扱の貼り紙

の打開を図るために七月二日にCスト実と評議会の団交が実施されたが、十数時間に及ぶ話し合いでも決着がつかず、その後も両者の話し合いには進展がなかった。

なお、八月三日には国会で「大学運営に関する臨時措置法」が成立している。この法律は、紛争終結のために学長に紛争学部休止の権限などを与えるとともに、文部大臣には大学・学部の機能停止のみならず、その廃止・改組の権限をも与えるものだった。これに対して芦田学長は同日記者会見を開き、大学の自治を否定するものとして、法律成立を強く批判している。建物の封鎖といった学生の行動があるなかにおいてさえ、警察などの学外権力の大学への介入について大学側は否定的な姿勢を明確にしていた。

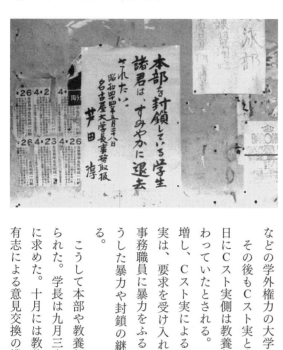

その後もCスト実と大学との交渉が続けられたが、合意には至らなかった。九月十八日にCスト実側は教養部で三度目のバリケード封鎖を行ったが、その際には学外者が加わっていたとされる。またこの時期には、Cスト実と教養部自治会との対立も激しさを増し、Cスト実によるそれまでにない激しい暴力行為もみられたという。さらにCスト実は、要求を受け入れない評議会に反発して、九月三十日には工学部事務室を破壊し、事務職員に暴力をふるった。このように名大における紛争は暴力化しつつあったが、そうした暴力や封鎖の継続により、学生間でのCスト実の支持者は減っていったとされる。

こうして本部や教養部の封鎖が長期化する中で、紛争解決を目指す動きが各方面でみられた。学長は九月三十日に評議会に対して「四・二八声明・見解」を再検討するように求めた。十月には教養部学生自治会や一般学生からも意見表明がなされ、教官と学生有志による意見交換の機会も何度か設けられた。学生からは、Cスト実を批判し、封鎖

図 7–11　封鎖される教養部

解除を求める意見が出されるようになっていた。

封鎖が長期化していた本部の職員の不満も高まっていた。そして彼らがほぼ職員全員の署名を得て封鎖解除への直接行動に出たのは十一月六日である。この時期には学生の関心は教養部に向けられ、本部にはわずかな学生しか残っていなかった。踏み込んだ職員は本部にいた二人の学生を説得し、封鎖解除を行った。

教養部の封鎖についても教養部学生大会で封鎖を批判する決議が可決された。他方で、封鎖をめぐり対立する学生グループ間での暴力行為も増えていった。十二月二十二日にはCスト実の学生が再び本部を封鎖し、他方で教養部ではこれに反対する教職員や学生が封鎖解除を図った。その際に生命の危険に瀕するほどの重傷者を含む、数十人の負傷者が出た。

二十三日にはついに愛知県警が傷害や暴力行為などの容疑で大学への立ち入りを求めてきた。大学側も立ち入りを認めざるを得なかった。こうして約七か月間にわたり断続的になされた大学内の封鎖は解除されたが、それは警察の学内への立ち入りという事態を伴ったのである。

各学部における紛争

ここまでは本部と教養部での出来事に焦点を合わせて紛争の様相を描いたが、先述のようにこの時期には大学の様々な場での動きがあった。学部という単位で見てもその様相は多様である。

たとえば文学部では、この時期に「美学問題」と呼ばれるある研究室をめぐる問題が学部を大きく揺るがしていた。正式に講座化されないまま一助教授、一助手体制が長期間続いていたなかで生じた教員・学生の対立問題を発端として、教育問題から当該教員の人事問題、学部全体の運営問題にまで発展し、ときには学生のハンストや文学部の建物封鎖もなされた。この問題の総括がなされたのは、紛争後もかなり後の一九七七（昭和五十二）年だった。

また工学部では各学科で授業放棄が続発していた。そうした状態が数か月間にわたり続いた学科もあったとされる。他方で法学部では、ゲバ棒スタイルの学生集団が建物の玄関を破壊するという事件も発生したが、学部構成員の努力によって授業は継続して実施されていたという。なお、附属高等学校にも紛争の影響があった。一部生徒が封鎖された教養部に出入りをし、その影響を受けたと思われる生徒が生徒会役員に立候補した。また「沖縄デー」には校内で生徒による座り込みが行われた。

ただし実のところ、紛争についてはいまだに明らかになっていない事柄が少なくない。紛争の構図はそもそも複雑で多面的で、かつ流動的でもあった。ここで描いたのはそのごく限られた側面に過ぎない。

紛争の背景

当時の紛争の背景については様々な指摘がある。一九六〇年代に急激に拡大した大学におけるマスプロ教育や施設設備の不備などに学生が不満を抱いたとされ、また危機に対応できない教授会自治に代表される管理運営体制の不備もあったとされる。さらに国際的な広がりを持った学生運動の影響関係を指摘する見解もある。アメリカでのベトナ

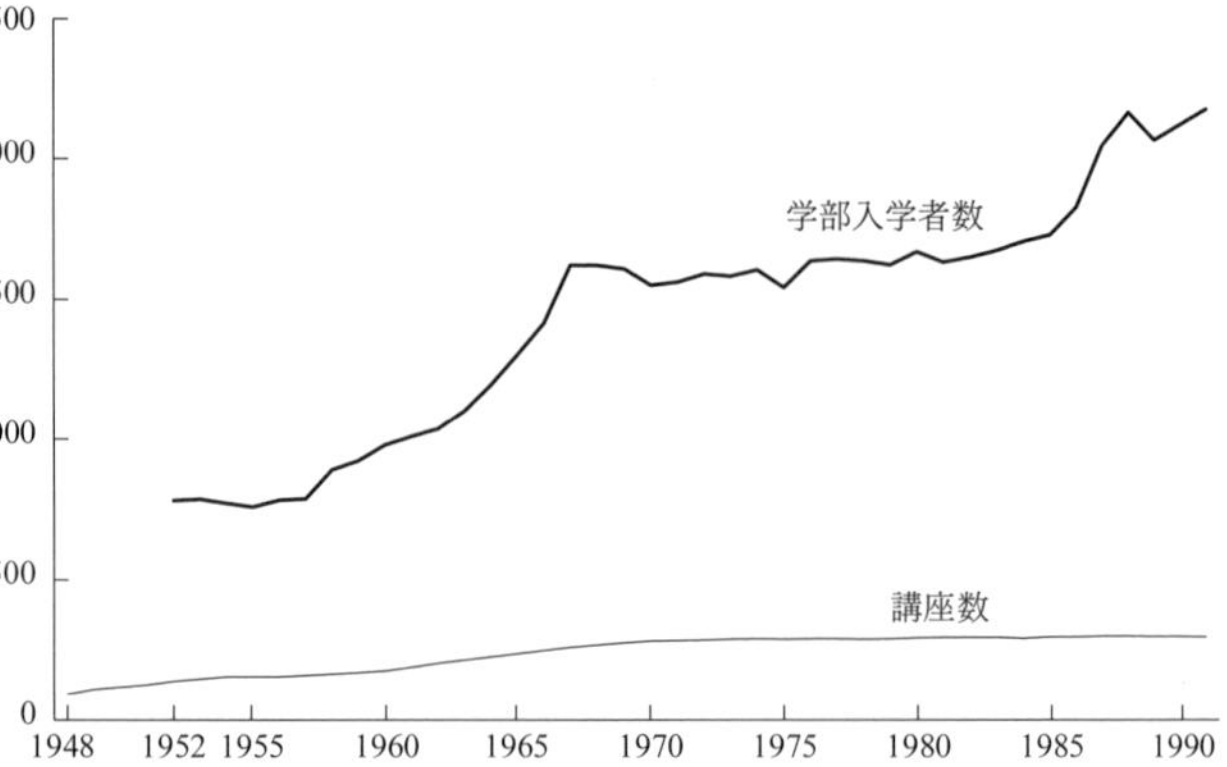

図7–12　名大における学部入学者数・講座数（『名古屋大学五十年史　通史二』より）

ム反戦運動、中国での文化大革命などは日本の学生にも少なからぬ影響を与えたとされる。加えて当時の学生の持つ世代的背景、すなわち戦後民主主義教育を受けた最初の世代であった彼らが、教育内容と現実社会とのギャップに対して、また高度成長による社会の激変に対して、強い違和感を持ったことが紛争につながったという小熊英二による指摘もある。名大の紛争に関して、それらの要因の妥当性をここで十分に検討することはできないが、少なくともいえることは、紛争の直前の時期に学生の教育環境が大きく変化していたことである。

図7–12に見られるように、一九五五（昭和三十）年から七〇年までの一五年間で名大の入学者数は倍増していた。特に六〇年以降の増加のペースは著しい。しかしそれに対する施設の改善は進まなかった。そのことが講義室の不足といった授業環境の悪化をまねき、さらに狭隘な学生食堂など厚生面での学生の不満も増大させていた。加えて、六九年度の入学者には、東京大学等の入試中止の影響で、不本意入学者の割合が特に高かったことが、紛争に影響したという指摘もある。

紛争後の大学改革

紛争は大学の管理・運営や教育体制のあり方など様々な側面の持つ問題をあぶり出すことにもなった。名大でも、前述のようにいまだ封鎖が続いていた一九六九（昭和四十四）年十一月に、芦田学長は「大学改革を推進するための提案」を発表し、教育・研究、管理運営についての検討を開始することを提案した（図7–13）。そしてそれをうけて学内に改革試案研究委員会が発足し、一般教育や大学院、学長選考基準といった問題につ

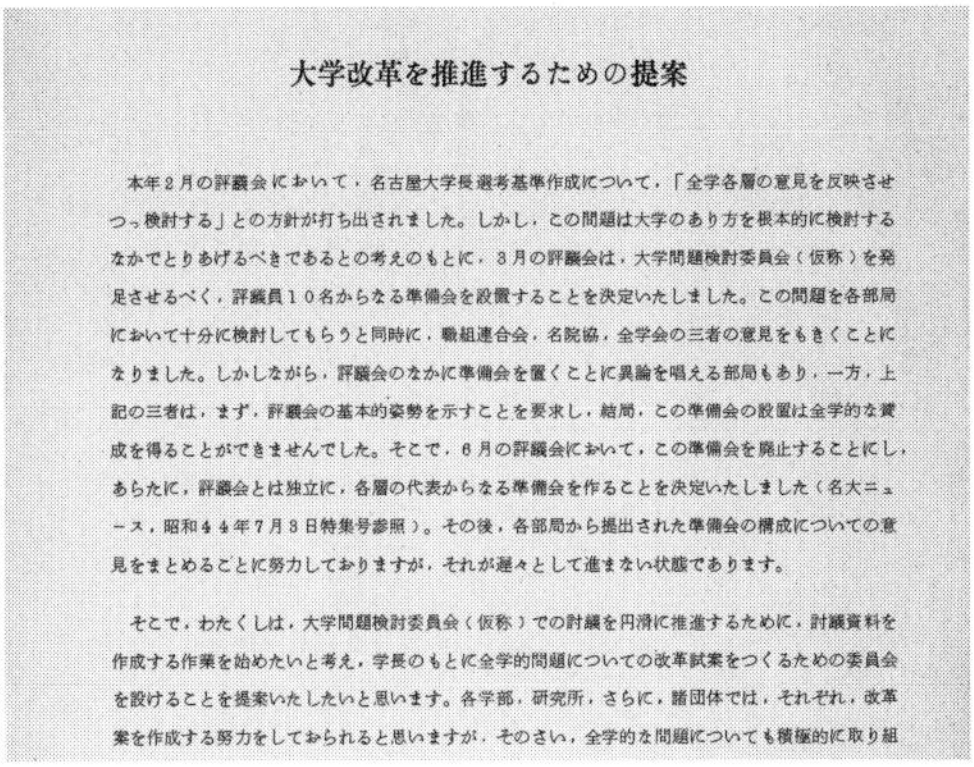

大学改革を推進するための提案

本年2月の評議会において，名古屋大学長選考基準作成について，「全学各層の意見を反映させつゝ検討する」との方針が打ち出されました。しかし，この問題は大学のあり方を根本的に検討するなかでとりあげるべきであるとの考えのもとに，3月の評議会は，大学問題検討委員会（仮称）を発足させるべく，評議員10名からなる準備会を設置することを決定いたしました。この問題を各部局において十分に検討してもらうと同時に，職組連合会，名院協，全学会の三者の意見をもきくことになりました。しかしながら，評議会のなかに準備会を置くことに異論を唱える部局もあり，一方，上記の三者は，まず，評議会の基本的姿勢を示すことを要求し，結局，この準備会の設置は全学的な賛成を得ることができませんでした。そこで，6月の評議会において，この準備会を廃止することにし，あらたに，評議会とは独立に，各層の代表からなる準備会を作ることを決定いたしました（名大ニュース，昭和44年7月3日特集号参照）。その後，各部局から提出された準備会の構成についての意見をまとめることに努力しておりますが，それが遅々として進まない状態であります。

そこで，わたくしは，大学問題検討委員会（仮称）での討議を円滑に推進するために，討議資料を作成する作業を始めたいと考え，学長のもとに全学的問題についての改革試案をつくるための委員会を設けることを提案いたしたいと思います。各学部，研究所，さらに，諸団体では，それぞれ，改革案を作成する努力をしておられると思いますが，そのさい，全学的な問題についても積極的に取り組

図 7–13「大学改革を推進するための提案」

いての検討が始められた。そのうち学長選考方法についての議論は、七〇年に学長選考基準検討委員会に引き継がれた。

紛争期においては全構成員自治の考え方が一つの論点となり、その理念は学内で広く共有されていたとされる。特に一九六九年に評議会は、学長選挙権者を講師以上の専任教員に限定する従来の考え方を改めるとともに、「従来の選挙権者以外の教職員、大学院生、学生等が学長選挙に何等かの方法で参加することを認める」と決定していた。七一年には、選挙権者に新たに助手を加えるとともに、事務職員や学生の意見を聴取するための意向投票を実施するなどの内容を持った改革案が承認された。そして同年六月の学長選挙において最初の意向投票が実施されている。

評議会の構成もこの時期に議論になっていた。それまで附置研究所長については互選で一名のみの出席が認められていたが、一九六九年には環境医学研究所長のオブザーバー参加が認められ、七二年には環境医学研究所長と空電研究所長（第4章1節参照）をも評議員とすることになる。

さらに教養部については、そこが激しい紛争の場となったこともあり、特に改革の必要性が認識されていた。教養部は多数の教員を擁し、また多くの学生の教育の責任を担うにもかかわらず、その運営の自治は限定的であった。したがって、教養部長を教養部所属の教授から選任するよう選考方式を改定するといった改革がなされた。さらに後述のように教養部での教育や組織のあり方についても検討がなされていくことになる。

同様に各学部でも改革の議論がみられた。たとえば工学部では一九六九年十一月に選挙制度、工学部運営、学科・講座制、カリキュラム、大学院制度、産学共同の六検討委

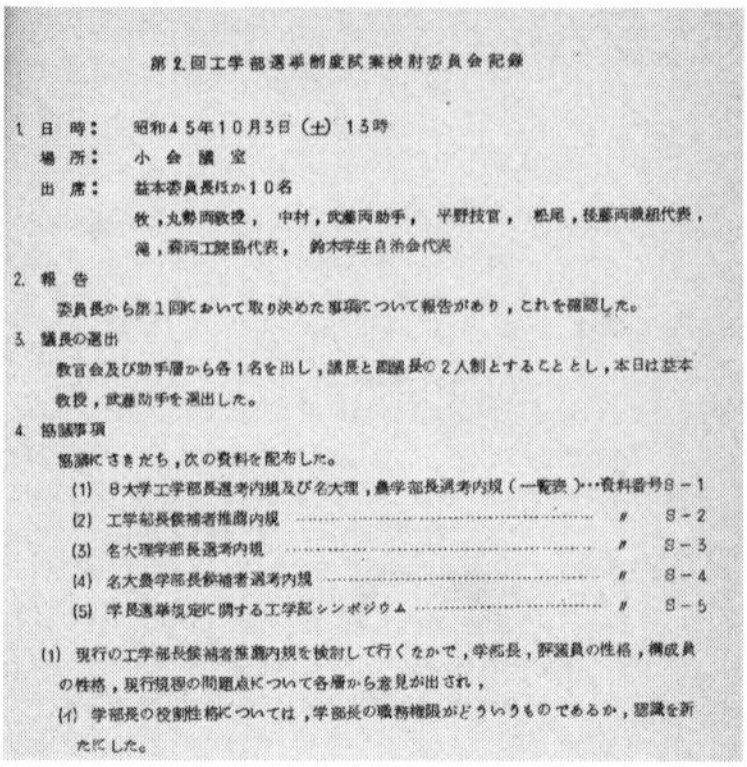

第2回工学部選挙制度試案検討委員会記録

1. 日　時：　昭和45年10月3日（土）13時
　場　所：　小　会　議　室
　出　席：　益本委員長ほか10名
　　牧，丸勢両教授，　中村，武藤両助手，　平野技官，　松尾，後藤両職組代表，
　　滝，森両工院協代表，　鈴木学生自治会代表
2. 報　告
　委員長から第1回において取り決めた事項について報告があり，これを確認した。
3. 議長の選出
　教官会及び助手層から各1名を出し，議長と副議長の2人制とすることとし，本日は益本教授，武藤助手を選出した。
4. 協議事項
　協議にさきだち，次の資料を配布した。
　(1) 8大学工学部長選考内規及び名大理，農学部長選考内規（一覧表）‥資料番号S－1
　(2) 工学部長候補者推薦内規 ……………… 〃 S－2
　(3) 名大理学部長選考内規 ……………… 〃 S－3
　(4) 名大農学部長候補者選考内規 ……………… 〃 S－4
　(5) 学長選挙規定に関する工学部シンポジウム ……………… 〃 S－5
(ア) 現行の工学部長候補者推薦内規を検討して行くなかで，学部長，評議員の性格，構成員の性格，現行規程の問題点について各層から意見が出され，
(イ) 学部長の役割性格については，学部長の職務権限がどういうものであるか，認識を新たにした。

図 7–14　「工学部学部長選挙規定検討委員会資料」

員会を持つ工学部改革専門委員会が発足し、七一年一月に工学部改革実行案を提出している。

各学部での検討においても管理・運営の問題、とりわけ学部長の選考方法に関することが取り上げられていた（図7–14）。そこでも全構成員自治の考え方が反映されている。すでに紛争期以前から事務職員代表が投票に参加していた文学部のような学部もあったが、多くの学部では紛争が終結する頃までに教員以外の職員や学生が選考過程に関与する方式を取るようになる。しかし文部省はそうした選考方法は適当でないとし、その是正を求めていた。たとえば理学部では、教授会の第一次投票とともに学生等による拒否権投票の結果に「基づいて」第二次投票がなされることになっていたが、一九六九年に文部省はその方式での選出者発令を拒否したのである。よって理学部では、学生等による投票結果を「尊重して」第二次投票をすることと改めた。そして他の学部でも同様な選考方法の改正がなされていった。

加えて教授会構成員の範囲に関する改革もいくつかの学部や教養部で行われている。教授のみで構成されていた教授会に助教授、講師も構成員として加えられたのである。さらに助手制度の改革がなされた学部もある。たとえば教育学部では助手の任期が撤廃され、助手は教授会構成員と同等の立場であることが確認され、その選考過程には助手も加わることになった。また法学部では、助手制度の運用はあくまで研究者養成を目的とすることが確認された。

なお、助手に限らず、教員全体の人事選考過程の改革を行った学部もある。法学部では、教授会での人事選考の審議の前に、助手を含む教員と大学院学生とが討議する場を

設けることになった。

以上にみたような管理・運営に関する改革とともに、教育や研究のあり方に関する改革の議論も開始されていた。全学レベルでは、すでに一九六九年には大学問題検討委員会設置のための準備会が組織されていたが、「教育と研究に関する大学問題検討委員会」が設置され、検討が開始されたのは七二年十月であった。そして七四年九月に「一般教育課程の改革について」を、また七六年五月に「大学院問題について」の二つの答申を出している。一般教育に関しては、それを四年一貫で実施することを提言していた。大学院については、学部から分離し、組織としての独立性を高めることが求められていた。

各学部や教養部でも独自に改革案の検討がなされていた。教養部では一九七一年にカリキュラムについて、自発的学習を促進するための必修単位数削減や科目選択の自由度の拡大、少人数の演習の増加などを行った。法学部でも七〇年に必修科目を廃止し、単位の取得を原則として自由にした。ただし必修単位削減には学内に異論もあった。教養部では外国語の履修単位数を最低八単位に削減したが、文・経済・医の各学部ではいずれも外国語は二か国語以上、一六単位以上の履修を求めた。その他の学部でも、たとえば教育学部ではやはり二か国語以上、一六単位以上の履修を行うよう学生に「強力にガイダンスする」ことを七二年に教授会で決定している。

このように名大での紛争は、学内の管理・運営やカリキュラムなどのあり方に一定の影響を与えた。管理・運営についてはより幅広く学内構成員の考え方を反映させる方向への変化が起こり、またカリキュラムに関しては履修者の自由度が増す内容の改革がなされた。ただし、そうした管理・運営改革の方向性には、文部省が難色を示したことで軌道修正がなされ、カリキュラム改革についても、その自由化が学内で無条件に肯定されたわけでもなかった（第5章3節参照）。なお、こうした紛争後の改革の特徴は、名古屋大学に限らず、多くの他の大学にも共通して見られた。実のところ紛争後には全国の大学で学内改革論議が盛んに行われていたのである。

3　時代のなかの名古屋大学

成長時代の終わり

日本で大学紛争が起こったのは、経済の成長期であり、同時にそれは大学の顕著な成長期でもあった。まさに成長時代のなかでの紛争だった。しかし紛争が収まるとともに、経済の成長にもかげりがみえてくる。一九七三（昭和四十八）年の第一次石油危機は高度経済成長期の終わりを示すものとなった。

前節の図7-12から読み取れるように、名大への入学者数は一九六〇年代の末から八〇年代半ばまで長期にわたり停滞する。とくに七〇年代半ばから高等教育規模の抑制政策がとられたことの影響は大きかった。同じく同図に示したように、名大の講座数は、七〇年代の初期までは増加するが、以後やはり長い停滞期に入る（ただしそこには大講座化による講座数減少も含まれる）。しかもその停滞期に、とりわけ八〇年代初頭の第二次臨時行政調査会の発足以降において、国立大学の予算は削減され、概算要求基準は厳

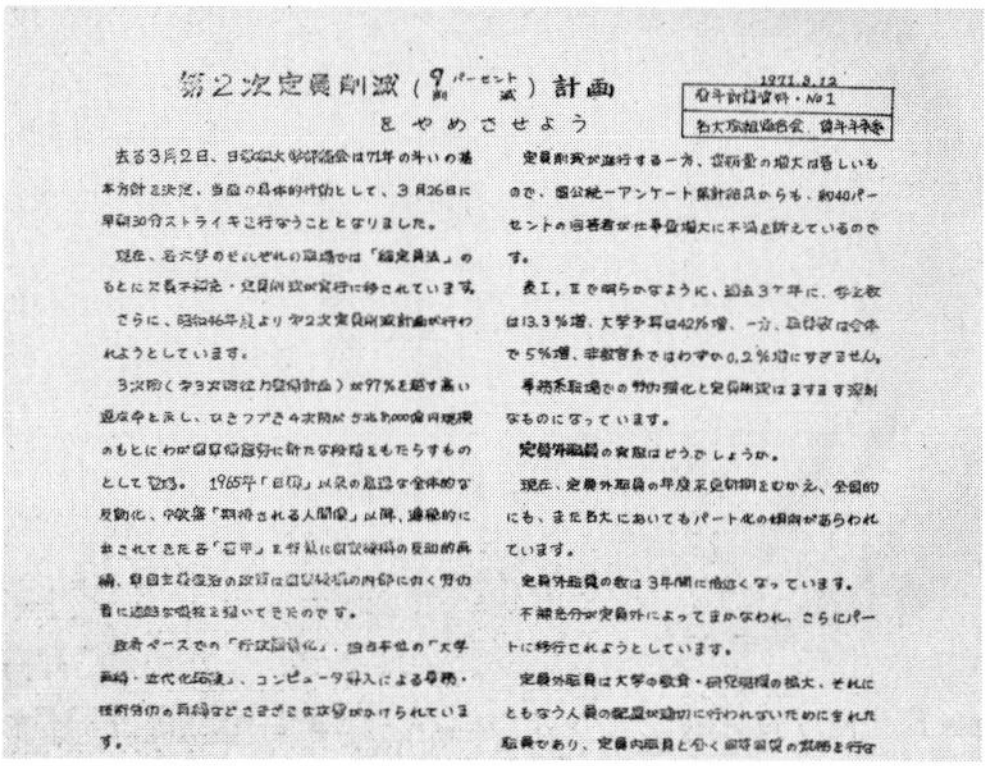

1971.3.12
賃斗討議資料・No1
名大職組連合会　賃斗斗争委

第2次定員削減（9パーセント削減）計画
をやめさせよう

去る3月2日、日教組大学部協議会は71年の斗いの基本方針を決定、当面の具体的行動として、3月26日に早朝30分ストライキを行なうこととなりました。

現在、各大学のそれぞれの職場では「総定員法」のもとに欠員不補充・定員削減が実行に移されています。

さらに、昭和46年度より第2次定員削減計画が行われようとしています。

3次防（第3次防衛力整備計画）の97%を越す高い達成率を示し、ひきつづき4次防が5兆8,000億円規模のもとにわが国軍備拡張に新たな段階をもたらすものとして登場。1965年「日帝」以来の急速な全体的な反動化、中教審「期待される人間像」以降、連続的に出されてきた各「答申」を背景に[illegible]の反動的再編、軍国主義復活の政策は[illegible]の内部に働く労働者に過酷な犠牲を強いてきたのです。

政府ペースでの「行政簡素化」、日経連の「大学再編・近代化路線」、コンピュータ導入による事務・技術部門の再編などさまざまな攻撃がかけられています。

定員削減が進行する一方、業務量の増大は著しいもので、国公統一アンケート集計結果からも、約40パーセントの回答者が仕事量増大に不満を訴えているのです。

表Ⅰ，Ⅱで明らかなように、過去3ヶ年に、学生数は13.3%増、大学予算は42%増、一方、職員数は全体で5%増、非教官系ではわずか0.2%増にすぎません。

事務系職場での労働強化と定員削減はますます深刻なものになっています。

定員外職員の実態はどうでしょうか。

現在、定員外職員の年度末更新期をむかえ、全国的にも、また名大においてもパート化の傾向があらわれています。

定員外職員の数は3年間に倍近くなっています。

不補充分が定員外によってまかなわれ、さらにパートに移行されようとしています。

定員外職員は大学の教育・研究規模の拡大、それにともなう人員の配置が適切に行われないためにうまれた職員であり、定員内職員と全く同等同質の業務を行な

図 7–15「第2次定員削減（9パーセント削減）計画をやめさせよう」（名大職組連合会賃闘闘争委，1971年3月）

格化し、学部などの新増設は原則として認められなくなる。

教職員の定員削減もたびたび実施されていた。政府の方針に基づく削減はすでに一九六〇年代からなされていた。国立大学では六四年度から欠員不補充とされ、さらに定員削減へと踏み込んだのは大学紛争期の六八年度からであった。実のところ政府は行政機構の簡素化・効率化を目指して、六二年にいわゆる第一次の臨時行政調査会を設け、六四年に答申を出していた。六七年には一省庁一局削減措置も実施している。そうしたなかでの国立大学教職員の欠員不補充・定員削減であった。名大では同年から行政職を中心に三年間で七八名の削減が、また六九年度からは教官三六名の定員削減がやはり三年間で実施された。さらに七二～七四年度には行政職・教務職員一二三人、教官二一人の削減がなされる。そしてその後も定員削減は続けられた。これらの削減には、欠員ポストの利用や退職者の後任不補充などでの対応がなされたが、とくに削減数の多かった行政職を中心に業務への少なからぬ影響が出たとされる。

こうして、成長期が行財政改革期へと転じていくなかで、前節で見たような紛争を契機とした各大学の自主的な改革の機運が、大学の改善に結びつくという可能性も小さくなっていった。そこには、紛争直後に盛り上がった改革への熱気が大学関係者の間で冷めてしまっていたという背景もある。そして、一九八〇年代半ばの臨時教育審議会での論議を経て、九〇年代の大学審議会による、まさしく政府主導の大学改革の時代を迎えることになるが、そこで名大がどのような対応をみせたのかは、第三編の各章で述べる。

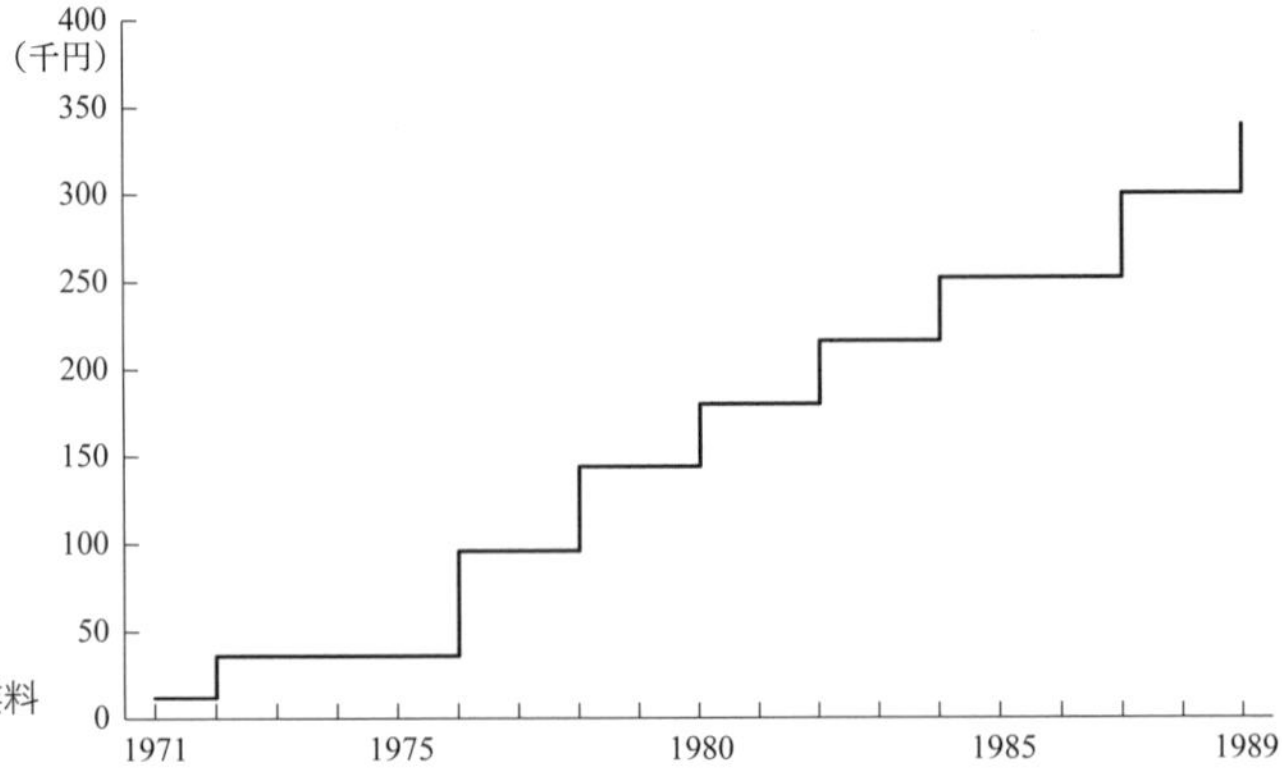

図 7–16　国立大学授業料の推移（1971–89 年）

授業料値上げと就職難

このような成長期からの時代の変化は、大学の組織のみでなく、学生の生活にも大きな影響を与えることになる。その一つは授業料の値上げであった。一九七〇年代に入り国立大学の授業料が急激に値上げされていったのである。もともと六四（昭和三十九）年度から七一年度まで八年間にわたり、授業料は年額一万二〇〇〇円に据え置かれていた。つまり大学紛争期には値上げがなされなかった。ところが七二年度から授業料は一挙に三倍の三万六〇〇〇円に値上げされる（ただし国会審議の遅れにより、実際の値上げは同年度後期からであった）。その後も値上げは続き、四年後の七六年度に九万六〇〇〇円、十年後の八二年度に二一万六〇〇〇円になっていた（図7–16）。一〇年ほどの間に一八倍（物価変動分を除いても七・九倍）の値上げである。

私立大学では一九六〇年代の大学紛争期に授業料値上げが紛争発生の契機の一つになっていた。しかし国立大学では前述のように授業料が低廉で、しかも値上げもなかったために、この問題が紛争の焦点となることはほとんどなかった。だが七〇年代の授業料値上げはこの問題に学生の関心を向けさせた。値上げの理由として政府が述べていたのは、授業料値上げと私学助成の拡大によって、国立大学と私立大学との格差是正を行う、という主張であり、さらには高いレベルの教育には高負担が求められるという受益者負担論であったが、そうした理屈は、国立大学の学生にとって納得できるものではなかった。よって、名大でも学生自治会などが授業料値上げ反対を主張して「学費闘争」へと乗り出そうとし、七二年二月には教養部で値上げ反対のストが行われている。同時期には公私立大学での授業料値上げもなされており、同年一月には国公私立大学八六校

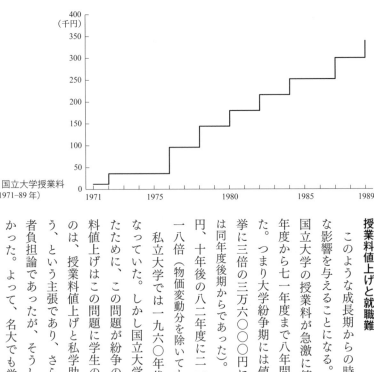

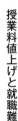

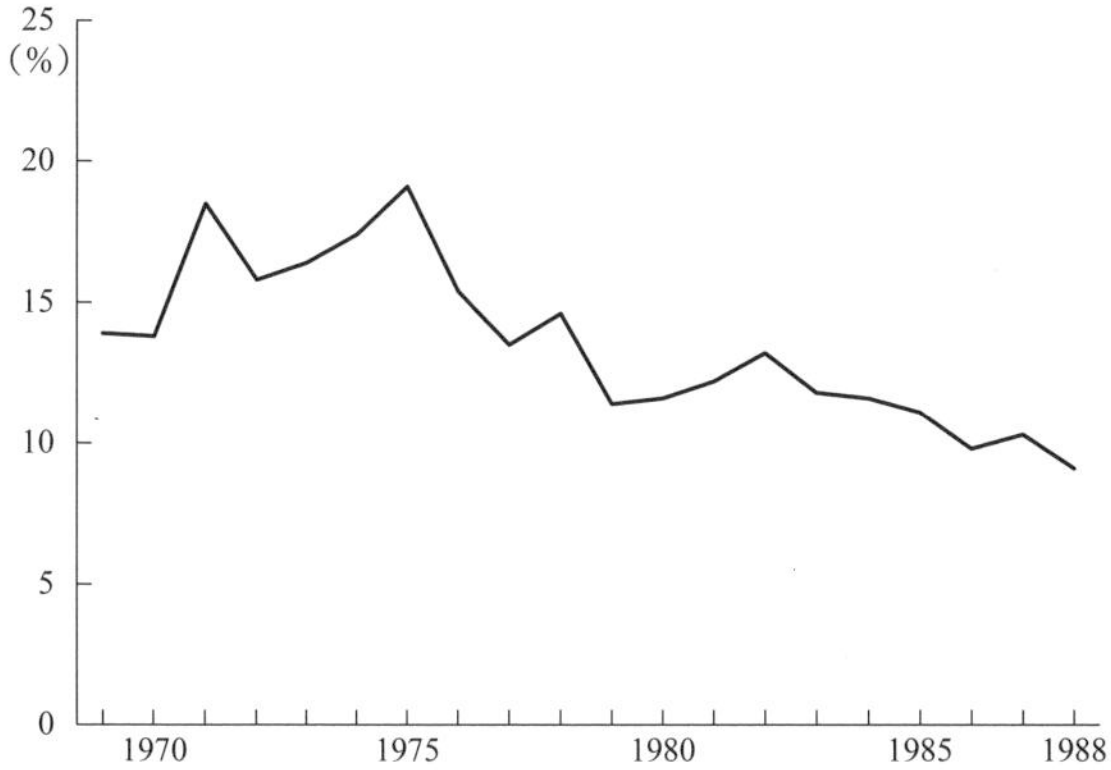

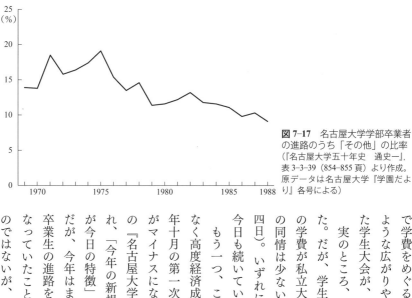

図 7–17　名古屋大学学部卒業者の進路のうち「その他」の比率（『名古屋大学五十年史　通史一』，表 3–3–39（854–855 頁）より作成。原データは名古屋大学『学園だより』各号による）

で学費をめぐる紛争が生じていたとする報道もある。しかしそうした活動が六〇年代のような広がりや持続性を見せることはなかった。名大では値上げ反対を議決しようとした学生大会が、参加者不足で不成立となることも珍しくなかったのである。

実のところ、国立大学側も紛争再燃のおそれがあるとして授業料値上げに反対していた。だが、学生や大学の反対は政府によって押し切られていった。警察庁は、国立大学の学費が私立大学に比べて著しく安いことから、値上げ反対運動への「世間や一般学生の同情は少ない」とし、運動の広がりは限定的とみていた（『朝日新聞』一九七二年十月四日）。いずれにせよそれを契機に、国立大学授業料の値上げの連鎖が始まり、それは今日も続いている。

もう一つ、この時期の学生生活に影響を与えたことは就職難問題である。いうまでもなく高度経済成長期を通して、大学生の就職はきわめて良好であった。しかし一九七三年十月の第一次石油危機を契機とする不況によって、七四年度は戦後初めて経済成長率がマイナスになった。このことが大学生の就職にも大きな影響を与えたのである。当時の『名古屋大学新聞』をみると、特に七五年の大卒就職は「戦後最大の就職難」と言われ、「今年の新規採用も、大幅に削減する企業、今年は採用しない企業が非常に多いのが今日の特徴」とされ、ある学生は「例年今ごろ希望者の八割ぐらい内定していたものだが、今年はまだ四～五割ぐらいですよ」と述べていたという。事実、この時期の名大卒業生の進路をみると、自営・家業・不明などを含む「その他」の比率が七五年に高くなっていたことがわかる（図7–17）。この数値は、就職ができなかった者の割合そのものではないが、就職状況の悪化をうかがわせるものと考えてよいだろう。とはいえ、そ

図7-18　飯島宗一学長
（1981年7月-87年7月）

の七五年でも「その他」の割合は二割以下であり、名大の大半の卒業者は就職ないし進学していた。

しかもこの就職難は長く続いたわけではなかった。一九七七年には「不況とは言われているが、特に今年に限って、内定状況が悪いわけではない」（『名古屋大学新聞』四八八・九号、一九七七年一月十・二十四日）と述べられている。再び図7-17からうかがえるように、七六年以降、就職状況は改善した。その後も若干の不況の影響はみられたとはいえ、七九年には「好転してきた就職状況　目途がついた景気の回復」とされた。以後、八〇年代末からのいわゆるバブル時代に至るまで、名大生の就職はおおむね堅調であった。

平和憲章の採択

一九八三（昭和五十八）年五月、教養部学生自治会は教養部学生大会に特別決議「名古屋大学平和憲章草案」を提案することを企図した。これは、世界で反核運動・平和運動が展開するなか、前年から国内で増えつつあった地方自治体の非核平和都市宣言にヒントを得たものであった。ただこの学生大会は、参加者数の不足で不成立となった。

同じ一九八三年、名古屋大学職員組合（以下、名大職組）は、秋期年末闘争方針で平和憲章の策定を提唱した。翌八四年二月には、日本科学者会議代表幹事・名大職組委員長・名古屋大学大学院生協議会（以下、名院協）議長・名古屋大学全学学生自治会連合会（以下、全学会）委員長による、「「名古屋大学平和憲章（仮称）」制定のよびかけ」が発表された。同年から翌八五年にかけて、全学講演会と六回のシンポジウムが開催されたが、特に八四年四月二日の全学平和講演会は、飯島宗一学長を講師とし、豊田講堂に

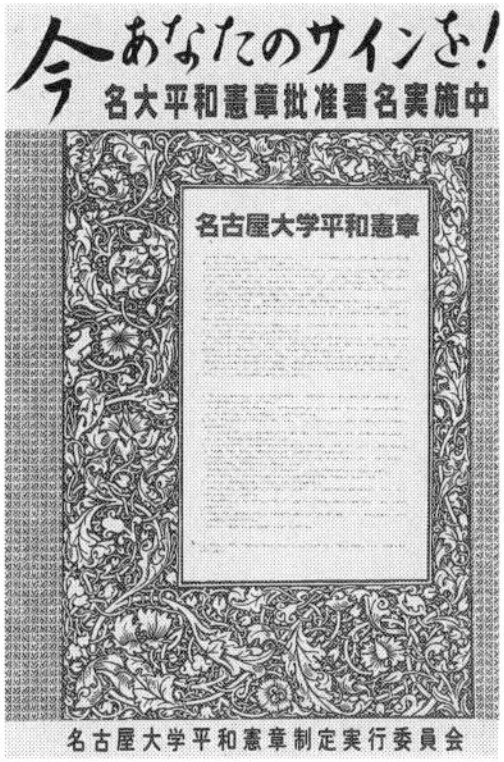

図 7–19　平和憲章の批准署名を呼びかけるポスター

四〇〇名を集めた。この講演で飯島学長は、「平和の創造に貢献する大学づくり」を提起した。

このように運動が展開した背景には、世界的な反核運動の高揚のほか、アメリカのロナルド・レーガン大統領が提唱した戦略防衛構想（ＳＤＩ）の一環として、大学の科学技術研究が軍事利用されることへの危機感を、多くの大学関係者が抱いたことがあった。

一九八五年十二月十九日、起草委員会の早期設置と憲章採択のための全学的合意形成を図るため、名古屋大学平和憲章制定実行委員会が結成された。実行委員会は、名大職組・名院協・全学会・日本科学者会議・名古屋大学消費生活協同組合（以下、名大生協）理事会・名大生協労働組合・教養部学生自治会・医学部学生会・嚶鳴寮寮生自治会などで構成され、最終的には一六団体が連絡協議会体制に加わった。

一九八六年六月十一日には、第二七回名大祭の全学シンポジウムにおいて、名古屋大学平和憲章起草委員会が発足した。起草委員会は、顧問として飯島宗一（学長）、委員長として小川修三（理学部長）、委員として田口富久治《ふくじ》（法学部長）、家田正之（工学部長）、可児島《かにしま》俊雄（名大生協理事長）、伊藤忠士《ただお》（教養部教授）、河野恭広（農学部助教授）、山下治和（名院協議長）、岩月康範（全学会委員長）、田村佳子（教育学研究科大学院学生）、事務局長として沢田昭二（理学部助教授）、という構成であった。

起草委員会は、一九八七年七月十日に第一次草案を発表し、これをめぐって全学的に議論が深められた。同年十一月八日には平和憲章制定全学集会が開催され、起草委員会による最終案が提議された結果、批准署名の際に各自で異論や留保する点を付記できる

図 7–20　平和憲章制定宣言大集会

という条件のもとに、憲章成文が無修正で確定した。これをうけて、憲章成文の批准署名運動が、同日から約三か月にわたって大小様々な場で行われた（図7–19）。医学部が行ったシンポジウムでは、飯島学長や加藤延夫前医学部長（のちの名大総長）が報告者となって憲章への支持を呼びかけた。

　そして一九八七年二月五日、豊田講堂において「名古屋大学平和憲章制定宣言大集会」が開かれ、憲章の採択が宣言された（図7–20）。批准署名は、同年三月二十日までに八五二三人（批准率五八％）分が集まった。その内訳は、学部学生三五八六人（四三・七％）、大学院学生一三一二人（六七・二％）、教職員三一一二人（七八・八％）、名大生協職員二三二人（八〇・六％）、医学部医員二〇五人（五五・三％）、その他・不明九四人であった。

　憲章の全文を掲載する頁の余裕はないが、憲章の最後に掲げられた五項目それぞれの主文（第一段落）は次の通りである。

一、平和とは何か、戦争とは何かを、自主的で創造的な学問研究によって科学的に明らかにし、諸科学の調和ある発達と学際的な協力を通じて、平和な未来を建設する方途をみいだすよう努める。

二、大学は、戦争に加担するというあやまちを二度とくりかえしてはならない。われわれは、いかなる理由であれ、戦争を目的とする学問研究と教育には従わない。

三、大学における学問研究は、人間の尊厳が保障される平和で豊かな社会の建設に寄与しなければならない。そのためには、他大学、他の研究機関、行政機関、産業界、地域社会、国際社会など社会を構成する広範な分野との有効な協力が必要である。

四、われわれは、平和を希求する広範な人々と共同し、大学人の社会的責務を果たす。

五、この憲章の理念と目標を達成するためには、大学を構成する各層が、それぞれ固有の権利と役割にもとづいて大学自治の形成に寄与するという全構成員自治の原則が不可欠である。

名古屋大学平和憲章は、名大が機関として定めた方針や規則等ではなく、公的な強制力を持つものではない。ただその一方で、成立までのプロセスにおいて当時の学長や学部長等が大きな役割を果たし、全構成員の半数を超える署名が集まった事実は無視できない。憲章の採択は、その八年後に刊行された『名古屋大学五十年史』が述べているように、「名古屋大学の構成員が「平和の創造に貢献する大学づくり」を推進していく意思を内外に表明することを通じて、大学人としての行動規範を再確認する行為」であったといえる。

創立五十周年記念事業①――準備と体制――

名大は、一九八九（平成元）年四月一日に、名古屋帝国大学として創立されてから五十周年を迎えた。その記念事業の検討は、早くも七五（昭和五十）年から見られ、同年七月に名古屋大学歴史編さん準備委員会（のち名古屋大学歴史編さん委員会）を設置した

図 7-21　竹田弘太郎

が、八〇年四月を最後にその活動は一時休止となった。

歴史編纂に向けた取り組みは、一九八三年九月の学部長会に、教育学部が『名古屋大学五十年史』企画試案」を提案したことをきっかけに再開した。翌八四年一月の評議会では、各部局での検討を経た「名古屋大学創立五十周年記念事業の検討について(案)」が承認された。これをうけて名古屋大学創立五十周年記念事業検討委員会が検討した結果、①名古屋大学史の編纂及び刊行、②学術交流基金(仮称)の創設、③記念施設の建設、④記念行事の実施、を内容とする記念事業の大綱がまとめられた。

一九八五年一月二十五日、名古屋大学創立五十周年記念事業委員会(以下、記念事業委員会)が設置された。記念事業委員会の構成は、学長、各部局の長、医療技術短期大学部主事、事務局長、学生部長、専門委員会の委員長、その他名大の教官で事業委員会が認めた者、とされた。記念事業委員会は、記念事業を推進するため学内外から募金を行う方針を固めたが、学外募金に先立ってまず学内での募金を実施することになり、八六年十二月から翌年十二月までをその期間とした。

一九八七年九月二十二日には、創立五十周年記念事業を後援する学外組織として、名古屋大学創立五十周年記念事業後援会(以下、記念事業後援会)が発足した。記念事業後援会は、役員(会長、副会長、理事、監事)、顧問、評議員で構成され、運営機関として理事会ならびに評議員会を置いた。発足時、会長は竹田弘太郎(名古屋商工会議所会頭)、顧問は石井健一郎(大同特殊鋼相談役)、鈴木礼治(愛知県知事)、田中精一(中部電力会長)、豊田英二(トヨタ自動車会長)、西尾武喜《たけよし》(名古屋市長)、三宅重光(東海銀行相談役)、副会長は小川修次(日本特殊陶業会長)、岡谷康治《おかやこうじ》(名古屋商工会議所副会頭)、加

図 7–22　創立五十周年記念式典（1989 年 11 月 9 日）

藤隆一（東海銀行頭取）、梶井健一（名古屋鉄道社長）、金丸吉生（津商工会議所会頭）、薦《こも》田《だ》国雄（東邦瓦斯《ガス》会長）、鈴木正雄（松坂屋社長）、豊田章一郎（トヨタ自動車社長）、内藤明人《あきと》（リンナイ社長）、松永亀三郎（中部電力社長）、安田梅吉（岐阜商工会議所会頭）という顔ぶれで、そのほか、一五六名の理事、三名の監事、一二九五名の評議員という構成であった。

記念事業後援会は、事務局を名大の本部事務局内に置き、学外での募金活動に中心的な役割を果たした。特に名古屋商工会議所の尽力には多大なものがあった。三つの記念事業（名古屋大学史の編纂・刊行、学術振興基金の創設、記念施設の建設）を目的に掲げ、一九八七年九月一日から二年間にわたって募金活動を行ったが、最終的には目標額一二億円をはるかに上回る約一七億円の寄附を受けた。そのほか、学内募金ならびに名大生協の協力募金合わせて約三三六八万円は、記念行事の経費に充てられた。

創立五十周年記念事業②—事業の内容—

名古屋大学史の編纂・刊行については、記念事業委員会と同日の一九八五（昭和六十）年一月二十五日に名古屋大学史編集委員会（以下、編集委員会）が設置され、同年四月には大学史の編集及び資料収集を行う組織として、編集委員会の下に大学史編集室（以下、編集室）を設置した。編集委員会は、各部局選出の教官及び庶務部長・経理部長・施設部長・学生部次長から構成され、委員長は委員の互選により選出された。編集室には、室長（併任教授）のほか、若干名の専任編集室員（講師、助手）が配置された。

編集委員会は、一九八九（平成元）年十月に『名古屋大学五十年史　部局史一』及び

図 7-23　豊田講堂前に設営された創立五十周年記念祝賀会の会場（1989 年 11 月 9 日）

『名古屋大学五十年史　部局史二』を、九一年十二月に『写真集　名古屋大学の歴史 1871～1991』を、九五年十月に『名古屋大学五十年史　通史一』及び『名古屋大学五十年史　通史二』を刊行した。ただ、当初の計画にあった資料編の刊行は今後の課題として残された。刊行事業終了後の九六年四月には、編集室を母体に、大学アーカイブズとして名古屋大学史資料室（現東海国立大学機構大学文書資料室）が設置された。

なお、これらの編纂・刊行にあたっては、名古屋大学出版会の多大なる協力があった。同出版会は、名大教官有志の発起により名大生協の支援も受けて一九八二年六月に設立され、その後学内外から多額の寄附を得て、八五年二月に財団法人となった。

また、記念事業後援会からの寄附金七億五〇〇〇万円を資金として、一九九〇年に名古屋大学創立五十周年記念学術振興基金が創設された。このとき、同基金と、すでに八九年度から事業を始めていた加藤龍太郎学術振興基金とを一括して運用することになった。この加藤基金は、加藤龍太郎名誉教授（元文学部教授）の死去に伴う遺族からの寄附金約一億九〇〇〇万円を資金にしたものである。九一年には、松村博司名誉教授（元文学部教授）の死去により遺族から寄附金を受けたことに伴い、すべての基金を一本化し、「名古屋大学学術振興基金」とした。同基金は、九一年度において、学術研究助成一三三七件（三〇九五万円）、出版助成四件（三七〇万円）、研究集会・シンポジウム助成一三件（一三三五万円）、研究者等の海外派遣助成三七件（約八二〇万円）、外国人研究者等の招聘助成一三件（約三三九万円）などの事業を行った。

記念施設の建設については、一九八六年十二月の記念事業委員会で「名大会館（仮称）」を建設する方針が承認されたものの、本格的な検討が始まったのは、一連の記念

図 7-24　竣工当時のシンポジオン

行事が終了した後の九〇年五月以降であった。建設場所は、当初は職員会館との隣接が想定されていたが、豊田講堂との一体的運用を考慮して講堂の東側となった。記念施設は九一年三月に着工したが、その前から検討されていた正式名称が「名古屋大学シンポジオン」と定まったのは、完成間近の九二年一月二十一日の記念事業委員会であった。同年三月二十六日には、名古屋大学シンポジオンの落成記念式典、祝賀会ならびにシンポジウムが開催された。

記念行事は、一九八九年十一月九日に記念式典及び記念祝賀会（出席者一五〇〇人、図7-22・23）、同年十一月十日・十一日に記念講演会（ドナルド・キーンら国内外の講師八人が講演）、同年十一月七日〜十二日、十二月二日に記念部局行事が行われた。

4　外国人留学生と国際交流

前身学校の留学生

本節では、一九八〇年代以降に外国人留学生の受け入れや国際交流が進展し、国際性豊かな学風が形成される経緯をみていく。ただ前身学校を含め、早い時期から外国人留学生を多く受け入れてきた歴史があるため、まずその歴史から述べる。

医学部の前身にあたる愛知県立医学専門学校（愛知医専）では、一九〇五（明治三十八）年から留学生が見られるようになった。本格的に増えたのは〇九年からで、一三（大正二）年十二月の時点では、全学生五六六人のうち、二五名が留学生であった。こ

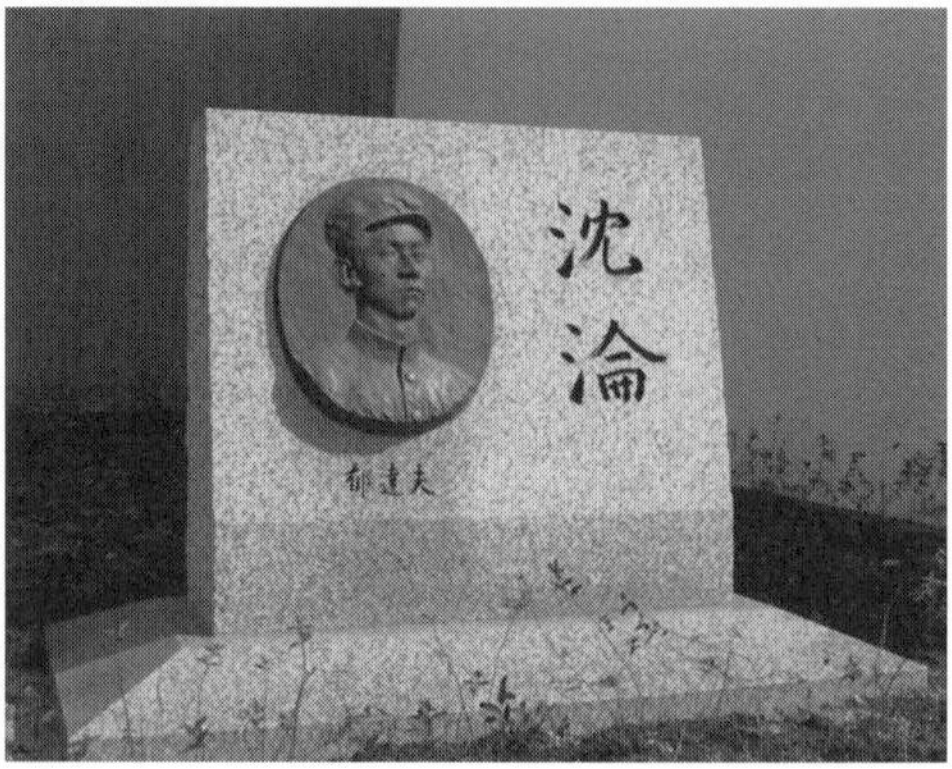

図 7–25　郁達夫文学碑

の二五名の出身地は、すべて中国（中華民国）である。当時は、アジアで近代化に成功した日本で学ぼうと、中国から多くの留学生が渡って来ていた時代であった。

旧教養部の前身である第八高等学校（以下、八高）でも、多くの留学生が学んでいた。八高では、創設の翌年である一九〇九年に早くも八名の留学生が見られた（日本の植民地であった地域は除く。以下同じ）。最も多い時期は二〇年代前半で、二三年には三四名の留学生が在籍していた。その国籍はすべて中華民国であった。二〇年代後半以降は、日中関係の悪化とともに減少し、三七（昭和十二）年に日中戦争が始まると、中国からの留学生はいなくなった。それに代わって、数は少ないがタイ王国からの留学生が見られるようになった。

八高への留学生として知られているのは、魯迅や郭沫若《かくまつじゃく》に次ぐ中国近代文学の代表的な作家、郁達夫《いくたっぷ》である。郁は一九一三年に来日し、一五年に八高に入学した。入学時は医科生であったが、翌年文科に転科し、一九年に卒業している。八高時代の郁は、漢詩を『新愛知』（中日新聞の前身）に投稿し、尾張地域在住の漢詩人である服部擔風《たんぷう》と親交を結ぶなど、漢詩を通じて文学活動を行っていた。卒業後の二一年には、最初の小説として『沈淪《ちんりん》』を発表したが、これは八高時代の郁自身をモデルにした自伝的小説である。現在、豊田講堂の向かって左脇には、九八（平成十）年に八高会（八高の同窓会）が建立した「郁達夫文学碑」がある（図7–25）。

一九八〇年代における留学生の急増

戦後、名大が留学生の受け入れを始めたのは、一九五八（昭和三十三）年度からであ

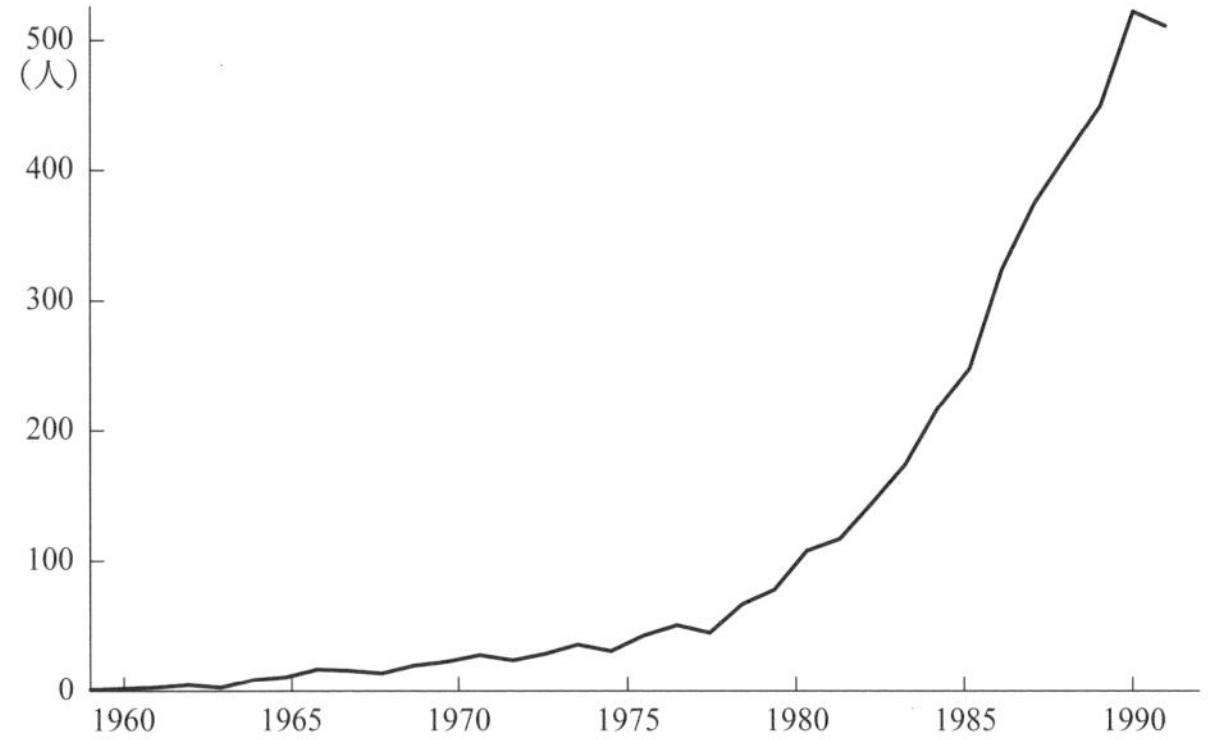

図 7–26　名大在籍の外国人留学生数（1958–91 年度）

る。これは、政府が五四年に国費外国人留学生招致制度を設けたことをうけてのものであった。ただし、七〇年代前半までの在籍留学生数は、増減を繰り返しつつ全体としては漸増するという程度にとどまっていた。

それが、一九七八年度に初めて五〇人を超えると、八〇年度に一〇〇人に達し、八〇年代には急増期に入った。そして九〇（平成二）年度には、一〇年前の五倍に近い五二二人となった（図7–26）。これは、戦後のアジアでいち早く先進国になった日本へ、アジアから多く留学生がやって来るようになったことを背景にしている。特に七八年に日中平和友好条約が締結され、改革開放路線に転じた中国（中華人民共和国）からの留学生が増えたことが大きい。また、政府が八三年から掲げた「留学生受け入れ一〇万人計画」もこれを後押しした。戦後の名大は、留学生の受け入れに関する独自の規程は定めず、文部省による国費外国人留学生実施要領（五四年、文部大臣裁定）及び私費留学生選抜制度に基づいて受け入れを行っていた。八六年一月に名古屋大学通則を全文改正した際、第十章第六十六条として初めて「外国人留学生」という項目が盛り込まれた。

一九五八年度以降に名大に在籍した留学生を出身国・地域別にみると、アジア地域が圧倒的に多く、六六年度に八七・五％、七〇年度に七八・六％、八〇年度に八一・五％、九〇年度に八八・六％と、一貫して大きな割合を占めている。ただ同じアジアでも、国・地域別でみると、七〇年代までは、韓国、台湾、タイ、インドネシア、パキスタン等であったのに対し、八〇年代に入って中国が急増した。受け入れ初年度の七九年度はわずか四人（全体の五・一％）であったのが、八五年度は七一人（同二八・六％）、九〇年度は二二一人（同四二・三％）となっている。八〇年代に中国に次いで留学生数が増えた

時期の中国は八・九倍)。

のは経済発展を遂げた韓国で、八〇年度から九一年度までの間に六・二倍となった(同

受け入れ部局別でみると、理系部局が中心となっている。絶対数では工学部が最も多く、農学部がこれに次ぐ。工学部は、特に一九八五年度以降、絶対数も全体に占める割合も急増した。農学部は、増加率は八〇年代以降もそれほど大きくはないが、一貫して工学部以外の他の部局を大きく引き離していた。このほか、七九年に設置された総合言語センターが日本語教育を充実させたことにより(後述)、同センターで学ぶ留学生が八九年には五八名を数えている。

学部と大学院の別でみると、一九七〇年代までは全体としては大学院が多いながらも学部とそれほど大きな差はなかったが、八〇年代に入ると大学院が学部を大きく上回るようになった。七八年は学部(教養部を含む)二八名・大学院三八名であったのが、八九年にはそれぞれ八七名・三〇五名になっている。一貫して学部の受け入れ数の方が多い全国の状況とは対照的であり、多くの大学院を持つ名大の特色といえる。

そのほか、国費留学生(日本が留学費を負担する留学生)と私費留学生(外国政府の負担を含む)の割合についても、全国では一貫して圧倒的に私費が多いのに対し、名大は一九八六年度までは国費の方が多く、その後も国費の割合が全国に比べるとかなり高い。九〇年度でも、留学生総数五二二名のうち、四二・七%にあたる二二三名が国費であった(全国では国費の割合は一七・二%)。これは、名大が国立大学であることと、全国でも国費の割合が学部より比較的高い大学院への受け入れが多いためと考えられる。

図7-27　土木工学専攻修士課程「特別コース」の開設式（1987年）

留学生の組織と後援活動

留学生が増加すれば、日本語教育、住居、学位取得、奨学金等に関する環境の整備・充実が必要となる。名大では、これに対する大学の組織的対応として、総合言語センターの日本語研修コース（一九七九〔昭和五十四〕年）及び日本語・日本文化研修コース（八一年）の開設（後述）、大学院工学研究科土木工学専攻の修士課程特別コース（図7-27）の設置（八七年）、大学院文学研究科日本言語文化専攻の設置（八八年、後述）、国際交流会館（インターナショナルレジデンス）の建設（八二年、図7-28）、外国人留学生相談室及び外国人留学生相談主事の設置（七五年）などの取り組みを行った。

留学生や教職員、地域社会による自発的な取り組みも行われた。一九八五年五月には、名大在学の留学生の勉学・研究のより良い環境づくりを目的として、名古屋大学留学生会（NUFSA）が結成された。同会は、ニュースレターの発行や、留学生相互の、あるいは地域社会との交流活動を自主的に展開した。また、留学生会の活動を経済的に援助することを目的として、同年十一月に名大の教職員による名古屋大学留学生後援会が発足した。同後援会は、ニュースレター発行の援助、緊急時における短期貸付、経済的困窮や突発的な事故等に対処するための助成を主な事業とした。同後援会には、八五年度末現在で名大の全教職員の約半数の一七七七名が、八八年五月一日現在で一八一五名が加入していた。

ただ、このように留学生支援組織が充実するまでの道のりは容易ではなかった。一九五九年に名大が初めてタイ人を留学生として受け入れたとき、その下宿の引き受け手を見つけることができなかった。そこで、牧島久雄次長をはじめ学生部職員の三人の自宅

図 7–28　インターナショナルレジデンス（国際交流会館）

に、二か月間ずつ間借りさせることになったという。こうした苦い体験をすることになった名大などの留学生九人は、六一年六月、留学生の融和・親睦及び勉学の促進を図り、日本人との相互理解を深めるための組織として、愛知国際学友会（AFSA、六七年六月に愛知留学生会と改称）を結成した。その会員の半数近くが名大で学ぶ留学生であった。次いで同年十月には、県内の大学教職員、政財界、一般市民の有志からなる愛知国際学友会後援会（六七年六月に愛知留学生会後援会と改称）が発足した。牧島次長と学生部職員は、その発足とその後の活動において中心的な役割を果たした。こうした取り組みが、のちの名古屋大学留学生会及び名古屋大学留学生会後援会の結成につながったのである。

海外との大学間交流の開始

一九七一（昭和四十六）年一月十一日の学部長会において、ニューヨーク州立大学から学術交流の申し入れがあったことについて説明があった。これをうけて学部長会で集中的な審議が行われ、最終的には同年三月二十二日の評議会において、次のような「大学間の学術交流の基本方針」が承認された。

(1)　交流が相互の大学の教育と研究に貢献しうるものであること。

(2)　交流に当たって、相互の大学の自主性が尊重され、当該大学間の交流に直接関係ない事項に干渉することがないこと。

(3)　交流は全世界的に行われるべきであるから、特定大学との交流が他大学との交流

図 7-29　ダムス教授に名誉博士号を授与する飯島学長

(4) 交換される学生あるいは教官が、学問・研究以外の条件によって限定されないこと。

の妨げになるものであってはならないこと。

その後、一九七二年度から文部省が学術国際交流制度を設けたことをうけ、同年六月十三日の学部長会において、文学部、経済学部、理学部、農学部が海外の大学との交流のための交渉を行っていることが報告されている。

一九八〇年十月二十八日には、全学的な委員会として、国際交流委員会が設置された。これは、同年二月に学長から学部長会に委員会設置の提案があり、学部長会や各学部内の検討を経て、評議会が承認した。国際交流委員会は、学長を委員長とし、学部・教養部・附置研究所・総合保健体育科学センター・総合言語センターから各一名が選出される委員、附属図書館長、事務局長、学生部長から構成されていた。

名大は、一九七二年度から海外の大学と学術交流協定を締結するようになった。最も古くから交流を始めた大学の一つで、現在も幅広い交流を行っているのが、ドイツ（九〇年十月二日まで西ドイツ）のフライブルク大学（以下、フ大）である。名大とフ大の学術交流は、七二年に両大学の経済学部の間で始まったとされている。七四年には、名大側は城島国弘教授、フ大側はテオドール・J・ダムス教授が中心となって、両大学経済学部の共同研究会が組織され、年一回の共同セミナーや、セミナーの成果の出版事業などの活動を展開した。八六年には、正式に部局間学術交流協定を締結している。この時、来日したダムス教授には、名大初の名誉博士号が贈られた（図7-29）。当時の飯島

図 7-30　石塚直隆学長
(1975 年 7 月-81 年 7 月)

宗一学長も、医学部講師時代にフ大へ留学した縁があった。

前述のように、一九八〇年代に急増した留学生の出身国の多くは中国であった。その中国の大学で、名大と最初に学術交流協定を締結したのが南京大学である。七九年五月、南京大の招待を受け、石塚直隆学長ほか四人の教授が、同大学創立七七周年の学校祭に出席した。これが出発点となり、八二年十月に文学部の森正夫教授（中国史）が南京を訪問して南京大副学長と協議するなどした結果、同年十二月二十三日に両大学間の学術交流協定が成立した。それ以後、南京大から名大への留学生が増加するとともに、名大から教官や大学院学生が南京大に派遣・留学する例も見られるようになった。さらに名大は、八七年の南京大医学院（医学部）の設立（再建）に際し、これに強い関心を払い、具体的な支援を行った。また、両大学の交流はスポーツの面にも及んだ（第6章1節参照）。

一九八一年度までは、海外の大学との学術交流協定はわずか八件にとどまっていた。それが南京大との協定締結以後、八九（平成元）年度には四四件（部局間協定を含む）まで増えた。増加した三六件のうち、一二件が中国の大学とのものであった。

日本語教育の取り組み

増加しつつあった留学生に対する日本語教育は、語学センターが受け持つことになり、一九七七（昭和五十二）年二月から実施されたが、非常勤講師による開講であった。翌七八年度から専任教官が着任し、本格的な日本語教育が始まった。

一九七九年四月一日、語学センターが拡充改組され、総合言語センターとなった。当

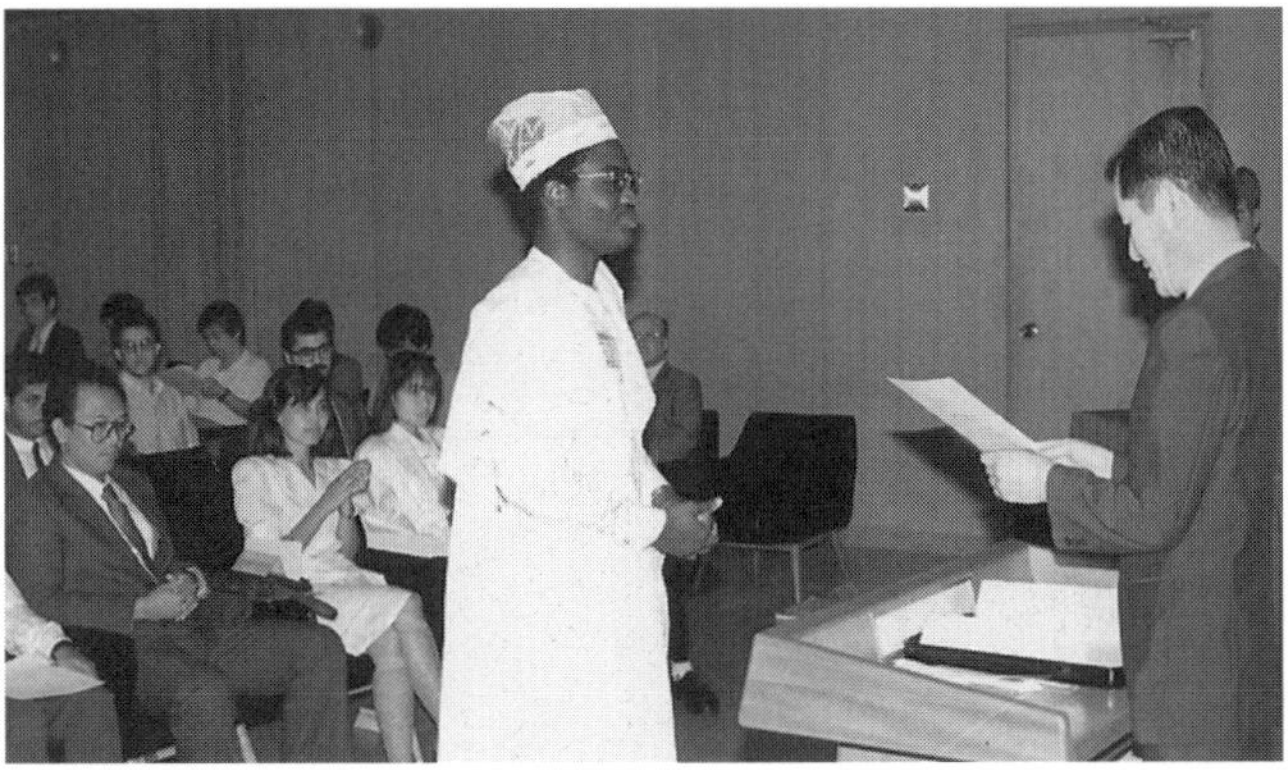

図 7–31　日本語・日本文化研修コース修了式

初の「名古屋大学総合言語センター規程」は、同年九月二十一日付で改正されたが、その目的の一つは日本語教育課程を明確にすることにあった。この改正と同時に、「名古屋大学総合言語センター外国人留学生日本語研修コース規程」が施行された。これにより、明確なカリキュラムに基づく、六か月研修の「日本語研修コース」が開講した。さらに八一年十月からは、研修期間一年の「日本語・日本文化研修コース」を開講し（図7–31）、また段階的に、独自の方式によるテキストブックも整備して、日本語教育が充実した。それとともに、留学生の公私にわたる問題に対処する担当者も必要になり、これを担当する専任の教官（助手、全学流用定員）が置かれるようになった。八四年度からは、教養部の留学生を対象とする授業が設けられた。そのほか、学部及び大学院に所属する留学生と外国人教師に日本語学習の機会を提供するための全学向け授業や、これも全学向け授業として「日本語教授法Ⅰ」「日本語教授法Ⅱ」が開講された。

一九八八年四月には、国際化時代における指導的な日本語教員及び日本語教員の養成に携わる者の養成を目的として、大学院文学研究科に日本言語文化専攻（修士課程、四講座）が設置された。制度的には文学研究科の組織であるが、すでに実績を持つ総合言語センターの組織を基盤とする独立専攻であった。同専攻の教育・研究は、講座に所属する専任教官八名のほか、科目担当として文学部の教官二名、総合言語センターの教官二名が行った。九〇（平成二）年には、同専攻の博士課程も設置されている。

また、名大など旧帝国大学の七大学では、一九八〇年の国立七大学学長会議の発意により、八一年から三年間にわたって文部省科学研究費補助金の配分を受け、協同して「大学における国際交流の促進に関する調査研究」を行った。名大では、工学部の赤尾

図 7–32　総合言語センターによる留学生対象の授業

保男教授と文学部の内山道明教授がこれに参加し、課題「日本語・日本文化の教育」を担当した。研究を進めるにあたっては、学内に赤尾教授を委員長、内山教授を副委員長、総合言語センターの教授四人を委員とする国際交流促進調査研究委員会を設置した。同委員会は、七大学共同の報告書とは別に、独自に調査研究報告書を作成している。

《執筆者一覧（五十音順）》

伊藤《いとう》 彰浩《あきひろ》（大学院教育発達科学研究科教授，担当：3〔章〕-1〔節〕，7-1～3）

齋藤《さいとう》 芳子《よしこ》（高等教育研究センター助教，担当：5-4）

恒川《つねかわ》 和久《かずひさ》（大学院工学研究科教授，担当：6-2）

羽賀《はが》 祥二《しょうじ》（名誉教授，担当：1-1）

堀田《ほった》慎一郎《しんいちろう》（東海国立大学機構大学文書資料室特任助教，担当：2-1～3，3-1～3，6-1，7-1，7-3～4）

吉川《よしかわ》 卓治《たくじ》（大学院教育発達科学研究科教授，担当：序，1-2，4-1～2，5-1～4）

名古屋大学の歴史 1871～2019　上

2022 年 3 月 31 日　初版第 1 刷発行

定価はカバーに
表示しています

編　者　名古屋大学

発行者　西澤泰彦

発行所　一般財団法人 名古屋大学出版会
〒 464-0814　名古屋市千種区不老町 1 名古屋大学構内
電話(052)781-5027 / FAX(052)781-0697

印刷・製本 亜細亜印刷㈱　ISBN978-4-8158-1063-4

乱丁・落丁はお取替えいたします。

年　表

1871（明治 4）年	8 月	名古屋県が名古屋藩評定所跡に仮病院を設け，次いで町方役所跡に仮病院を開設。
1872（明治 5）年	8 月	仮病院閉鎖後，評定所跡に義病院を仮設。
1873（明治 6）年	2 月	愛知県権令井関盛艮，病院再興のために尾張・三河の 30 万戸から約 1 万円を収集する法を設ける。
	5 月	西本願寺掛所（別院）に仮病院を開設。
	11 月	仮病院内に医学講習場を設置。
1874（明治 7）年	9 月	仮病院お雇い医師ヨングハンスが皮膚移植手術を行う。
1875（明治 8）年	1 月	仮病院を愛知県病院に改称。
1876（明治 9）年	4 月	病院を公立病院，医学講習場を公立医学講習場に改称。
	6 月	公立医学講習場を公立医学所と改称。
1877（明治 10）年	7 月	病院・医学所が天王崎町に新築移転。
1878（明治 11）年	4 月	公立医学所を公立医学校に改称，公立医学校が病院から独立。
	7 月	公立医学校が雑誌『医事新報』を創刊。
1880（明治 13）年	3 月	公立医学校教師ローレツの講義を『皮膚病論一斑』として出版。
1881（明治 14）年	9 月	公立病院を愛知病院に改称。
	10 月	公立医学校を愛知医学校に改称，後藤新平を校長兼院長に任命。
1882（明治 15）年	4 月	自由党総理板垣退助が岐阜で遭難，後藤新平院長が治療にあたる。
1883（明治 16）年	1 月	愛知医学校が政府から甲種医学校として認定される。
1891（明治 24）年	2 月	院校払下げ事件が起こる。
	10 月	濃尾大地震により医学校・病院に大きな被害が出るも，総力を挙げて被災者救援活動に従事。
1901（明治 34）年	8 月	愛知医学校を愛知県立医学校に改称。
1903（明治 36）年	7 月	専門学校令をうけ，愛知県立医学専門学校（愛知医専）となる。
1908（明治 41）年	4 月	第八高等学校（八高）を設置。
1914（大正 3）年	3 月	愛知医専が鶴舞に新築移転。
1920（大正 9）年	6 月	愛知医専が愛知医科大学（愛知医大）に昇格。
	11 月	名古屋高等商業学校（名高商）を設置。
1923（大正 12）年	9 月	愛知医大，関東大震災の被災地に救護班を派遣。
1927（昭和 2）年	2 月	「名古屋綜合大学設立期成同盟会」が発足。
	3 月	帝国議会衆議院で名古屋市に総合帝国大学設置を要望する建議が可決。
1931（昭和 6）年	5 月	名古屋医科大学（名医大）を設置（愛知医科大学を官立移管）。名医大で人事紛争が起こる。
1937（昭和 12）年	12 月	愛知県会で総合大学の設置を要望する建議を可決。
1939（昭和 14）年	4 月	名古屋帝国大学（名帝大）を創立（創立時は医学部のみ），渋沢元治が初代総長に就任。
	5 月	名帝大東山地区の多くの土地が地元の三土地整理組合から無償提供されることが内定（最終的に無償提供の土地が定まったのは

		1940年11月）。臨時附属医学専門部を設置（1944年4月に附属医学専門部と改称）。
	9月	名帝大本部を名古屋市西二葉町の元愛知一中跡に置く。
1940（昭和15）年	4月	理工学部を設置（西二葉校舎）。
1942（昭和17）年	4月	理工学部を工学部と理学部に分離。
	6月	理学部が東山地区に移転。
1943（昭和18）年	2月	航空医学研究所を設置（1945年12月廃止）。
	5月	東山地区で名帝大開学式を挙行。
1944（昭和19）年	3月	名高商が名古屋工業経営専門学校と名古屋経済専門学校（名経専）になる。
	7月	医学部附属医院分院を設置（中区新栄町の陸田ビル）。
	12月	名帝大本部を東山地区に移転。
1945（昭和20）年	3月	空襲により，鶴舞地区の医学部・同附属医院が校舎の多くを，八高が校舎のほとんどを焼失。
	4月	岡崎高等師範学校（岡崎高師）を設置。
	12月	岡崎高師，校舎を旧豊川海軍工廠工員養成所跡に移転。
1946（昭和21）年	1月	田村春吉が第2代総長に就任。
	3月	環境医学研究所を設置。名古屋工業経営専門学校を廃止。
	4月	名古屋帝国大学復興委員会を設置。
	5月	工学部が名古屋市広池町の名古屋商業学校校舎を借り受け，仮校舎とする。
	9月	八高，知多郡河和町元海軍航空隊跡に移転（1947年1月に火事で焼失）。
	10月	名古屋帝国大学復興後援会が発足。
1947（昭和22）年	9月	旧敷地の名古屋市瑞穂町に八高を復興し，新校舎の竣工祝賀式を挙行。
	10月	名古屋帝国大学を名古屋大学（旧制）に改称。
1948（昭和23）年	1月	愛知県が管理していた東山地区の寄附敷地が，正式に名大へ移管される。
	6月	大学本部を旧陸軍歩兵第六連隊跡（名古屋城二の丸内，名城地区）に移転。
	9月	文学部，法経学部を設置。
	10月	附属図書館を名城地区に移転。
1949（昭和24）年	3月	工学部を元名古屋陸軍造兵廠高蔵製造所跡の仮校舎に移転。
	5月	新制名古屋大学を設置（文学部，教育学部，法経学部，理学部，医学部，工学部，環境医学研究所，空電研究所など），新制名大は旧制名大（1962年廃止），附属医学専門部（1950年廃止），八高（1950年廃止），名経専（1951年廃止），岡崎高師（1952年廃止）を包括。
	7月	勝沼精蔵が第3代学長に就任。瑞穂分校（八高の校地）・豊川分校（岡崎高師の校地）を設置（学内措置として「教養部」）。
1950（昭和25）年	4月	法経学部を法学部と経済学部に分離。
1951（昭和26）年	4月	農学部を設置（安城地区）。
1952（昭和27）年	4月	岡崎高師の附属中学校・高校を教育学部附属とする。瑞穂と豊川に分かれていた分校（教養部）を瑞穂地区に統合。

1953（昭和 28）年	4 月	新制大学院を設置（文学，教育学，法学，経済学，理学，工学の各研究科を置く）。
1954（昭和 29）年		この年，学生歌「若草もゆる」を選定。
1955（昭和 30）年	4 月	大学院医学研究科，同農学研究科を設置。
		この年，応援歌「大空に光はみてり」を選定。
1956（昭和 31）年		この年，工学部校舎が東山へ集結。
1957（昭和 32）年		この年，開学記念祭を大学祭と改称して開催。
1959（昭和 34）年	3 月	経済学部が桜山地区から東山地区に移転。
	7 月	松坂佐一が第 4 代学長に就任。法学部が名城地区から東山地区に移転。
	9 月	伊勢湾台風により，大学施設などに大きな被害。医学部や学生などが被災者救援活動に従事。
1960（昭和 35）年	5 月	トヨタ自動車工業の建設寄附による豊田講堂が完成。
	6 月	第 1 回名大祭を開催。
1961（昭和 36）年	1 月	学生寮嚶鳴寮が桜山地区から昭和区高峯町に移転。
	2 月	名大が体育会（1956 年発足）を公認。文化サークル連盟が公認団体として発足。
	4 月	プラズマ研究所を設置。
	9 月	医学部附属病院分院が名古屋市東区東門前町の新施設に移転。
1962（昭和 37）年	3 月	東山地区に学生会館を開設。
	6 月	名大祭実行委員会の主催による初めての名大祭を開催。
1963（昭和 38）年	1 月	文学部が名城地区から東山地区に移転。
	4 月	分校が法令上も教養部となる。
	7 月	篠原卯吉が第 5 代学長に就任。
	11 月	教育学部が名城地区から東山地区に移転。
1964（昭和 39）年	3 月	大学本部，教養部が名城地区，瑞穂地区から東山地区に移転。
	11 月	古川為三郎・志ま夫妻の寄附による古川図書館の落成式を挙行。
1966（昭和 41）年	4 月	農学部が東山地区に移転し，医学部を除く文・教育・法・経済・理・工・農の 7 学部が東山地区に集結。
1967（昭和 42）年	5 月	「医学部紛争」が起こる。
1969（昭和 44）年	4 月	東山地区で大学紛争が起こる。
	7 月	芦田淳が第 6 代学長に就任。
1971（昭和 46）年	4 月	大型計算機センター，保健管理センターを設置。教養部で「四十六年度カリキュラム」を実施。
1972（昭和 47）年	11 月	「研究と教育に関する大学問題検討委員会」を設置。
1973（昭和 48）年	4 月	附属図書館医学部分館を設置。
	9 月	水圏科学研究所を設置。
1974（昭和 49）年	4 月	語学センターを設置。
	12 月	「四年一貫教育検討委員会」を設置。
1975（昭和 50）年	4 月	総合保健体育科学センターを設置。
	7 月	石塚直隆が第 7 代学長に就任。大幸地区の土地を取得。
	11 月	留学生会館を開設。
1976（昭和 51）年	5 月	アイソトープ総合センターを設置。
1977（昭和 52）年	10 月	大幸地区に医療技術短期大学部を併設。
1979（昭和 54）年	4 月	化学測定機器センター，総合言語センターを設置。推薦入試合格

		者が初めて入学。
	6月	医学部附属病院分院が大幸地区に移転（7月に診療開始）。
1980（昭和55）年	4月	情報処理教育センターを設置。
1981（昭和56）年	6月	東山地区に新図書館（中央図書館）が完成（9月開館）。
	7月	飯島宗一が第8代学長に就任。
1982（昭和57）年	4月	総合研究資料館（旧古川図書館内），省資源エネルギー研究センターを設置。東山地区に国際交流会館（インターナショナルレジデンス）を開設。
1983（昭和58）年		この年度から，法学部が帰国子女特別選抜制度と社会人特別選抜制度を開始。
1984（昭和59）年	4月	教養部で「五十九年度カリキュラム」を実施。遺伝子実験施設を設置。
1985（昭和60）年	5月	名古屋大学留学生会（NUFSA）が発足。名古屋大学史編集室を開設。
	11月	名古屋大学留学生後援会が発足。
1986（昭和61）年	6月	フライブルク大学ダムス教授に初の名誉博士号を贈呈。
1987（昭和62）年	2月	名古屋大学平和憲章を採択。
	7月	早川幸男が第9代学長に就任。
	9月	名古屋大学創立五十周年記念事業後援会が発足。
1988（昭和63）年	4月	先端技術共同研究センターを設置。
1989（平成元）年	5月	プラズマ研究所が廃止され，文部省核融合科学研究所に発展（学内にはプラズマ科学センターを設置）。
	10月	『名古屋大学五十年史』（部局史一・二）を刊行。
	11月	名古屋大学創立五十周年記念式典及び記念行事を開催。
		この年，七大戦（国立七大学総合体育大会）で名大が初優勝。

参考文献

「東海国立大学機構大学文書資料室」は「資料室」と略記した。
ウェブサイトの閲覧日は 2021 年 10 月 23 日。

全体もしくは複数の章に関わるもの

天野郁夫『近代日本高等教育研究』（玉川大学出版部，1989 年）
伊藤彰浩『戦間期日本の高等教育』（玉川大学出版部，1999 年）
海後宗臣・寺崎昌男『戦後日本の教育改革 9　大学教育』（東京大学出版会，1969 年）
須川義弘『半生を顧みる』（私家版，1982 年）
高橋義雄『名古屋大学　スポーツの歩み』（名大史ブックレット 3，名古屋大学大学史資料室，2001 年）
名古屋大学史編集委員会編『名古屋大学五十年史　通史一』（名古屋大学，1995 年）
――――編『名古屋大学五十年史　通史二』（名古屋大学，1995 年）
――――編『名古屋大学五十年史　部局史一』（名古屋大学，1989 年）
――――編『名古屋大学五十年史　部局史二』（名古屋大学，1989 年）
森正夫「南京大学と名古屋大学との学術交流―留学生交流の 1980・90 年代，そして今日の状況―」（2017 年，資料室蔵）
『名古屋大学学報』（創刊号〔1961 年 11 月〕～第 397 号〔2006 年 3 月〕）
『名古屋大学新聞』（名古屋大学附属図書館，資料室蔵）
「ちょっと名大史」（『名大トピックス』第 108 号〔2002 年 5 月〕から第 333 号〔2021 年 3 月〕まで資料室が連載，名古屋大学及び資料室のウェブサイトで全回閲覧可）
『文部省年報』（文部省）

第 1 章　創基から官立大学まで

愛知医学専門学校々友会編刊『〔校友会雑誌〕新築開校記念号』（1914 年 12 月）
愛知県議会事務局編刊『愛知県議会史　第三巻　明治篇下』（1959 年）
愛知県教育委員会編刊『愛知県教育史　第三巻』（1973 年）
愛知県史編さん委員会編『愛知県史　資料編 24　近代 1　政治・行政 1』（愛知県，2013 年）
――――編『愛知県史　資料編 34　近代 11　教育』（愛知県，2014 年）
――――編『愛知県史　通史編 6　近代 1』（愛知県，2017 年）
青井東平編『名古屋大学医学部九十年史』（名古屋大学医学部学友会第五十二回学友大会，1961 年）
浅井正典『〔浅井家〕家譜大成』（名古屋市鶴舞中央図書館蔵「名古屋市史編纂資料」市 12–14，写本）
板垣英治「石川県甲種医学校の医学教育」（『日本海域研究』40 号，2009 年 3 月）
伊藤圭介刻『暎咭唎国種痘奇書』（天保 12 年，名古屋市蓬左文庫蔵）
入沢達吉「司馬凌海伝」（『中外医事新報』1155 号，1930 年）
鷗外漁史〔森鷗外〕「熊谷幸之輔君」（『鷗外全集　第 30 巻』，岩波書店，1974 年）
大島蘭三郎「支那に於けるジェンナー種痘」（『中外医事新報』1197，1933 年）
太田益三『幕末維新尾張藩医史』（名古屋市医師会，1941 年）
小川鼎三・酒井シヅ校注『松本順・長与専斎自伝』（平凡社，1980 年）
笠原英彦「医制制定と医学教育行政の確立」（『法学研究』72 巻 6 号，1999 年 6 月）
加藤延夫「県立愛知医科大学（名古屋大学医学部の前身）の官立名古屋医科大学への移管時（一九三一年）に起きた人事紛争事件に関する一考察」（『名古屋大学大学文書資料室紀要』27 号，2019 年 3 月）
神谷昭典『日本近代医学のあけぼの―維新政権と医学教育―』（医療図書出版社，1979 年）
――――『日本近代医学の相剋―総力戦体制下の医学と医療―』（医療図書出版社，1992 年）
木方十根「愛知医科大学時代の施設拡充について」（『名古屋大学史紀要』7 号，1999 年 3 月）
岸上操『理学博士伊藤圭介伝』（名古屋市鶴舞中央図書館蔵「名古屋市史編纂資料」市 11–164，写本）
佐藤秀夫『教育の文化史 2　学校の文化』（阿吽社，2005 年）
ジャネッタ，アン（廣川和花・木曾明子訳）『種痘伝来―日本の〈開国〉と知の国際ネットワーク―』

（岩波書店，2013 年）
新修名古屋市史編集委員会編『新修名古屋市史　第四巻』（名古屋市，1999 年）
杉本勲『伊藤圭介』（吉川弘文館，1960 年）
鈴木鋲次郎編『名古屋医会第一報告』（名古屋医会，1889 年）
田中英夫『御雇外国人ローレツと医学教育』（名古屋大学出版会，1995 年）
鶴見祐輔『後藤新平　第一巻』（後藤新平伯伝記編纂会，1937 年）
手島益雄『名古屋百人物評論』（日本電報通信社名古屋支局，1915 年）
名古屋市編刊『名古屋市史　学芸編』（1915 年）
名古屋市医師会編刊『名古屋市医会史』（1941 年）
名古屋市会事務局編刊『名古屋市会史　第二巻』（1940 年）
名古屋市役所編刊『名古屋市史　人物編第二』（1934 年）
羽賀祥二「明治四年名古屋県仮病院の開設について―『民政御用留』所収史料の検討―」（『名古屋大学大学文書資料室紀要』18 号，2010 年 3 月）
――――「濃尾地震における医療救護活動について―愛知病院・愛知医学校の活動を中心に―」（『名古屋大学大学文書資料室紀要』20 号，2012 年 3 月）
林英夫編『日本名所風俗図会 6　東海の巻』（角川書店，1984 年）
福士由紀「中国における予防接種の歴史的展開―種痘政策を中心に―」（『海外社会保障研究』192 号，2015 年 9 月）
細野忠陳『葎の滴見聞雑剳』（名古屋市鶴舞中央図書館蔵「名古屋市史編纂資料」市 9–151，写本）
安井広「愛知公立医学校におけるフォン・ローレッツの事蹟」（『日本医史学雑誌』23 巻 1 号，1977 年 1 月）
山田千疇『椋園時事録』（名古屋市鶴舞中央図書館蔵「名古屋市史編纂資料」市 8–105，写本）
山本成之助「司馬凌海年譜」（『日本医史学雑誌』第 1298 号，1941 年 12 月）
吉雄常三訳『和蘭内外要方』（文政 3 年，名古屋市蓬左文庫蔵）
吉川卓治『公立大学の誕生―近代日本の大学と地域―』（名古屋大学出版会，2010 年）
――――「名古屋大学の源流についての覚え書―明治 4 年仮病院・仮医学校の設立時期の再検討―」（『名古屋大学史紀要』3 号，1992 年 9 月）
吉川卓治・阿部貴哉・藤井利紀・柘植宗樹・林喜子「名古屋医科大学の学生と教員の意識―名古屋医科大学鶴天学友会学生部会編集・発行『名大』の検討を通して―」（『名古屋大学大学文書資料室紀要』27 号，2019 年 3 月）
吉川芳秋『郷土文化尾張医科学史攷』（同書刊行会，1955 年）
――――『医学・洋学・本草学者の研究―吉川芳秋著作集―』（八坂書房，1993 年）
『愛知医学校及愛知病院報告』（資料室蔵）
「愛知医学校及病院」（『中外医事新報』264 号，1891 年）
『愛知医学校病院概況』（名古屋市蓬左文庫蔵）
『愛知県公報』（愛知県）
『愛知県立医学専門学校及愛知病院一覧』（資料室蔵）
『金城新報』（金城新報社，名古屋市鶴舞中央図書図書館蔵マイクロフィルム）
『建議書綴』（1895 年，国文学研究資料館蔵愛知県庁文書 1012，愛知県公文書館複製本）
『公文雑纂・明治二十一年・第三十八巻・省令請議』（国立公文書館蔵）
『種痘所御用留』（名古屋市立鶴舞中央図書館蔵「名古屋市史編纂資料」市 6–20，写本）
『新愛知』（新愛知新聞社）
「贈位内申書」（1913 年，国立公文書館蔵）
『名古屋藩記録』（名古屋市立鶴舞中央図書館蔵「名古屋市史編纂資料」市 9–116，写本）
『触状留』（明治 4 年，名古屋市鶴舞中央図書館蔵「名古屋市史編纂資料」市 14–85，写本）
『名大』（名古屋医科大学鶴天学友会学生部会，名古屋大学附属図書館医学部分館蔵）

第 2 章　旧制高等教育機関の系譜

愛知教育大学史編さん専門委員会編『愛知教育大学史』（愛知教育大学，1975 年）
大島先生記念会編刊『大島義脩先生伝』（1939 年）
加藤詔士「外国人教師のみた名古屋大学」（『名古屋大学史紀要』11 号，2003 年 3 月）
堀田慎一郎『名古屋高等商業学校―新制名古屋大学の包括学校②―』（名大史ブックレット 10，名古

屋大学大学文書資料室，2005 年）
山口拓史『岡崎高等師範学校―新制名古屋大学の包括学校③―』（名大史ブックレット 8，名古屋大学大学文書資料室，2004 年）
――――『第八高等学校―新制名古屋大学の包括学校①―』（名大史ブックレット 12，名古屋大学大学文書資料室，2007 年）
黎明会『岡崎高等師範学校―創立三十周年誌―』（黎明会，1977 年）

第 3 章　名古屋帝国大学

愛知県編刊『愛知県統計書　昭和 14 年』
愛知県史編さん委員会編『愛知県史　通史編 7　近代 2』（愛知県，2017 年）
――――編『愛知県史　通史編 8　近代 3』（愛知県，2019 年）
愛知大学二十年史編集委員会編『愛知大学―二十年の歩み―』（愛知大学，1972 年）
神谷智著／名古屋大学博物館協力『草創期の名古屋大学と初代総長渋沢元治』（名大史ブックレット 6，名古屋大学大学史資料室，2003 年）
木方十根「創立期の東山キャンパス計画―営繕顧問・内田祥三の資料を中心に―」（『名古屋大学史紀要』6 号，1998 年 3 月）
――――「再考・創設期の東山キャンパス計画」（『名古屋大学史紀要』12 号，2004 年 3 月）
皇學館大学『皇學館大学百年小史』（皇學館大学，1982 年）
渋沢元治『五十年間の回顧』（渋沢先生著書出版事業会，1953 年）
新修名古屋市史編集委員会編『新修名古屋市史　第六巻』（名古屋市，2000 年）
立花健二「名古屋帝国大学東山校地が受けた空襲について―米軍資料と空中写真による昭和 20 年 3 月 25 日の空襲調査―」（『名古屋大学大学文書資料室紀要』27 号，2019 年 3 月）
名古屋市総務局行政部統計課編『名古屋市百年の年輪（長期統計データ集）』（名古屋市，1989 年）
堀田慎一郎「名古屋帝国大学の東山敷地取得経緯についての再検討」（『名古屋大学大学文書資料室紀要』26 号，2018 年 3 月）
湯川次義『近代日本の女性と大学教育―教育機会開放をめぐる歴史―』（不二出版，2003 年）

第 4 章　新制名古屋大学の発展

田中征男『戦後改革と大学基準協会の形成』（エイデル研究所，1995 年）
羽田貴史『戦後大学改革』（玉川大学出版部，1999 年）
村井実訳『アメリカ教育使節団報告書』（講談社学術文庫，1979 年）
山口拓史『これまでの大学院・これからの大学院』（名大史ブックレット 1，名古屋大学史資料室，2000 年）
吉葉恭行『戦時下の帝国大学における研究体制の形成過程―科学技術動員と大学院特別研究生制度東北帝国大学を事例として―』（東北大学出版会，2015 年）

第 5 章　教育研究の発展

赤﨑勇ほか「オーラルヒストリー　青色発光ダイオードを求めて」（『応用物理』76 巻 8 号，2007 年 8 月）
赤澤堯「「汽車ぽっぽ」―名古屋大学農学部創設のころ―」（『名古屋大学大学文書資料室ニュース』17 号，2004 年 9 月）
上田良二『雑文抄』（1982 年）
応用物理学会東海支部・日本物理学会名古屋支部編刊『科学する精神と日本社会―上田良二先生生誕百年記念講演会―』（2011 年）
大﨑仁『大学改革 1945～1999』（有斐閣，1999 年）
大沢文夫「物理で探る生きものらしさの源」（『季刊生命誌』49 号，JT 生命誌研究館，2006 年夏）
小川修三「坂田学派と素粒子模型の進展」（『日本物理学会誌』51 巻 2 号，1996 年 2 月）
菊池韶彦「忘れては夢かとぞ思ふ思ひきや」（『生化学』80 巻 11 号，2008 年 11 月）
国井利泰ほか「座談会　計算センター運営論―国立大学大型計算機センターの場合―」（『情報処理』13 巻 2 号，1972 年 2 月）
郷通子「生物物理学の源―大沢文夫先生のこと―」（『生物物理』50 巻 3 号，2010 年 5 月）
この糸会編『国文学者 石田元季伝』（風媒社，1995 年）

小林誠・宇川彰「対談・科学と人間」(『Tsukuba Communications』18 号，2013 年 1 月)
作道好男編『名古屋大学医学部百年史』(財界評論社，1977 年)
佐々木享『大学入試制度』(大月書店，1984 年)
塩野谷九十九「ケインズと私」(『経済科学』16 巻 4 号，名古屋大学大学院経済学研究科，1969 年 7 月)
大学基準協会『会報』6 号 (1950 年 10 月)
中日新聞社会部編『名古屋ノーベル賞物語』(中日新聞社出版部，2009 年)
辻村みよ子「長谷川憲法学と比較憲法史研究」(『法律時報』82 巻 9 号，日本評論社，2010 年 8 月)
寺﨑昌男『東京大学の歴史―大学制度の先駆け―』(講談社学術文庫，2007 年)
東京大学百年史編集委員会編『東京大学百年史　通史三』(東京大学出版会，1986 年)
冨樫祐一「大沢さん追悼：50 年先への千里眼 (4) ―50 年先の生物物理学にのこせるものは―」(『生物物理』60 号 3 号，2020 年 6 月)
冨岡史穂「ノーベル賞に「父」あり　名大・平田研究室の放任主義」(朝日新聞 digital，2008 年 10 月 10 日)
名古屋大学編刊『教養部改革調査報告書』(1988 年 3 月)
名古屋大学自己評価実施委員会編『明日を拓く名古屋大学』2 (名古屋大学，1995 年)，3 (名古屋大学，1997 年)
名古屋大学社会学研究室編刊『名古屋大学社会学研究室七十年誌』(2019 年)
西谷正「E 研の歴史」(高岩義信編『湯川秀樹・朝永振一郎・坂田昌一の系譜の探究へ向けて―記念史料の整理から活用までの課題―』，筑波技術大学，2014 年)
野依良治「明日の研究に向けて (講演録)」(『Science Academy of Tsukuba』5 号，2002 年 11 月)
橋本鉱市『高等教育の政策過程―アクター・イシュー・プロセス―』(玉川大学出版部，2014 年)
早川尚男「科学史の小部屋」(http://www2.yukawa.kyoto-u.ac.jp/~hisao.hayakawa/kagakusi/preface.html)
堀田慎一郎「企画展「医学教育の曙からノーベル賞まで―名古屋大学創立七〇周年 (創基一三八周年) 記念」―」(『名古屋大学大学文書資料室紀要』18 号，2010 年 3 月)
松村博司「研究生活の回顧」(松村博司先生喜寿記念実行委員会編『国語国文学論集―松村博司先生喜寿記念―』，右文書院，1986 年)
水田洋『ある精神の軌跡』(東洋経済新報社，1988 年)
森英樹「「長谷川法学の軌跡」序論」(『法律時報』82 巻 9 号，日本評論社，2010 年 8 月)
文部省編『学制百年史』(帝国地方行政学会，1981 年)
安川寿之輔「戦後新制大学論――般教育の視座より見た―」(『名古屋大学史紀要』1 号，1989 年 9 月)
山脇幸一「小林誠，益川英敏両博士のノーベル物理学賞受賞について」(https://www.phys.nagoya-u.ac.jp/ex/2008/kobayashi-maskawa.html)
吉川卓治「戦後改革期の愛知県における高大接続論議―新制大学高等学校連絡懇談会に注目して―」(『教育史研究室年報』20 号，名古屋大学大学院教育発達科学研究科教育史研究室，2014 年 12 月)
Nature asia-pacific『Nature Awards for Creative Mentoring in Science Japan 2009』(https://www.natureasia.com/)
「阿閉吉男教授略歴・主要業績」(『名古屋大学文学部研究論集』72 号，1977 年 3 月)
上村泰裕氏のウェブサイト (上田良二関係のページ) (https://www.social.env.nagoya-u.ac.jp/sociology/kamimura/uyeda.htm)
「教養部改革及び 4 年一貫教育に関する資料集　学生閲覧用」(1978 年 3 月，資料室蔵)
「塩野谷九十九博士年譜」(『アカデミア』経済経営学編，第 60 号，1978 年 11 月)
「中村栄孝教授略歴・著作目録」(『名古屋大学文学部研究論集』41 号，1966 年 3 月)
「中村栄孝先生追悼記事」(『朝鮮学報』112 輯，1984 年 7 月)
名古屋大学『学生募集要項』(各年，資料室蔵)
名古屋大学トランスフォーマティブ生命分子研究所ウェブサイト (平田賞のページ) (https://www.itbm.nagoya-u.ac.jp/hirata15/about_jp.html)
日本学士院「授賞審査要旨」(https://www.japan-acad.go.jp/japanese/activities/jyusho/index.html)
「物理学科の歴史を彩った人々」(名古屋大学物理学教室ウェブサイト) (https://www.phys.nagoya-u.ac.jp/study/ach.html)

『理 philosophia』（名古屋大学理学部・大学院理学研究科広報誌）6 号（2004 年 5 月），16 号（2009 年 4 月），31 号（2016 年 10 月）

第 6 章　名大生とキャンパス

神谷智『名古屋大学キャンパスの歴史 1（学部編）』（名大史ブックレット 2，名古屋大学文書資料室，2001 年）
髙橋昭「名古屋大学医学部の歩み―鶴舞地区移転百周年の歴史―」（医学系研究科医系研究棟三号館竣工及び鶴舞キャンパス一〇〇周年記念式典〔2014 年 11 月〕講演資料）
名古屋大学陸上部 OB 会編『名古屋大学陸上競技部　部史　第二分冊―あの，若き日の青い空のために―』（名古屋大学陸上部 OB 会，2010 年）
文月の会編『新制名古屋大学第一期女子学生の記録』（2003 年）
堀田典裕・木方十根『豊田講堂と古川図書館―名古屋大学の寄付建物―』（名大史ブックレット 4，名古屋大学文書資料室，2001 年）
名大祭教養部実行委員会編『名大生白書』（名古屋大学附属図書館，資料室蔵）
山口拓史・堀田慎一郎『名大祭―五〇年のあゆみ―』（名大史ブックレット 14，名古屋大学大学文書資料室，2011 年）
『名古屋大学一覧（要覧）』（資料室蔵）
『名古屋大学概要』（資料室蔵）
『〔名古屋大学〕学生便覧』（資料室蔵）
『〔名古屋大学〕教養部要覧』（資料室蔵）
『日本経済新聞』（名古屋版朝刊，1984 年 9 月 23 日）
「工学部整備委員会記録」（各年，資料室蔵）
名大祭のパンフレット（プログラム）（資料室蔵）
文部省「学校基本調査」

第 7 章　名古屋大学像の模索

小熊英二『一九六八　上　若者たちの叛乱とその背景』（新曜社，2009 年）
片岡弘勝「名古屋大学における外国人留学生受入れの歴史に関する一考察―受け入れ数の推移と外国人留学生後援活動―」（『名古屋大学史紀要』3 号，1992 年 9 月）
金子元久「受益者負担主義と「育英」主義―国立大学授業料の思想史―」（『広島大学大学教育研究センター大学論集』17 集，1987 年 3 月）
高文軍「展示記録　郁達夫八高入学百周年記念展示会」（『名古屋大学大学文書資料室紀要』24 号，2016 年 3 月）
名古屋大学言語文化部自己評価実施委員会編『未来へのプロフィール―名古屋大学言語文化部概況報告書―』（名古屋大学言語文化部，1992 年）
名古屋大学国際交流促進調査研究委員会「外国人留学生に対する「日本語・日本文化の教育」に関する調査研究　報告書」（1984 年 2 月）
牧島久雄「愛知県における留学生の生活と援助体制」（名古屋大学教育学部編『留学生教育に関する調査研究―昭和 62 年度国立大学「教育方法等改善経費」調査報告書―』（名古屋大学教育学部，1988 年 3 月）
渡辺治編『日本の時代史 27　高度成長と企業社会』（吉川弘文館，2004 年）